History of Economics

経済学の歴史

Obata Jiro
小畑二郎

慶應義塾大学出版会

はしがき

　この本は、経済学がどこからきて、これから先どこへ行こうとしているのかということについて、順序良く、分かりやすく説明することを目的としている。経済学に入門するための王道は経済学の歴史を勉強することであると、私は、つねづね考えてきた。本書はこれから経済学を学ぼうとする大学生を念頭において執筆したものだが、経済学を以前に勉強したことがあるが、もう一度、あらためて今の経済学についても勉強し直してみようと考えている人たちにも勧められる。経済学の歴史について勉強すれば、経済学がこれまで何を問題にし、その問題に対してどう答えてきたかについて知ることができる。

　経済学の概念が難しいという苦情に応えるためにも、経済学の歴史は役に立つ。経済学の歴史をさかのぼると、もともと経済学者たちは、普通の人の使う言葉で経済学について語ってきたことが分かる。やがて経済学者たちは、数学的表現を含めてより専門的で正確な言葉や概念を使って議論するようになったが、そのような発展の歴史を一歩一歩たどることによって、専門的な用語の意味が理解できるようになる。

　経済学の歴史は、経済学への入門者のためにだけでなく、専門的な研究者にとっても役に立つ。というのも、経済学は、今、大きな転換を果さなければならなくなっているが、そのためにも、原点に立ち戻って、経済学がこれまでどのような問題に答えてきたか、今後どのような問題に答えていかなくてはならないかについて、考え直す必要があるからである。

　本書は、以上のような目的から経済学の歴史について、第1部の古典派経済学と、第2部の近代経済学とに分けて、そのどちらにも偏ることなく、できるだけ分かりやすく、また詳しく説明していく。12章に分けて検討した

中には、スミス、リカード、マルサス、ミル、マルクス、ワルラス、パレート、マーシャル、メンガー、ウィーザー、ベーム-バヴェルク、ウィクセル、ミーゼス、ハイエク、ケインズ、そしてヒックスなど、多数の経済学者たちが含まれている。これらの経済学者たちについては、これまで古典派経済学と近代経済学とに区別して論じられてきたが、本書では、それらの区別よりもむしろ連続性の側面を強調した。それは、古典派経済学も近代経済学も、一貫して生産と分配、雇用や資本と成長の問題を経済学の中心問題としてきたからである。

このように本書は、古典派経済学と近代経済学について、いずれか一方の経済学の傾向に注意を集中することなく、そのどちらについても、できるだけ公平に焦点を当てることに心がけた。経済学は、世界の貧困問題を解決し、現代の社会生活をより自由で快適なものにすることを目指してきたし、今後もそのための社会改革に資することを求められているが、そのような経済学の目標を達成するためには、偏った考え方に固執するのではなく、古いものから新しいものまで、より多くの種類の経済思想や経済理論から謙虚に学ぶ必要がある。

本書のもう一つの特徴は、ポパーの科学論によって、経済学の科学としての発展の道筋を明らかとすると同時に、スミスの『道徳感情論』の解釈などを通じて、道徳哲学としての経済学の基礎についても明らかにしたことである。経済学は、一方で科学として今後とも発展していかなければならないが、他方では道徳的な基礎についても再検討しなければならない。

各章の初めには〈要約〉を用意し、学生がこれを見て予習しやすくするとともに、講義の指針としても役立つようにした。また付随的な知識に関しては、「コラム（Column）」の中で解説し、重要な用語は「キーワード（Key Word）」として取り上げ、「コメント（Comment）」ではそれぞれの学説に対する筆者の批判や意見を述べた。最後に、各章末の「より進んだ研究のための参考文献」と「問題」では、学生が自分たちでさらに進んで勉強するための参考になるような文献と問題を掲げた。

本書は、もともと筑波大学、自治医科大学、そして立正大学において、20年以上にわたって経済学の歴史について講義してきた内容に基づいて書かれている。本書の基本的な考え方については、東京大学名誉教授の根岸隆先生の教えに従っている。根岸先生には、真っ先に御礼を申し上げなくてはならない。ただし本書の誤りについては、私自身の責任であることは言うまでもない。また、それぞれの大学でお世話になった教職員の先生方、熱心に私の講義を聞いて質問してくれた学生や院生たちにもここで感謝する。また慶應義塾大学出版会の島﨑勁一氏、木内鉄也氏、喜多村直之氏には、出版までのご尽力に感謝する。最後に、本書は、立正大学経済研究所の援助を受けていることを記しておく。

　2014年10月22日

立正大学経済研究所にて
小畑二郎

目次

はしがき　i
経済学の歴史的連関図　viii

序　章　なぜ経済学の歴史を学ぶのか　1
　1　経済学の歴史を学ぶことの意義　4
　2　テキストの構成と使い方　5
　3　経済学の歴史を学ぶ方法論について　6
　4　経済学の歴史に関する本書の立場　12

第1部　古典派経済学

第1章　経済学の誕生前史　17
　1　経済学の誕生までの経済史的背景　20
　2　思想的背景　21
　3　政治哲学の革命　26
　4　スミスの『道徳感情論』(1759)　30
　5　まとめ　33

第2章　スミスの経済学(1)　37
　〈前史〉　40
　1　『国富論』(1776)の問題設定：序文　44
　2　『国富論』の篇別構成と概観　46
　3　分業と市場　46
　4　価値・真の価格：2つの労働価値説　49
　5　剰余価値論：商品価格の構成部分　51

第3章　スミスの経済学(2)　55
　6　経済学の原点：スミスの経済思想　58
　7　自然価格と市場価格　59
　8　資本蓄積、貨幣と信用　65

9　統治の経済学：重商主義批判と自然的自由の体系　71
　　10　スミスの経済学のまとめ　76

第4章　リカードと古典派経済学（1）　79
　　1　序論　82
　　2　リカード経済学の中心的な問題：序文　84
　　3　労働価値説　85
　　4　自然価格と市場価格　90
　　5　分配の長期動態と定常状態　92

第5章　リカードと古典派経済学（2）　101
　　6　リカードの外国貿易論　104
　　7　セイの法則と古典派の貨幣理論　110
　　8　リカードと古典派経済学　114
　　9　リカードの機械論　122

第6章　マルクスの経済学　125
　　1　マルクスの思想　128
　　2　『資本論――経済学批判』（1867、1885、1894）　132
　　3　労働価値説　132
　　4　剰余価値論または搾取説　136
　　5　生産価格と転形問題　144
　　6　資本蓄積論　145
　　7　マルクス経済学と社会主義の困難　151

　　　　　　　第2部　近代経済学

第7章　近代経済学の誕生――限界革命　157
　　1　近代経済学の出発　160
　　2　1870年代の3大著作　162
　　3　近代経済学の思想的源泉　163
　　4　価値論における古典と近代　169
　　5　効用理論の歴史と近代経済学におけるその発展　171

第8章 ワルラス＝パレートの一般均衡理論　177
1　ワルラス＝パレートの経済思想とその起源　180
2　一般均衡理論の主題　182
3　ワルラス＝パレートの一般均衡理論の解答　184
4　一般均衡理論の成果と問題点　194

第9章 マーシャルの経済学　199
1　マーシャル経済学の思想的基礎　202
2　マーシャルと古典派経済学との関係　205
3　近代経済学におけるマーシャルの特徴　206
4　『経済学原理』(1890-1920)の篇別構成　208
5　企業と市場の経済学　208
6　分配論　221

第10章 メンガーとオーストリア経済学　227
1　概説　230
2　メンガー経済学の出発点　233
3　メンガー経済学の内容　236
4　その後のオーストリア経済学の発展と論争　244

第11章 ケインズの思想と経済学　251
1　歴史的背景：『平和の経済的帰結』(1919)　254
2　ケインズ：哲学者としての出発　255
3　ケインズ：政治経済学のヴィジョン　257
4　代表的著作における主題の展開　259
5　ケインズ『一般理論』(1936)の経済学　268
6　ケインズ政策とその帰結　275

第12章 ヒックスの経済学と現代　281
1　序論　284
2　ケインズ経済学の普及とIS-LM理論　285
3　ヒックス：経済学研究の出発点　289

4　後期ヒックスの研究の特徴とその歴史的背景　294
   5　貨幣理論の研究　297
   6　資本理論の研究　300
   7　経済史の理論　305

索引　308

Key Word
　比較優位の法則〈5章〉　104
　購買力平価説〈5章〉　108
　物価・正貨のフローメカニズム〈5章〉　109
　貨幣数量説〈5章〉　111
　セイの法則〈5章〉　112
　パレート改善と最適〈8章〉　183
　厚生経済学の基本定理〈8章〉　194

Comment
　スミス労働価値説のもう一つの解釈：後ろ向きの価値と前向きの価値〈2章〉　53
　資本主義経済における搾取〈6章〉　138
　メンガー経済学とマーシャル経済学の補完性〈10章〉　240
　ベーム-バヴェルクの資本理論に対するメンガーの反対理由〈10章〉　246
　IS-LM理論の問題点と貨幣・資本理論の研究〈12章〉　288

Column
　労働経済思想の現代的な意義〈2章〉　45
　スミスの分業論のその後〈2章〉　48
　スミスの資本論、とくに人間資本の取り扱いについて〈3章〉　67
　リカードの生存賃金説の歴史的な背景〈4章〉　93
　リカードの救貧法反対の理由〈4章〉　94
　リカードとケインズのヴィジョンの比較〈4章〉　98
　金本位制の自動安定装置について〈5章〉　110
　マルクス資本蓄積論の応用〈6章〉　150
　マーシャルの短期の市場均衡における商人（企業）の役割〈9章〉　220
　伝統的な利子批判と『ヴェニスの商人』〈9章〉　223

〈経済学の歴史的連関図〉

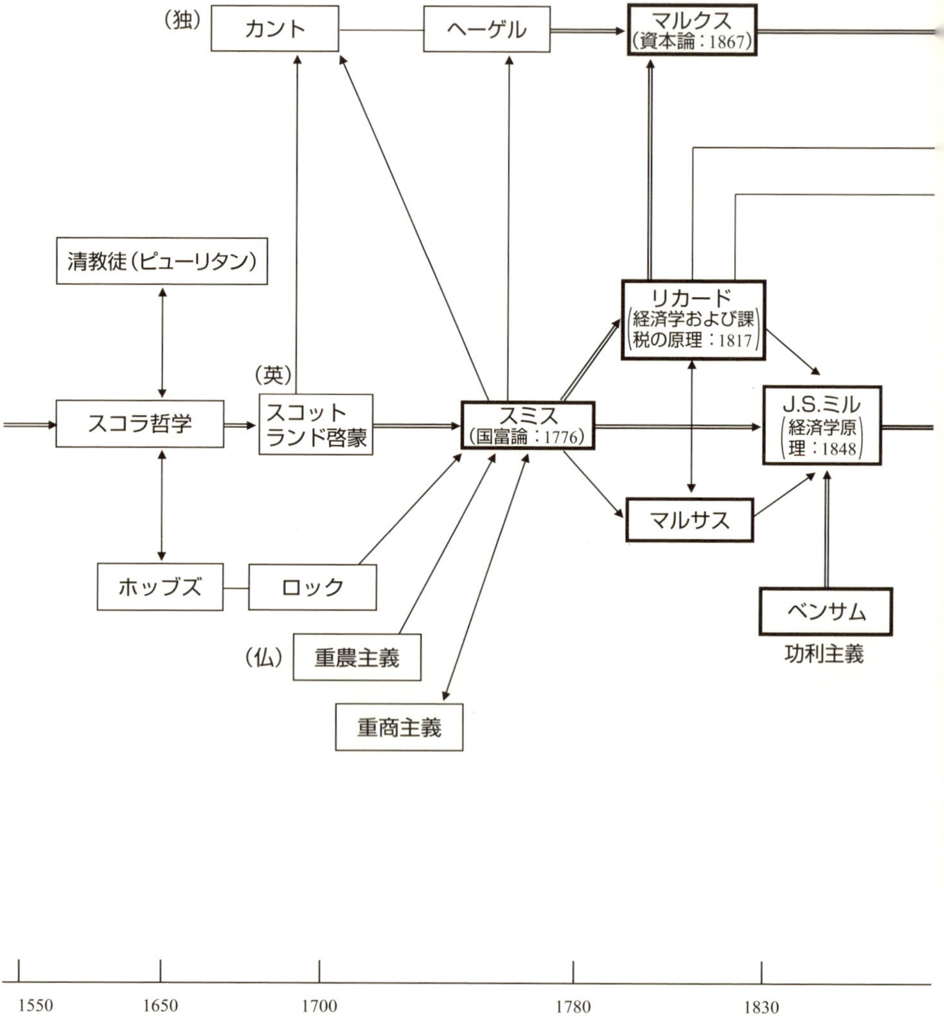

注：（　）内は代表著作と刊行年。

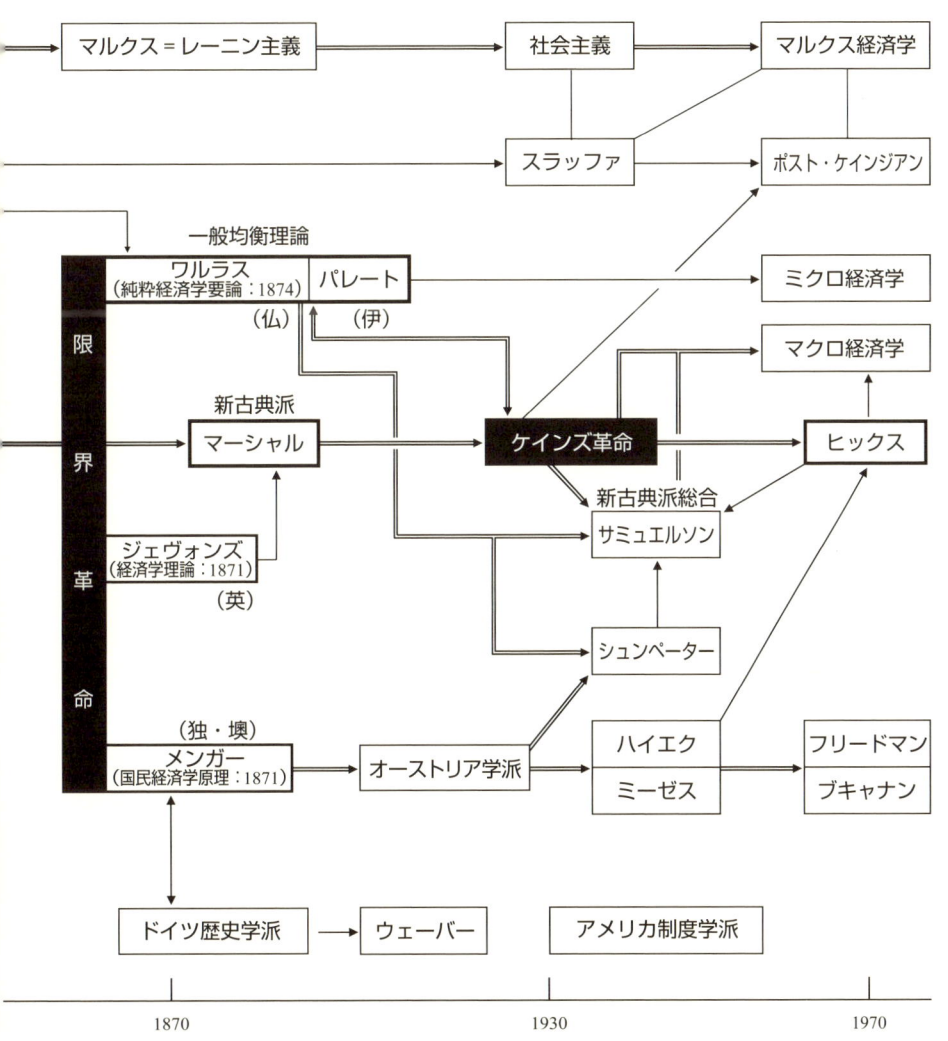

序章
なぜ経済学の歴史を学ぶのか

〈要約〉

1 経済学の歴史を学ぶことの意義……p.4
(1) 経済学の標準的なテキストとの関係
　・大学における経済学教育——「経済学の歴史」が欠落
(2) 経済学の発展の歴史を知ることの意義
　・どのような問題と取り組んできたのか？——問題の歴史的変遷を知る
　・どのような学説が重視されてきたのか？——理論の多様性と思想史的背景
　・学説の対立／継承関係は？——批判的討論の意義
　・どのような問題に今取り組んでいるのか？——現代の経済問題
(3) 近代社会の成り立ちを知るための中心
　・経済学は16-18世紀以来のヨーロッパ近代社会とともに発展した
　・明治以来の日本の近代史の中心となってきた
　・政治経済学の重要性

2 テキストの構成と使い方……p.5
　・テキスト各章の構成
　〈要約〉　講義の道しるべ
　〈本文〉　経済学の歴史に関する詳しい説明や問題点の指摘
　〈より進んだ研究のための参考文献〉
　〈問題〉

3 経済学の歴史を学ぶ方法論について……p.6
　・経済学は、道徳哲学と科学の両側面から人間の社会生活について考察する
　　「モラリスト×エキスパート」の学問である
(1) 経済学の科学的側面についての検討
　・ポパー——試行錯誤法と反証可能性
　・クーン——科学革命の構造とパラダイム転換
　・ラカトシュ——研究プログラム、ハードコアとプロテクティブ・ベルト

(2) 道徳哲学としての経済学
- シュンペーター——経済学の源泉は道徳哲学か時論的な評論
- 古典派経済学——分業と市場経済の道徳的基礎
- 近代経済学——個人主義・自由主義の立場から市場経済の基礎を検討
- マーシャル経済学——功利主義と進化論に基づく厚生経済学
- ケインズ経済学——不確実な金融経済、政策担当者の責任倫理
- ヒックス・新オーストリア理論——自由社会と法の下の機会平等

4　経済学の歴史に関する本書の立場……p.12
- 経済学の古典と近代の両方の重視
- これまでの経済学の分裂
    - 近代経済学：新古典派総合
        - ワルラス＝パレートの一般均衡理論——ミクロ経済学
        - ケインズ『一般理論』、IS-LM モデル——マクロ経済学
    - マルクス経済学：マルクス『資本論』を原理とする経済学および経済史
- 本書の立場：経済学の多元的歴史を重視
    - 古典の重視：スミス—リカード—J.S. ミル—マルクスの継承と批判的関係
    - 近代経済学：マーシャル経済学—ケインズ革命—ヒックスの経済学
    - 経済学と時間：古典派経済学——超長期の経済循環と秩序
        - マーシャル経済学——短期の部分的市場均衡の分析
        - ケインズ経済学——中期の金融経済の変動の分析
        - ヒックス経済学——市場プロセス／資本の時間構造の分析

1　経済学の歴史を学ぶことの意義

(1) 経済学の標準的なテキストとの関係

　日本の多くの大学では、ミクロ経済学、マクロ経済学、マルクス経済学などのテキストが経済学教育のために、これまで使われてきた。しかし、これらのテキストの中には、経済学の歴史に関する説明が足りなかった。このテキストでは、経済学のこれまでの多くのテキストの中に不足してきた経済学の歴史について、主として学んでいきたい。

(2) 経済学の発展の歴史を知ることの意義

　経済学の歴史を知ると、次のようなことが明らかになってくる。まず、経済学がこれまで、どのような問題と取り組んできたかについて、明らかになる。これまで多くのテキストの中では、経済学の答えだけが書かれてきた。しかし、問題のない答えはありえない。問題が理解されて、はじめて答えの意味も分かってくる。まして、経済学には、多くの未解決問題があって、解決すべき問題は、たくさん残されている。したがって、経済学が、どのような問題に答えてきたかを知ることは、経済学の現在の到達点を知るためにも不可欠である。

　次に、経済学には、いろいろな考え方がある。そこで、どのような考え方がこれまで重視されて、今日まで来たかについて知ることは、経済学の多様性とその歴史的背景を知る早道である。経済学には、数学のように一つの答えだけがあるわけではない。そのような経済学の多様性を知ることが大切である。

　また経済学は、論争的な学問である。これまでにもいろいろな経済理論が考え出され、それぞれが互いに論争し合ってきた。何を議論してきたかについて、経済学の歴史が明らかにしてくれる。

　最後に、経済学が今どのような問題に答えようとしているかについては、他のテキストでもある程度分かるが、経済学の歴史を学ぶことによって、現

在の問題に対する関心は一層深まるにちがいない。

(3) 近代社会の成り立ちを知るための中心

　経済学の歴史を知ることの意義は、この他にもたくさんある。そもそも経済学は近代社会の発展のために役立ってきたのだが、そのような経済学の役割については、経済学の歴史によって明らかにされる。経済学の歴史の始まりは、どんなに早く見積もっても、せいぜい 16 世紀か 17 世紀にさかのぼるにすぎない。それ以前の社会の原理は、経済学よりも、政治や法律、もしくは宗教などに求められてきた。

　経済学が近代社会の発展に役立ってきたのは、それが基本的人権を尊重し、自由な個人による自発的な協調を促してきたからである。そのことについては、アダム・スミスの『国富論』がアメリカの独立宣言と同じ 1776 年に出版されたことによっても想像できる。また福沢諭吉が、日本の近代化のためには、何よりも経済学を学ばなければならないことを強調していたことによっても、明らかとなる。経済学は、単なる経済に関する学問であるだけでなく、近代社会の組織原理を明らかにする政治経済学でもあるからだ。

2　テキストの構成と使い方

　このテキストの各章は、以下のように構成されており、それぞれ、どのような順序で読んでもよいが、次のように使えば、学習のために一層便利になると思われる。

〈要約〉　講義の道しるべ。講義の前に、あらかじめ講義のあらすじについて予習しておくために使い、講義のときに開いて、講義の進み方を理解する。またノート代わりに書き込んでもよいかもしれない。またキーワードが表示されているので、経済学の用語に慣れるためにも便利であろう。

〈本文〉　講義の要点に関するより詳しい説明。講義のあとに、よく聞き取

れなかった点やよく理解できなかったこと、さらにもう一度確かめておきたいことなどの復習に役立てる。あるいは、講義の前に予習し、質問の準備に使ってもよいだろう。なお、文中で取り上げた書籍については原著刊行年を付しておいた。

〈より進んだ研究のための参考文献〉 本書によって関心を持った人には、さらに進んだ研究のための参考文献を用意した。卒業論文の参考文献としても役立ててもらいたい。なお参考文献には翻訳書のみを掲げ、〈 〉内に原書の出版年を付した。ただし現在、本屋で売っていない本もあるので、図書館などを利用してもらいたい。

〈問題〉 各章ごとに読者の理解度を確かめるための問題をいくつか用意した。経済学の歴史について考える材料として使ってもらいたい。

3　経済学の歴史を学ぶ方法論について

　経済学は、科学と道徳哲学の2つの側面を同時に備えた学問として、これまで発展してきた。このテキストでは、このような2つの側面について、どちらの側面も重視しながら、それらの歴史的な推移について明らかにする。経済学の歴史は、**モラリスト×エキスパート**となるための必修科目なのである。そこで、経済学の科学と道徳哲学の2つの側面について勉強するための方法論として、このテキストが参考とした考え方について、あらかじめ紹介しておこう。

(1) 経済学の科学的側面についての検討

　このテキストでは、経済学の科学的側面を理解するために、カール・ポパー (Karl Popper: 1902-94) の科学論とそれに関連した議論を参考とした。そこで以下では、ポパーの科学論についてその要点を解説し、関連する議論と、その方法を経済学に応用するときの注意点について述べておこう。

ポパーの科学論の要点

　ポパーは、科学こそ、人間の能力が最も理想的に発揮される分野であると考えた。なぜならば、そこでは人間が知識の向上を目指し、その知識に基づいてより良い環境や社会を実現しようとする努力が最大限に発揮されるからである。人間は何事かを知ろうとするとき、まず問題を発見し、その問題の解決に向かって何らかの理論を考案し、その理論に基づいて問題の解決にあたる。そして、問題をうまく解決できないときには、その理論を訂正するか、もしくは理論の現実への適用の仕方を変えてみるだろう。あるいは問題の立て方そのものが間違っていたことに気づくかもしれない。このような「試行錯誤（Trial & Errors）」の過程を通じて、人間は、より適切な知識を身につけて真実に近づき、われわれを取り巻く社会や環境をより良いものにすることができる。また、われわれ自身の人格もより良いものに高めることができる。

　このような科学の「試行錯誤」のプロセスを図式化すると次のようになる。

$$P_1 \; - \; TT \; - \; \begin{pmatrix} EE/CD \\ 理論の適用と反証 \\ /批判的討論 \end{pmatrix} \; - \; P_2$$

（問題の発見）－（暫定的理論の発明）－　　　　　　　　　　－（新しい問題の発見）

（P = Problem, TT = Tentative Theory, EE = Error Elimination, CD = Critical Discussion）

　このような「試行錯誤」のプロセスに従うことが科学の最も重要な特徴だ、とポパーは述べている。

　他方で、科学には実験が不可欠だと考えられている。それは、実験によって理論の正しさが証明されるからではない。むしろ反対に、理論の誤っている点について、実験によって気づかされるからである。科学的理論の正しさを完全に「実証（verify）」することは、全知全能の神ならばともかく、人間には不可能である。人間にできることは、ただ理論の誤りを実験によって正すことだけである。ある理論が誤っていることを、実験を含めた経験的事実によって示すことは、「反証（falsification）」と呼ばれている。科学の特徴は、理論を経験や実験によって実証することではなく、むしろそれらを反証する

ことである。あるいは、自由な批判的討論をつうじて、理論を反駁できることも、科学の特徴である。このように、経験的事実や批判的討論によって「**反証可能（refutable）**」であることが、科学のもう一つの規準とされてきた。このように、ポパー科学論の特徴は、科学が「試行錯誤」の過程に従うこと、および、反証可能でなければならないことの2点に要約される。

　以上のようなポパーの考え方は、科学的研究の指針として今日まで、広く採用されてきている。また科学だけでなく、多かれ少なかれ「試行錯誤」の過程に従う合理的な企業経営や経済政策についても、このような規準は応用できる（⇒第11章 p.261）。未知の分野に挑戦する人間の合理的行動に関しては、試行錯誤や反証を通じて自分たちの行動の誤りを正し、より良い知識を獲得してより良い成果をあげることが必要なのである。

ポパー科学論に対する反論

　ポパーの科学論は、もちろん完全なものではない。いくつかの有力な批判がこれまでにも加えられてきている。そのうちでも、よく知られているクーンの「パラダイム論」とラカトシュの「リサーチ・プログラム論」とについて、ここで紹介しておこう。

　トーマス・クーン（Thomas Kuhn: 1922-96）は、物理学や天文学などの研究においては、ポパーの「反証可能性」の規準は、科学の規準として使われてこなかった、と批判した。ある有力な学説が提出されると、それに追随する科学者たちの「**パラダイム集団**」が形成され、その集団に属する個々の研究者たちは主要な学説が示唆する細分化された分野での日常的な研究（パズル解き）に没頭する。そして，たとえその学説に対して有力な反証が提出されたとしても、しばらくは主要な学説を訂正しようとはしない。彼らが研究の方向を変えるときは、その研究者集団が維持できなくなるほどに反証や反論が積み重ねられたときに限られる。クーンは、このようなときに初めて「**パラダイム転換**」、すなわち理論の大転換が始まると考えた。このように科学の歴史は、経験的事実による反証よりも、むしろ科学者集団の社会心理学的な動きに従ってきたと、クーンはポパー科学論を批判した。

イムレ・ラカトシュ（Imre Lakatos: 1922-74）は、一面ではクーンの批判を認めたが、基本的にはポパーの科学論のほうを支持した。実際の科学の発展過程が、ポパーのいうような反証に単純に従ってこなかったのは、科学の**「リサーチ・プログラム（研究計画）」**が二重の構造からできているからである。その中核には研究計画の中心命題からなる**「ハード・コア（中核）」**があり、この部分に関しては、反証することは不可能である。他方で、その命題を経験的な事実に適用した仮説は、その研究計画の**「プロテクティブ・ベルト（防御帯）」**と呼ばれ、ハード・コアの外側の周辺部分を取り囲んでいる。この周辺理論については、経験的事実によって反証が可能になる。実際の科学的研究が必ずしもポパーのいう反証に従ってこなかったのは、その中核に反証を受けないハード・コアがあるからである。だが、実際の研究の大部分は、周辺理論に関連するから、科学的研究のほとんどは、ポパーのいう反証に従ってきたといってよい。

経済学の歴史においては、リカードのような古典派経済学やマルクス経済学など、すでに反証を受けたとされている過去の理論が一部で依然として支持されているから、反証による理論の交代が典型的に演じられてきたとはいえない。それは、労働価値説や市場均衡論など、異なった「ハード・コア」が反証を受けることなく、それぞれの理論体系を支えてきたからである。このように複数の異なった理論体系の共存をうまく説明できるラカトシュの科学論は、経済学の科学としての歴史をよく説明するものとして、これまで参考にされてきた（根岸隆『経済学の歴史』）。

経済学の科学的方法に関する注意点

このテキストでは、以上のような反論を考慮しながらも、基本的には、ポパーの科学論を参考にして経済学の科学的側面について検討する。この科学論がさまざまな経済問題を解くためだけでなく、その他の合理的な人間の社会的行動を理解するためにも参考になるからである。

ただし、すべての科学理論が、先に示したような典型的な反証のテストに従うわけではない。またポパー自身が歴史研究について言及しているように、

経済学のような社会科学においては、反証による誤りの排除（EE）よりも批判的討論（CD）による学説の発展のほうが参考になる。経済学の歴史は、まさに批判的討論（論争）によって推し進められてきたといってよい。

また科学は、問題の発見に始まるが、その問題の発見は必ずしも科学的な規準に従うわけではない。ポパーは、科学の問題の発見については、むしろ「形而上学」が役に立つとさえいっていた。ラカトシュのいうように、科学の研究計画においては、反証不可能な「ハード・コア」がその中心を占めるが、その理由は、出発点となる問題の発見がしばしば科学以外の論理に従うからであろう。

さらに理論の大きな転換が起こるのは、多くの場合、以前とは違った問題が発見されたとき、または、問題の立て方自体の誤りに多くの人が気づいたときに限られる。それ以外のときには、科学的研究は、以前と同じ問題に対して様々に異なった解答を試みている。したがって、クーンの「パラダイム転換」に関する議論も、実際の科学の歴史を理解するときには参考になる。

経済学については、この他にも考慮すべき特殊な事情が指摘できる。その一つは、経済学においては、純粋の実験がしにくいこと、またもう一つは、経済学においては、それぞれの時代の人々の社会的な価値観や目的意識などが強く反映することである。経済学の歴史については、科学的側面の他にも道徳的または社会思想的な側面が検討されなければならないのはこのためである。

(2) 道徳哲学としての経済学

社会科学の一分野としての経済学が自然科学と違う点は、物理学や天文学などが何らかの物質に関連する科学であるのに対して、経済学は単なる物質ではなく、あくまでも人間の社会的行動に関連する科学だという点にある。人間は、意識または意欲を持って、個人的かつ社会的に行動している。

その行動は、ちょうどポパーの科学論が明らかにしたように、何らかの問題を発見し、その問題の解決に向けて仮説（理論）を立てて取り組み、より良い状態を実現しようと試みるところに特徴がある。そのような人間の行動

に関する分析は、一面では、何らかの刺激に対する物質的な反応を分析する自然科学と同じような因果律に従うかもしれないが、他面では、とくに問題の発見や理論の設定に関しては、人間の価値観や目的意識が強く反映する。

そのような人間の価値観や目的意識については、個々人の間に大きな違いがあり、またそれぞれの時代ごとに大きく変化する。その点については、単にその因果関係を説明するだけではなく、自分たち自身のことに照らして他の人々の価値観や目的意識に対して共感したり、互いに理解し合ったりすることも大切である。このような人間同士の共感や相互理解が経済学においても重要な役割を果たしているので、道徳的側面と科学的側面との両方について、検討する必要がある（ウェーバー『社会科学方法論』）。

経済学における道徳的基礎の変遷

人間の価値観や目的意識の違いについて研究するのが、道徳哲学または倫理学の役割である。経済学は一面では、自然科学と同じような科学であると同時に、他面では、道徳哲学の一分野である。スミスを初めとする主要な経済学者たちのほとんどは、道徳哲学の分野でもいくつかの主要な仕事を残している。経済学の主要な革新は、新しい価値観や目的意識に基づく問題の発見によって可能になる。

シュンペーターは、経済学の源泉をたどると、道徳哲学か、もしくはそれぞれの時代の経済問題に関する時論的な評論かのいずれかから始まった、と書いている（シュンペーター『経済分析の歴史』）。

その道徳哲学も、時代とともに変わってきた。**スミス**に始まる古典派経済学の時代には、労働（分業）と市場経済の道徳的基礎が問題とされていた。これに対して、限界革命（◯第7章）を経たのちの**近代経済学**は、個人主義、自由主義の立場から市場経済の道徳的基礎について研究するようになった。

マーシャルは、経済学を道徳哲学から切り離そうとしたのだが、他方では、功利主義と進化論とに経済学の道徳的な基礎を見出そうとした（◯第9章）。**ケインズ経済学**以降の現代になると、不確実な金融経済の変動の中でその時代にふさわしい倫理的基礎が探求され、財政・金融政策の担当者の責任倫理

が問われている（◯第11章）。最後に**ヒックス経済学**以降の道徳的基礎については、今後の研究課題であるが、オーストリア学派と同じく、市場経済や社会主義経済の批判を通じて、自由で開かれた社会の実現を目指してきたのではなかろうか（◯第12章）。

このように、経済学は、その誕生以来、一面で科学であることを目指してきたが、他面では、個々人の価値意識や目的意識を重視する道徳哲学的な基礎の上に築かれてきた。本書は、このような**モラル・サイエンス（道徳科学）**としての経済学の本来のあり方について経済学の歴史を通じて理解することを目指している。

4　経済学の歴史に関する本書の立場

古典派経済学と近代経済学

このテキストは、古典派経済学と近代経済学の両方について、現代経済の理解のための重要な学説として検討している。その理由を述べよう。

古典派経済学が重要であるのは、経済学の科学的側面と道徳的側面の両方を明らかにしているからである。近代経済学は、経済学の科学的側面については、その数学的表現を含めて、熱心に研究してきたが、その半面で、思想的・倫理的側面については、あまり詳しく検討してこなかった。このことが、このテキストで、古典派経済学を大きく取り上げた理由の一つである。

もう一つの理由は、古典派経済学が生産と分配の問題の解明を中心的な主題としてきたからである。生産と分配の問題は、近代社会の出発点となった経済学の基本問題であった。そして、今また、人間の労働のあり方や雇用の問題が重要な問題になりつつある。古典派経済学の生産と分配の理論は、そのまま現代の問題の解決に役立つわけではないが、現代の問題を再検討するための重要な出発点となる。このことが、このテキストにおいて、古典派経済学を大きく取り上げるもう一つの理由である。

近代経済学の重要性については、このテキストは、通説とはやや違った見方をしている。近代経済学における伝統的な考え方は、経済学は、ワルラス

＝パレートの一般均衡理論を出発点とするミクロ経済学と、ケインズ経済学を発展させたマクロ経済学との2つの体系の総合（新古典派総合）からなるというものであった。そして近代経済学と、古典派経済学、とくにマルクス経済学とでは、まったく違う経済学の捉え方をしているものと考えてきた。これまでの経済学は、ミクロ経済学とマクロ経済学からなる近代経済学と、経済史に力点を置くマルクス経済学とへ、不幸にも分裂してきたのである。

　これに対して、このテキストでは、古典派経済学と近代経済学との間に断絶よりも、むしろ連続的発展を見ている。すなわち、古典派経済学の総括者であったJ.S.ミルの経済学は、マーシャル経済学の原理へと発展し、ケインズ経済学の出発点ともなり、さらに、オーストリア経済学とケインズ経済学とを総合するヒックス経済学に引き継がれていくものと考えている。

　経済学の区分は、ミクロとマクロの区分であるよりも、むしろそれぞれの経済学が扱う時間の長さに関連する。すなわち、古典派経済学は、超長期の時間を想定して、長期的な市場経済の発展と秩序を問題にし、マーシャル経済学は、市場の短期的な働きを中心に経済学を組み立て、ケインズ経済学は、中期的な金融経済の変動に対する政府の重要な役割を明らかにしていた。そして最後に、ヒックス経済学は、時間の連続性の中で、市場のプロセスや資本主義的生産の時間構造を明らかにしようとしていた。以上のような経済学の歴史に対する見方に立って、このテキストでは、近代経済学の発展の流れを検討する（●「経済学の歴史的連関図」pp.viii‐ix）。

〈より進んだ研究のための参考文献〉

ウェーバー著、恒藤恭・富永祐治・立野保男訳『社会科学方法論』岩波文庫、1936年〈1922〉

クーン著、中山茂訳『科学革命の構造』みすず書房、1971年〈1962〉

シュンペーター著、東畑精一訳『経済分析の歴史（全7巻）』岩波書店、1955-1962年〈1954〉

ハチスン著、山田雄三ほか訳『近代経済学説史（上・下）』東洋経済新報社、1957年〈1953〉

ブローグ著、久保芳和ほか訳『新版 経済理論の歴史（全4巻）』東洋経済新報社、1982-86年〈1961〉

ポパー著、大内義一・森博訳『科学的発見の論理（上・下）』恒星社厚生閣、1971-72年〈1934〉

モロウ著、鈴木信雄・市岡義章訳『アダム・スミスにおける倫理と経済』未來社、1992年〈1923〉

ラカトシュ／マスグレイヴ著、森博訳『批判と知識の成長』木鐸社、1985年〈1970〉

根岸隆『経済学の歴史（第2版）』東洋経済新報社、1997年

〈問題〉

① 経済学の歴史を勉強することが、なぜ大切であるかについて、それぞれの立場から考えてみよう。また、経済学が一つではなく、なぜいろいろな経済学の考え方があるのかについて、考えてみよう。

② 科学とは何か、人間にとって、あるいは社会にとって、科学はどのような役割を果たしているかについて、考えてみよう。

③ 経済学は、科学なのか、それとも思想なのかについて、考えてみよう。

第1部
古典派経済学

第 1 章

経済学の誕生前史

〈要約〉

1　経済学の誕生までの経済史的背景……p.20
(1) 市場経済の発展
　・地中海商業→新大陸進出・遠隔地貿易→重商主義→産業革命
(2) 知識と科学技術の発展
　・ルネサンス→印刷技術の革新と知識の普及→科学技術の商工業化
(3) 市場経済と旧体制との対立から融合へ
　・市場経済を擁護する立場から経済が誕生

2　思想的背景……p.21
(1) スコラの経済思想
　・理性と信仰の問題――アリストテレス哲学とキリスト教神学の合体による解決
　　・アウグスティヌス：理性に対する信仰の優越、私有財産＝原罪
　　・トマス・アクィナス：理性と信仰の両立、私有財産の条件付き是認
　　・トマス＝アリストテレスの経済思想
　　①家族と私有財産の弁護：共同のことよりも自分自身のことを配慮する人間性
　　②富の制限：各人は自分の職分を保守（身分制的分業）
　　・富は手段であり目的ではない、職分を越えると反秩序
　　③自給自足・自然経済のすすめ：各人は自分の労働の生産物を消費
　　・「労働価値」と交換の正義
　　・自然経済が基本、交換は補助
　　④利得活動の制限と利子禁止
　　・交易に対する道徳的批判――商業は、つねに卑劣さを伴う
　　・貨幣の獲得が自己目的となることに対する非難――利子禁止令
(2) 近代の思想革命
　　①宗教改革
　　・ウェーバー：プロテスタンティズムの倫理――商工業者の間に普及
　　・カトリックの改革：イエズス会派（アジア、日本へのキリスト教布教）
　　②後期スコラの思想
　　・決疑論、蓋然論
　　・国際法学、利子論争――最初の経済学（経済政策）

3 政治哲学の革命……p.26
(1) ホッブズの『リヴァイアサン』(1651)
- スコラ＝アリストテレス批判：政治＝公共善の否定
- 王権神授説の否定──個人主義的統治論
- 自然状態、自然権の否定：人間本性＝オオカミ──万民の万民に対する戦争
- 社会契約：グロティウス（自然権に基づく国際法）を参考
  - 自然権＝自己保存本能の放棄、主権者への譲渡
  - 主権者による統治に服従、主権の非分離原則──コモンウェルスの設立
  - 主権者（リヴァイアサン）に安全と勤勉による生活の保障を信託

(2) ロックの『統治二論』(1689)
- 自然状態1　ホッブズを継承
- 自然状態2　自己労働に基づく所有権──主権者による信託統治、代議制政治
  - 自己労働に基づく経済秩序の形成──古典派経済学の始まり
  - 貨幣経済の混乱を統治する政府──貨幣理論・貨幣政策（重商主義）
- アメリカ独立の理念：連邦政府と州自治権、抵抗権の留保──南北戦争

4 スミスの『道徳感情論』(1759)……p.30
- スミスの講義
  - ①自然神学　　　②倫理学──『道徳感情論』(1759)
  - ③法学、正義論　④広義の法学、統治論──『国富論』(1776)
- スミスの道徳哲学
  - 人間本性──ホッブズの利己心とハチスンの利他心を統合
  - 同感の原理──他人からの是認を求める
  - 公平無私の見物人
  - 徳の体系 ＜ 他の人々の幸福に関する徳
    ──慈善・慈悲の徳（道徳）、正義の徳（政治・法）
    個々人の幸福に関する徳──慎慮の徳（経済）

5 まとめ……p.33
- スコラの封建主義──土地と農民の結びつきによる自給自足的経済
- 中央集権的政府の樹立：個人主義的社会契約による擁護（ホッブズ）
- 私有財産に基づく市民の信託統治（ロック）
- 市場の発見：分業と交換に基づく市民社会の道徳基礎（スミス）

1 経済学の誕生までの経済史的背景

(1) 市場経済の発展

　経済学は、市場経済の発展とともに始まった。最も早く市場経済が本格的に発展した地域は、ヨーロッパの地中海周辺地域であった。12世紀以降の市場経済を担った商人たちの活動は、商品の輸送に便利な沿海地域を拠点とした。それより以前には、中国や中東地域とローマを結ぶシルクロードを通じて交易が行われていたが、たび重なる戦争や占領などによって、商業の発展は抑制されていた。

　15世紀頃までの**地中海商業**は、ヴェニスやジェノヴァなどのイタリアの諸都市を拠点として発展した。16世紀からは、南北アメリカ大陸やアフリカ大陸、そしてインドや中国、日本へと進出する世界貿易へと発展していった。このような遠隔地貿易を担ったのは、初期の頃にはスペインやポルトガルなどの南西ヨーロッパ諸国であったが、18世紀には、オランダやイギリスを中心とする商人たちに主導権が移っていった。そして、この時代は、のちに**重商主義**の時代といわれるようになった。

　このような商業の発展は、やがて国内の産業発展を誘発し、18世紀末から19世紀初めにかけて、イギリスを中心として「**産業革命**」が進展していった。このような一連の市場経済の発展が、経済学誕生の経済史的な背景となった。

(2) 知識と科学技術の発展

　市場経済の発展は、他方でいろいろな知識や科学技術の発展によって支えられていた。14-15世紀のイタリアの諸都市で始まった**ルネサンス**（文芸復興運動）は、古代ギリシャ・ローマの学問や芸術を見直そうとした運動であったが、**印刷技術の発展**や、それに伴う**知識の普及**によって、科学やその他の学問の発展が促された。他方で新大陸への冒険的商業活動が活発になると、**科学技術**が市場経済や産業に応用されるようになる。経済学の誕生も、この

ような知識や科学の普及と深く関連していた（ヒックス『経済史の理論』）。

(3) 市場経済と旧体制との対立から融合へ

　市場経済の発展は、他方ではまた封建制度や絶対王制などの当時の支配体制や、政治経済思想と鋭く対立するようになる。旧体制を支えた封建制度や**スコラ**（ローマ・カトリック教会の主宰する大学）の政治思想は、農民の自給自足経済を礼讃する一方で、商人の利得活動に対しては、厳しい非難や制限を加えた。そのようなスコラの経済思想と対立して、市場経済を擁護する立場から経済学が誕生することになった。

2　思想的背景

(1) スコラの経済思想

　市場経済が発展する以前の経済思想は、カトリック教会の宗教理念に従属していた。古代のキリスト教思想に対して影響を与えたのは、アウグスティヌスの神学であった。アウグスティヌスは、有名な論争（対ペラギウス論争）を通じて、人間の理性の限界と神への信仰の優越性とを教えた。市場経済の支柱ともいえる私有財産については、これを人間の原罪として厳しく非難した。

　これに対して、近世キリスト教の中興の祖とされる**トマス・アクィナス**（1225-74）の時代になると、事情は大きく変わってくる。トマスの活躍した13世紀は、ルネサンスに先立って諸学の近代化の機運の高まった時代でもあった。トマスは学問の近代化を目指して、当時イスラム世界に後れを取っていたキリスト教神学の再建を図ることになった。中世のイスラムの学問は、古代ギリシャの哲学、とりわけアリストテレスの哲学を摂取して、天文学や建築学などの多くの分野で、当時のヨーロッパの学問に対して優勢を保っていた。トマスを初めとするスコラの学者たちは、イスラムの学問を通じて古代ギリシャ哲学をヨーロッパ世界に逆輸入することになった。

　トマスは、アリストテレス哲学をキリスト教神学の中に積極的に取り入れていった。その結果、トマスの経済思想の中には、アリストテレスの政治倫

理思想の影響がみられる。経済生活に関連するトマスとアリストテレスの思想を要約すると次のようになる。

トマス＝アリストテレスの経済思想
① 家族と私有財産の弁護
　人は、共同のことよりも、自分たち自身のことにより強い関心を示す。そのような人間の本性を尊重するならば、私有財産とその家族への継承は弁護される。このような思想は、私有財産を人間の原罪として否定した古代のアウグスティヌスの思想と比べて、市場経済を弁護する方向に向かっていた。しかし、その他の点に関しては、トマスの思想は、市場経済に対して批判的であった。

② 富の制限
　私有財産が認められたからといっても、富の無制限な私有が弁護されたわけではない。富はあくまでも人間の共同生活を営むための手段であって、目的ではない。また各人にはそれぞれ職分があって、富の所有は、各人の職分にふさわしいものでなければならない。職分をわきまえず、その範囲を越えた財産の所有は、共同体の秩序を乱すものとして非難された。これは、中世の封建的な身分制度を保守しようとする思想でもあった。

③ 自給自足・自然経済のすすめ
　神は、人間に対して、それにふさわしい事物を与え、それぞれの職分に従って生活することを命じている。その教えに従うならば、各人は自分の労働によって得た事物の範囲内で消費生活を送ることが望ましい。しかし、どうしても自分の労働によっては得られないものがある。たとえば犂や鍬などの農機具は、専門の職人でなければ作れない。したがって、農民は、それらの財貨については交換を通じて手に入れなければならない。そのような交換が正しく行われるための条件は何だろうか。もし農民が自分たちで、それらのものを作らなければならない場合に費やす労苦に等しい代価を支払って、それ

らの財貨を交換するならば、そのような交換は正しい取引であるといってよいだろう。ここに、**労働価値説の萌芽**がみられる。ただし、交換は、あくまでも自然経済の補助にすぎず、共同体の秩序を乱すものであってはならない。ここには、封建的な共同体を維持するという、中世経済思想の基本的な目的が貫かれている（ポランニー『経済の文明史』）。

④ 利得活動の制限と利子禁止

　商人の活動は、自然経済を補うために必要とされた。しかし、商業には、つねに道徳的な卑劣さが伴う。それゆえ、利得活動には制限が加えられなければならない。とくに貨幣の増殖を自己目的とする利得活動に対しては、倫理的な非難が加えられた。

　中世の利子禁止令は、旧約聖書および新約聖書の記述に従って発せられた。聖書の中には、利子（または高利貸）を禁止する命令が随所にみられる。旧約聖書の中には、同胞（兄弟）から利子をとることを禁止する叙述がみられるが、ユダヤ教によれば、そのような叙述は、ユダヤ人から利子をとってはならないが、異教徒からは許されるというように、都合良く解釈された。その結果、中世期には高利貸（金融業）は、もっぱらユダヤ人の専門職業とされた（シェイクスピア『ヴェニスの商人』）。

　トマスによる**利子禁止の根拠**は、アリストテレスにも依拠していた。アリストテレスは、金銭の貸借は、家などの実物資産の貸借とは違って、その財貨の所有を譲らずに、しかも対価（利子）をとるという不正な取引だと非難した。これは消費貸借と金銭貸借との違いを混同する非難であった。トマスの利子禁止の根拠は、実際の金銭貸借に伴って貧困や飢餓の問題が発生すること、利子は不労所得であり貨幣に対する偶像崇拝の罪に導くことなど、封建的な共同体を維持するための経済政策という側面が強かった（上田辰之助『トマスの経済思想』）。

　以上のように、トマスに代表されるスコラの経済思想は、中世の封建的な経済秩序を守りながら、しかも当時の商業活動にも対処するという経済政策

を道徳的に基礎づけるものであった。とくに利子禁止令は、その後長くヨーロッパの経済活動や経済思想に強い影響を残した。同じような経済思想は、市場経済の未発展な時代や、現代でも金融業者たちの反社会的行為が非難されるときには、大衆の人気を獲得する理由を考えるならば、中世の経済思想が今でもいかに根強く残っているかが分かるだろう。

　市場経済に対する社会主義的な批判または倫理的批判の多くが、中世の経済思想と似通っているのは、理由のないことではない。マルクス主義が最後のスコラ思想であると揶揄されたり、またはハイエクが社会主義経済のことを農奴制（serfdom）への逆戻りだと批判する理由の一つには、このような中世思想の影響もあったのではなかろうか（ハイエク『隷従への道』）。

(2) 近代の思想革命

　スコラに代表される中世の経済思想は、長い間、ヨーロッパの政治経済体制を支えてきた。それは、市場経済の発展に対して総じて抑制的な効果を持っていた。したがって、市場経済の発展のためには、スコラの経済思想および旧体制は、改変されなければならなかった。中世のヨーロッパ社会は、カトリックの宗教的戒律に従って統治されていた。したがって、宗教上の改革がまず必要とされた。

① 宗教改革

　マックス・ウェーバー（Max Weber: 1864-1920）によれば、16世紀末から17世紀初めにかけての**プロテスタントによる宗教改革**は、近代資本主義経済の発展にとって決定的な影響を与えた。これまで市場経済の発展に対して抑圧的な役割を果たしてきたカトリックの経済思想に対して、プロテスタント、とりわけカルヴァン派の教えは、さまざまな職業の人たちが自分たちに課せられた天職を通じて世俗的な富を蓄積すること、および、商人が金銭的な富を蓄積することを宗教的かつ道義的に是認した。これによって、市場経済の発展にとって重要な勤勉の美徳や利殖活動に対して、道義的な奨励が与えられることになった（ウェーバー『プロテスタンティズムの倫理と資本主義の

精神』)。

　リチャード・トーニー（Richard Tawney: 1880-1962）は、このウェーバーの見解に修正を加えた。トーニーは、カルヴァン派の教えは、スコラ思想よりも市場経済に対して抑制的であったが、その教えがカトリック教会によって卑下されていた職工や商人たちの間に普及したことによって、結果として、市場経済の発展に資することになったと述べた。だが彼も、ルネサンスやマキャベルリによる政治思想の改革と並んで、勤勉の美徳と功利主義的思想を普及させたプロテスタンティズムの市場経済に対する積極的役割を認めていた（トーニー『宗教と資本主義の興隆』）。

　このように、プロテスタントによる宗教改革は、これまでの中世的な経済思想に対して改革を促した。これに刺激されて、カトリック教会の中でも宗教改革が進み、スペインを中心とした**イエズス会派**は、当時盛んとなっていた海外貿易と連携して、遠くアジアや日本にまで、その布教活動を拡大していった。このような一連の宗教上の運動は、結果として、市場経済の発展に対して促進的な効果を持った。

② 後期スコラの思想

　宗教改革と並行して、スコラ内にも学問的な改革が進んだ。それは、当時のいろいろな政治経済問題に対して、その解決のための助言を与えるという目的で引き起こされた神学的な議論を通じてだった。ヨーロッパでは、当時、海外貿易の発展に伴って引き起こされた経済問題だけでなく、宗教戦争や内乱、植民地獲得のための戦争などの政治問題が頻発していた。このような問題に対して、これまでのスコラの思想に依拠していては、適切な対応ができなくなっていた。厳格なカトリックの教えに従えば、いかなる戦争や利得活動も道徳的には認められなかったからである。

　スコラ学者たちの多くは、このような難問に対して場合に応じて厳格な戒律の適応を変更するという、**決疑論者**（casuist）または**蓋然論者**（probabilist）の議論を取り入れた。その中でも重要な議論の一つは、戦争（または殺人）を禁じた戒律に対して、正当防衛の認められる場合を考えるというもので

あった。これはやがて自己保存本能を国際レベルでも認め合うことから出発して、防衛戦争を認める国際協調の条件を模索するというオランダの**フーゴー・グロティウス**(Hugo Grotius: 1583-1645)の国際法学へとつながっていった。

　もう一つ重要な議論は、利子禁止令の適用除外例を設けるという利子論争であった。危険を負担する事業に対して利子を認めるというこの議論は、やがてベーム-バヴェルクの利子論（⊃第 10 章 p.245）に対して、その歴史的前提を与えることになった。

　以上のように、市場経済の発展に伴って、まず宗教もしくはスコラの経済思想に対する変革が進んだ。しかし、これらは、あくまでも道徳哲学的な対応にとどまっていた。やがて政治哲学にまで変革の波が押し寄せると、具体的な政策につながる議論が展開され、最初の社会科学が誕生することになった。

3　政治哲学の革命

(1) ホッブズの『リヴァイアサン』(1651)

　1588 年スペインの無敵艦隊の襲来の噂に包まれたイングランドで産声を上げたトマス・ホッブズ（Thomas Hobbes: 1588-1679）は、オックスフォード大学を卒業したのちに、デヴォンシャー伯爵家の家庭教師となり、哲学を中心として、さまざまな分野の著作活動を始めた。この時代は、一方でガリレオによって重力の法則が発見され、またデカルトによって近代哲学が創設されるとともに、他方では、イギリスに**ピューリタン革命**（1641-49）が起こり、旧体制が共和制の方向に大きく転換するという動乱の時代であった。

　ホッブズは、当初、スコラ＝アリストテレス哲学に反対し、古代の人文主義哲学を復興するという問題意識を抱いていたが、ユークリッド幾何学やガリレオの物理学に魅せられ、デカルトの哲学の革新運動に共鳴していった。そして、後半には、イギリスの市民社会をいかにしたら再建できるかという政治的課題に取り組んだ。こうして、ピューリタン革命のさなかフランスに

亡命して執筆したのが、主著『リヴァイアサン』であった。

　この本の題名となった「**リヴァイアサン**(Leviathan)」とは、旧約聖書の「ヨブ記」に出てくる海にすむ架空の怪物のことで、陸にすむ「ビヒーモス」を退治して、陸上の王国を支配するとされていた。ちょうど海上民族であったノルマン人によるイングランド支配を暗示していた。

　ホッブズは、まず政治を公共善の実現であるとするアリストテレスの政治学を退け、また王権神授説を否定した。そして人間を科学的・物理学的に分析した結果、人間は他の動物と同じ自己保存本能を持つ狡賢い動物にすぎないという観察から出発する。人間を自然状態に置くならば、オオカミと同じ自己保存本能のために、互いに殺し合う危険を持つ。しかも、もっと悪いことには、人間は過剰防衛し、貪欲で、虚栄心の強い残虐な動物である。したがって、**人間の自然状態**は、絶えざる恐怖と危険を伴い、「孤独で貧しく、汚らしく、残忍で、しかも短い」と表現した。

　グロティウスは、同じく人間の自己保存本能から出発したが、自己保存本能を相互に承認するところから社会契約に達するとしていた。これに対してホッブズは、人間の自己保存本能は自然のままにしておくと、互いに過剰防衛して殺し合い、結局は、**万民の万民に対する戦争**に導くという厳しい見方をとる。したがって、自己保存という自然権を承認し合うところからではなく、すべての人が彼らの自然権を放棄するところから、市民政府は出発しなければならない。

　こうして、市民的秩序を回復するためには、武器をとって戦う自然権をすべての人が同時に放棄し、単一の支配者にその自然権を譲渡しなければならない。そして、主権者（政府）に対して絶対的な服従を誓う。政府は、これに応えて、人民の安全と合法的な勤勉による生活を保障する。このような**社会契約**によって成立する**市民政府**（コモンウェルス）は、王制となるか、議会制となるかにかかわらず、主権を分裂させることなく、統一的な強い権力を行使しなければならない。政府は、危険な怪物＝リヴァイアサンではあるが、これによって人民が分裂して戦い合うという危険は回避され、人民の安全と合法的生活が保障される。

ホッブズの市民統治論の影響

このようなホッブズの政治思想は、最初の社会契約説として、近代的政治哲学の先駆けとなった。それまでのスコラの政治思想のように、人々の隣人愛や公共心にのみ頼ることなく、個々人のありのままの利己心から出発して、しかもそのような利己心の発動による争いを抑制する市民的な政治秩序の可能性を明らかにした。その意味で、最初の個人主義的・合理主義的な政治哲学であったといえるだろう。

しかし、ホッブズの政治哲学の説得力は、ピューリタン革命によって引き起こされた無政府状態という特殊な状況に依存しており、また極端に厳格な人間理解から出発していた。その結果、近代市民政府の普遍的な設立理念にはなりにくかった。政府への人民の絶対服従を求める政治哲学は、絶対王制だけでなく、のちの全体主義国家をも正当化しかねなかった。また英国教会に対する批判を含んでいたために、当時の政治指導者たちから排斥され、やがて『リヴァイアサン』は、発禁処分を受けることになった。しかし国際紛争が絶えず問題となっている現在、再評価され始めている。

(2) ロックの『統治二論』(1689)

ホッブズに遅れること半世紀、名誉革命の時代に活躍したジョン・ロック(John Locke: 1632-1704)は、『人間知性論』(1689)などの著作によって、大陸の合理論に対抗するイギリス経験論の創始者となった。彼は、ホッブズの政治哲学から影響を受けたが、人間本性の洞察や統治理念の理解など、多くの点で、ホッブズとは見解を異にした。そして何よりも、この間の政治状況の違いが両者の違いを生み、立憲君主制が成立した名誉革命の年(1689年)に『統治二論』(市民政府論)が出版された。

この著書において、ロックはまず前半で、ホッブズと同じく王権神授説を退け、政府なしには人間の自然状態は、互いに戦い合う危険を秘めていることを指摘した。しかし、ここから先がホッブズと大きく違ってくる。ロックによれば、人間の自然状態には、もう一つの側面(**自然状態2**)があって、そこでは人民は、政府に頼ることなく、一定の安定した秩序を維持する能力

を持つ。すなわち人間は、自分たち自身の身体をまちがいなく所有するから、その身体を使って労働した成果に対しても、所有する権利を互いに主張できる。このような**自己労働に基づく所有権**（自分たちの労働によって獲得したものは自分たちのものだという主張）については、政府が関与しない人間の自然状態にあっても、人々は互いに認め合っている。

しかし人間の自然状態における秩序は不安定であり、絶えず違反者によって侵害される危険がある。そこで、人々は自分たちの代理人を選んで、所有権の保護を彼らに信託する。こうして代議制からなる市民政府が誕生する。このような政府は、何よりも市民たちの私有財産を保護しなければならない。そのことに失敗した政府に対しては、市民たちは再び武器を持って戦い、新しい政府を作る権利（**抵抗権**）を主張できる。

ロックにとって、所有権の保護に続いて重要であったのは、政府による貨幣政策であった。なぜならば、私有財産の保護を政府に信託する市民は、自己労働によって得た財貨だけでなく、正当な交換を通じて得た貨幣をも所有できるが、そのような貨幣財産の所有は、政府の間違った貨幣政策によってしばしば侵害されてきたからである。ロックは、いくつかの異なった論文において、利子率や貨幣価値に影響を及ぼす政府の貨幣政策に言及し、重商主義的な経済政策を提案した。

ロックの市民政府論の影響

ロックの市民政府論は、人間本性の洞察や、統治の理念の理解において、当時の政治状況によく適合していたために、また、人民の基本的人権に関する主張が同時代の市民政府の設立理念に適合していたために、イギリスやアメリカの政治指導者たちに人気を博した。とくにアメリカ合衆国の独立に際しては、ホッブズよりもロックの統治理論が建国の理念として参考にされた。アメリカでは、州の自治権が強く、連邦政府に対する人民たちの自治権の主張が今でも根強い。また政府に対する抵抗権または自己防衛権（銃砲の合法的所持権など）を人民が留保してきたことは、のちに南北戦争などの多くの機会に問題を引き起こすことになった。

他方で、ロックの労働所有権論は、のちにスミスの労働価値思想に影響を与えた。また貨幣理論を含めて、経済学が誕生するときにスミスの重要な先駆者の一人となった。

4　スミスの『道徳感情論』（1759）

経済学の父、アダム・スミス（Adam Smith: 1723-90）は、最初、グラスゴー大学の道徳哲学の教授として出発したが、やがて法学や経済学を含む社会科学全般の近代的基礎を築くことになった。その講義内容は、自然神学に始まって、倫理学、法学（正義論）、広義の法学としての「経済学」といった多方面にわたるものであったが、生涯に『道徳感情論』（1759）と『国富論』（1776）の２冊の大著を出版した。ここでは、経済学誕生の前提として、『道徳感情論』について解説する。

スミスの思想を理解するために欠かせない２人の先駆者がいる。それは、スミスの先生でもあり前任者でもあった**フランシス・ハチスン**（Francis Hutcheson: 1694-1746）と、哲学者でもあり生涯の先輩・親友でもあった**デイヴィッド・ヒューム**（David Hume: 1711-76）の２人である。

ハチスンはシャフツベリやカーマイケルとともに、スコットランド啓蒙運動を担った中心人物であり、またヒュームやカントにまで影響を与えた道徳哲学者であった。グラスゴー大学の教授であった1729-46年の後半の時期に、スミスは、学生として彼に出会い、生涯「忘れ得ぬハチスン博士 "the never-to-be-forgotten Dr. Hutcheson"」といって尊敬した。**隣人愛**（benevolence）を中心とする道徳哲学だけでなく、経済的自由主義についてもまた、ハチスンの思想を引き継いだ。

イギリス経験論哲学の中興の祖であり、カントのコペルニクス的転回を誘導したといわれているヒュームは、ハチスンを通じてスミスと親交を深めた。スミスは、著作や手紙の交換を通じて、ヒュームの思想を自らのものにしていった。なかでも、ヒューム『人間本性論』の中の「**同感**（sympathy）」の思想が、スミスの道徳哲学を理解するためには重要であった。

スミスの道徳哲学の出発点

「同感」の思想は、ホッブズやロックの思想の中にみられる利己心から出発する個人主義的な社会の見方と、ハチスンたちのスコットランド啓蒙の「隣人愛」を基本とする道徳哲学とを統合する役割を果たした。スミスの道徳哲学は、個々人の間に普遍的にみられる利己的な感情を認めた点で革新的な思想であった。しかし、どんなに利己的な人間でも、他人の幸福を喜び、他人の不幸を悲しむという感情があることを同時に認めていた。このような人間の同感または共感の感情こそ、個々の人間を共同社会に欠かせない隣人愛へと結びつける結節環になるとみていた。このように、人間の同感または共感の感情を仲立ちとして、利己的な感情と隣人愛とが結びつけられたところに、スミスの道徳哲学の大きな特徴があった。

人は、自分たちの感情や行動や振る舞いが他の人々の同感を得られるように気づかう。そして、他人の同感が得られるほど、その人の行為は、より多く是認されていると感じる。したがって、道徳的に良い行為とは、より多くの人々の同感や是認が得られるような行為だといってよい。だが個々の人間は自分たち自身では、他人の同感の程度を知ることはできない。そこで、スミスが登場させたのは、「**公平無私の見物人**（impartial spectator）」と呼ぶ架空の審判者であった。この見物人は、たとえば現実の裁判官でもあり、尊敬される先生でもあり、または自らを裁く自分自身の分身（alter ego）でもあった。要するに偏見なしに、客観的に、厳しく自分自身の行為の是非を判断してくれる見物人が「公平無私の見物人」であった。この見物人が是認する程度に従って、人間の感情や行為が道徳的に判断された。

スミスの道徳的秩序の体系と政治経済学

スミスの独創性は、このような人間の感情や行動に対する道徳的な判断に基づいて、道徳哲学の体系を築いただけでなく、法学や経済学などの社会科学の土台をも築いたことであった。人々の感情または情感（passion）は、社会にとって是認される社会的情感と、社会から排斥される反社会的情感の2つに大きく分けられる。前者には、寛大、友情、尊敬、親切、憐れみなどの

情感が含まれる。このような情感は、社会に調和をもたらすために、見物人の最も大きな同感を得るだろう。これに対して後者には、憎悪や報復の情感が含まれる。このような反社会的な情感は、野獣と同様に市民社会から放逐されなければならない。これらに対して、社会的情感と反社会的情感の中間に位置づけられるのが、喜びや悲しみなどによって表される**利己的な情感**（selfish passion）である。人々が自分たちの富貴を誇示し、貧困を隠そうとするのは、世間の人々が悲しみよりも喜びに対して同情しやすいからである。これらのすべての情感は、市民社会の秩序を維持するために、それぞれの役割を果たすことになる。

　スミスは、最後に公平無私の見物人の是認の程度に従って築かれる道徳の体系について、以下のようにまとめている。これは、単なる狭義の道徳の体系ではなく、近代市民社会を構成する3つの異なった秩序を明らかにするものとして理解することができる。

① 他の人々の幸福に関係する徳の体系
慈善（beneficence）**または慈悲**（benevolence）**の徳**
　人々が自分のことよりも他の人々の幸福のためにつねに尽力しようとしている社会は、友情や親切心などの社会的情感が満ちあふれ、最も幸福な社会であろう。だが、そのような徳の体系は、近代市民社会においては必要不可欠のものではない。このような徳がみられない社会でも、以下の2つの道徳（正義の徳と慎慮の徳）の原理があるならば、安定した秩序を保つことができる。
　家族または互いに信頼する少数の人々による家族的な共同体は、市民社会の最小の構成単位であるが、このような共同体の秩序は、今なお慈善や慈悲の徳によって支えられているであろう。

正義（justice）**の徳**
　スミスの定義する正義の中には、交換の正義や分配の正義は含まれない。正義とは、単純に他人の身体と財産を侵害しない徳のことをいう。市民社会

を守るためには、このような正義の秩序が不可欠であり、このような秩序は、先に述べた反社会的情感によって維持される。すなわち、人々の憎悪や報復の情感は、それ自体では社会の秩序に反するが、殺人や強盗などの反社会的な行為に対する対抗措置として有効である。「目には目を」「歯には歯を」という古代のハムラビ法典からホッブズの政治哲学まで維持されてきた正当防衛を認める思想がここに生かされていた。

このような「正義」の徳によって、政府による国防や司法、警察の存在意義を説明することができ、**政治・法秩序の原理**が明らかにされているものと理解することができる。

② 個々人の幸福に関係する徳の体系
慎慮（prudence）の徳
スミスは、最後に自分たち自身の身体と財産に配慮し、それらの保全を図ろうとする徳の体系を取り上げている。このような徳は、先にあげた慈善の徳のように「見物人」が無条件で礼賛するようなものではなく、また「正義」の徳のように強制してでも守られなければならない徳でもないが、人々の自発的な行動と効用の感覚によって守られるような徳である。このような徳は、「正義」が守られているということを前提に、**勤勉（industry）**と**節約（parsimony）**の道徳感情によって近代市民社会を構築してきた基本原理である。このような勤勉と節約の徳こそ、のちに『国富論』の道徳的基礎とされた原理である。

スミスはこれを慎慮の徳と呼び、市民的、**経済的な秩序**の基礎となるとした。そしてこのような徳によって実現される市民社会または市場社会こそ、スミスが擁護しようとしたものであった。

5　まとめ

こうして、ホッブズのように政府の権力（暴力）の独占にもよらず、またロックのように私的所有権の主張だけに依拠することなく、同感し合う感情の交

換に基づいて、市民社会の秩序が弁護された。感情の交換は、財サービスの交換へと容易に拡張されるであろう。

　以上のようなスミスの道徳体系に基づく市民社会の秩序づけは、現代のマクロ経済学で扱う 3 つの主要な経済部門に対応していることは興味深いことである。それは、家計、政府、企業（または市場）の 3 つの部門に当てはまる。これらの 3 つの部門ではそれぞれ異なった原理が支配する。スミスの段階では、市場と企業とは未分離のまま一体のものとして扱われていたから、3 つの市民社会の秩序は外国部門を除くマクロ経済の部門と対応する。市場は、これらの部門を結びつける交換の場であるから、これによって、経済学を成立させるために必要な社会構成上の前提条件がすべて解明されたことになる。こうして、経済学が独立して誕生するための前提条件は出そろった。あとは、スミスの『国富論』の登場を待つのみとなった。

〈より進んだ研究のための参考文献〉

ウェーバー著、梶山力・大塚久雄訳『プロテスタンティズムの倫理と資本主義の精神』岩波文庫、1955 年（改訂版、1989 年）〈1904-05〉
シェイクスピア著、中野好夫訳『ヴェニスの商人』岩波文庫、1973 年
スミス著、高哲男訳『道徳感情論』講談社学術文庫、2013 年〈1759〉
―――著、村井章子・北川知子訳『道徳感情論』日経 BP クラシックス、2014 年
―――著、大河内一男監訳『国富論（全 3 巻）』中公文庫、1978 年〈1776〉
―――著、水田洋・杉山忠平訳『国富論（全 4 巻）』岩波文庫、2000-01 年
―――著、山岡洋一訳『国富論――国の豊かさの本質と原因についての研究（上・下）』日本経済新聞社出版局、2007 年
―――著、大河内一男監訳、玉野井芳郎・田添京二・大河内暁男訳『国富論（全 4 巻）』中公クラシックス、2014 年
トーニー著、出口勇蔵・越智武臣訳『宗教と資本主義の興隆』岩波文庫、

1956 年〈1926〉
ハイエク著、西山千明訳『隷従への道』春秋社、1992 年〈1944〉
ヒックス著、新保博・渡辺文夫訳『経済史の理論』講談社学術文庫、1995 年〈1969〉
ヒューム著、大槻春彦訳『人性論（全 4 巻）』岩波文庫、1948-52 年〈1739-40〉
────著、木曾好能ほか訳『人間本性論（全 3 巻）』法政大学出版局、1995 年（新装版 2011-12 年）〈1739-40〉
ホッブズ著、水田洋訳『リヴァイアサン（全 4 巻）』岩波文庫〈1651〉
ポランニー著、玉野井芳郎・平野健一郎編訳『経済の文明史』日本経済新聞社、1975 年（筑摩書房、2003 年）〈1957〉
ロック著、加藤節訳『完訳　統治二論』岩波文庫、2010 年〈1689〉
────著、角田安正訳『市民政府論』光文社古典新訳文庫、2011 年〈1689〉
────著、大槻春彦訳『人間知性論（全 4 巻）』岩波文庫、1972-77 年〈1689〉
上田辰之助『トマスの経済思想』みすず書房、1987 年

〈問題〉

① トマスに代表される中世の経済思想は、現代の経済に対して、どのようなことを示唆しているかについて、考えてみよう。
② 現代の資本主義経済にとっても、プロテスタンティズムなどの宗教思想や倫理が大きな意義を持っているかどうかについて、考えてみよう。
③ 市民政府を作り上げるに際して、ホッブズの思想とロックの思想のどちらが有益なヒントになったかについて、考えてみよう。
④ スミスの道徳哲学は、現代の経済にとっても生き続けているかどうかについて、考えてみよう。

第 2 章
スミスの経済学(1)

アダム・スミス
(Adam Smith: 1723–90)

〈要約〉

〈前史〉……p.40
(1) 重商主義
　①権力の体系：中央集権国家の成立
　・封建制→絶対王制→立憲君主制→議会制民主主義
　②貨幣の体系：国富＝貨幣の蓄積
　・貨幣発行の政府独占→財政基盤の確保→乱用、インフレ
　③商業の体系：特権的大商人に対する特典付与
　・外国貿易その他の政府独占→特権的大商人と政府の結合
　・専売制（塩、煙草、銀行など）——特権賦与と特権税
　④規制の体系：輸出奨励・輸入制限
　・関税・保護貿易→貿易制限から輸出の奨励へ
　・貿易収支の黒字→金銀の流入→国富の増大
　・17世紀後半のバブル経済と1720年代のバブル崩壊→重商主義批判
(2) 重農主義
　①生産的労働の重要性——スコラ的自然経済の復興
　②ケネーの経済表
　③自由放任（レセ・フェール）思想

1　『国富論』(1776) の問題設定：序文……p.44
　・労働が富の源泉（fund）
　・必需品、便益品（消費財）＝富
　・国富の増大の原因と探求

📖 テキスト
　『国富論』 *An Inquiry into the Nature and Causes of the Wealth of Nations*, 1776.

2 『国富論』の篇別構成と概観……p.46
　第1篇　生産と分配の理論――労働の生産力増大の原因、分配の秩序
　第2篇　資本蓄積論または経済成長論――資本の性質、蓄積およびその利用法
　第3篇　経済史――各時代、各国の富裕の程度とその原因
　第4篇　経済学説史――政治経済学の体系
　第5篇　財政学――政府の適切な財政支出と税収入

3　分業と市場……p.46
(1) 分業による生産力の増大
　・労働の専門化と機械の導入
(2) 分業を引き起こす原理：交換の本性と自愛心
(3) 分業は市場の大きさによって制限される

4　価値・真の価格：2つの労働価値説……p.49
(1) 貨幣の起源と使用
　・取引費用の節約
(2) 商品の真の価格と価値：2つの労働価値説
　　①支配労働価値 ｝初期未開社会と文明社会の二分法
　　②投下労働価値
(3) 貨幣による名目価格と労働による真の価格

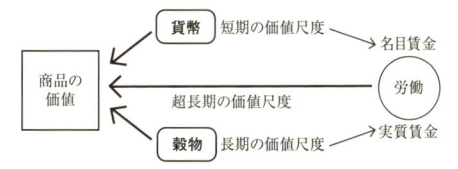

```
        貨幣  短期の価値尺度  → 名目賃金
商品の  ↑↓            労働
 価値   ↑↓  超長期の価値尺度
        穀物  長期の価値尺度  → 実質賃金
```

5　剰余価値論：商品価格の構成部分……p.51
(1) 初期未開社会と文明社会：資本の蓄積と土地の占有
(2) 文明社会では支配労働価値が投下労働価値を上回る

　　投下労働価値　　　　　　支配労働価値
　　（賃金×労働量）　＜　（賃金×労働量＋<u>利潤＋地代</u>）

(3) 剰余価値の様々な解釈
　　①リカードの修正労働価値説
　　②マルクスの労働搾取説
　　③成長理論による解釈

前史

スミスの経済学は、先行する経済諸学説に対する批判という意味合いを持っていた。そのような学説の中でもとくに重要な2つの学説があった。それは、重商主義と重農主義である。

(1) 重商主義 (Mercantilism)

重商主義とは、文字どおり商業を重視する経済学説または経済政策の総称である。歴史的には、17世紀から18世紀にかけてイギリスやフランスなどの西ヨーロッパの諸国で普及した。「悪貨は良貨を駆逐する」という「グレシャムの法則」のトーマス・グレシャム、貿易差額の重要性を論じた東インド会社のトーマス・マン、『政治算術』を著し労働価値説の先駆者となったウィリアム・ペティーやリチャード・カンティロン、ジョン・ロック、ジェームズ・スチュアートなど、多士済々の人材が輩出された。フランスのジャン゠バティスト・コルベール、イギリスのジョン・ローなどは、実際に政府の財政官になって経済政策の指導にあたったが、大部分は民間のエコノミストとして、パンフレットの発行を通じて政府に経済政策を助言した。

多様な経済政策が主張されたため、重商主義の学説を体系的にひとまとめにして論じることは難しい。ここで重商主義が重要なのは、スミスの『国富論』の中心的なテーマが、重商主義批判に向けられていたからである。したがって、ここではスミスの批判した重商主義政策とは何かということをあらかじめ明らかにしておく必要がある。そのために、のちにスウェーデンのエリ・ヘクシャー (Eli Hecksher: 1879-1952) がまとめた『重商主義』という本の内容を紹介するのが便利であろう。なおこの本は、貿易論におけるヘクシャー゠オリーンの定理を提唱したうちの一人ヘクシャーが、重商主義をひとまとまりの体系的な政策として評価したもので、のちに、ケインズの『一般理論』に引用されたことで有名になった。

ヘクシャーによれば、重商主義は、次の4つの体系から構成されていた。

それは、①権力の体系（system of power）、②貨幣の体系（system of money）、③商業の体系（system of commerce）、④規制の体系（system of regulation）の4つである。それぞれについて、簡単に説明しよう。

① 権力の体系（system of power）：中央集権国家の成立

まず重商主義は、当時ヨーロッパで成立しつつあった絶対主義的中央集権国家を維持し強化する目的を担っていた。それまでのヨーロッパでは封建制が維持されてきたが、17世紀頃から各地で中央集権国家へと移行する動きがみられた。いち早く立憲君主制から議会制民主主義への移行を果たしたイギリスから、絶対君主への権力の集中を企図したフランス王朝まで、その統治形態には色々あったが、中央への権力の集中が共通にみられた。この傾向は、ルネサンス以降の対外商業の発展と密接な関連を持っていた。

② 貨幣の体系（system of money）：国富＝貨幣の蓄積

次に重商主義者の多くが主張したことは、貨幣（＝金貨）をできるだけ多く、国家権力の支配下に置くことであった。中世の封建制は、農業を基盤としたために、できるだけ豊かな土地を領土として獲得することを統治の目的としていた。これに対して、「地理上の発見」以来、対外貿易が盛んになるにつれて、世界の共通の貨幣であった金貨や銀貨がその国の富を代表するようになった。最も早く海外進出を遂げたスペインやポルトガルでは、植民地獲得の最大の目的は、現地の金銀鉱山の開発を通じて、本国に金銀を持ち帰ることであった。やがて国力が衰えて、インドなどの植民地を手放さざるを得なくなったポルトガルが、最後までブラジルの統治権を死守したのは、そこに世界有数の金銀鉱山があったからである。重商主義者は、国富＝貨幣と考える点で、重金主義者ともいわれた。

しかし、金銀のヨーロッパへの流入は、やがて激しいインフレーションを呼び、物価と賃金が上昇する中で、財政基盤は悪化していった。またバブル経済とその崩壊とは、過剰な投機に対する警戒心を強め、やがて、重商主義に対する批判の声が高まっていった。

③ 商業の体系（system of commerce）：特権的大商人に対する特典付与

　商業による利得活動を厳しく制限した中世のスコラの経済政策に対して、重商主義は、対外商業を奨励した。重商主義は、このように、古い経済思想を革新する側面を持っていた。しかし、すべての商業を等しく奨励したわけではなかった。貿易を通じて、外国から大きな利益を上げる商業に対してのみ、特典を与えたのである。これらの商業は、貿易差額（貿易の黒字）を通じて、外国から金銀を取得し、政府は徴税その他の手段で、商人の利益の一部を財政収入として獲得した。

　特権的大商業の多くは、株式会社の形で行われた。スペインでは直接、政府の独占事業として行われるものもあった。この頃の株式会社は、広く大衆資金を徴収するという目的よりも、それぞれの事業の独占権を得る目的で設立された。政府は、独占的事業権を株式会社に認める代わりに、利益の一部に課税したり、国債に応募させたりして、利益を特権的商人たちと分け合った。最初の株式会社とされているオランダの東インド会社に先立って1600年に設立されたイギリスの東インド会社やアフリカ会社、ロシア会社、ミシシッピ会社などは、それぞれの地域で商業を独占する特典を与えられた。また、現在のイギリスの中央銀行であるイングランド銀行は、ロンドン市周辺での銀行券発行の独占権を与えられた株式銀行として出発した。これらの会社の株式を取引するために、のちの株式取引所（現ロンドン証券取引所：LSE）の前身となる株式取引の施設が作られたが、中には詐欺も多かった。1720年に南海泡沫事件（元祖バブル）が起こり、株式会社の新設が禁止されるまで、このような特権的株式会社の設立が盛んとなった。

④ 規制の体系（system of regulation）：輸出奨励・輸入制限

　以上の体系を維持するために政府はさまざまな規制を設けた。中でも輸出に奨励金を与えて促進し、輸入には高い関税をかけて規制する政策を採用した。このような規制政策が重商主義の特徴の一つとなった。とくに金銀鉱山の獲得についてはスペインやポルトガルに後れをとったイギリスでは、貿易を通じて貨幣を獲得する方法をとることになった。できるだけ輸出を増やし

て、輸入を制限することによって、貿易差額（貿易の黒字）を通じて海外から世界貨幣である金貨を輸入する方法がとられた。

(2) 重農主義（physiocracy）

重農主義は、文字どおり農業を最も重視する経済学の一派であった。それは、当時イギリスやフランスで支配的であった経済政策、重商主義に対する反動でもあった。とくにフランスでは、重商主義（コルベール主義）に対する反発が根強く、農業を富の唯一の源泉とする経済学の考え方が王室のサロンで人気を博した。これはある意味では、封建的農業を重視するスコラの経済思想の復活であり、実際の経済政策には取り入れられなかったが、次の3つの点で、当時フランスに滞在していたスミスの経済思想に影響を与えた。

① 生産的労働の重要性

重農主義者は、社会の人口を生産的階級（農民）と不生産的階級（商工業者）と10分の1税取得者（貴族や僧侶）の3つに分け、社会の富は、もっぱら生産的階級によって作られると考えた。商工業者たちは、実際の産業に従事しているようにみえるが、彼らは生産的階級の作りだした経済的価値の形を変えたり、その場所や持ち手を移動したりするにすぎず、社会の富の形成には参加していない。このような考え方は、農業労働に偏っていたとはいえ、経済的富の源泉を生産的労働に見出した点で、スミスを初めとする古典派経済学者たちに多大な影響を与えた。

② ケネーの経済表

重農主義者たちの中でもルイ15世の愛妾、ポンパドゥール夫人の侍医であったフランソワ・ケネー（François Quesnay: 1694-1774）の経済表は、経済を血液の循環になぞらえて、モノ、カネの部門間の流通として図解していた。この経済表は、生産と分配と消費との間の経済循環に関する古典派の理論に影響を与えた。またマルクスの再生産表式やレオンチェフの産業連関表、資金循環表の原型となった。

③ 自由放任（レセ・フェール）思想

　経済における自由放任主義は、もともと重農主義者たちの思想であった。重商主義者による国家の人為的な経済規制や経済政策に反対して、自然のなすがままに任せることを彼らは力説した。それはスコラから引き継がれてきた自然法思想であったが、スミスに始まる古典派経済学の自由主義思想に引き継がれていった。

　以上のように、重商主義と重農主義は、スミスの『国富論』に先行する2つの重要な学説であった。

1　『国富論』(1776) の問題設定：序文

📖 テキスト

『国富論』 *An Inquiry into the Nature and Causes of the Wealth of Nations,* 1776.

　『国富論』の序文は、次の有名な文章によって書き出されている。

　「国民の年々の労働は、その国民が年々消費する生活の必需品と便益品のすべてを本来的に供給する源（fund）であって、この必需品と便益品は、つねに、労働の直接の生産物であるか、またはその生産物によって他の国民から購入したものである。」（大河内訳（Ⅰ）p.1）

　スミスは、この序文によって重商主義に対する反対意見をはっきりと表明している。国民の富は金銀などの貨幣や財宝ではなく、国民が年々消費する必需品や便益品である。そして、そのような富を作りだす源泉はそれぞれの国民一人一人の労働そのものである。今日では常識になっている国民所得の概念と、富の源泉として何よりも労働を尊重する考え方とが、ここに一点の曇りもなく宣言されている。ここで表明されているスミスのヴィジョンを労

働価値説とは区別して、ここでは「**労働経済思想**」と呼ぶ。スミスのこのヴィジョンは、その後 J.S. ミルに至るまで、古典派経済学に一貫して引き継がれていく。

その国民が富んでいるか、または貧しいかの違いは、①労働の熟練、技能、判断力の程度と、②有用な労働に従事する人々の割合とにかかっている。そして、文明国では、前者の要因のほうが大きい。これらの国では、労働に従事する人の割合が貧しい国に比べて少ないにもかかわらず、最も貧しい人々でさえ、未開社会の最も裕福な人々の10倍の、否、しばしば100倍もの生産物を享受している。そしてスミスは、この本の主題は、どのような事情がそれぞれの国民の富の大きさを決定するのかを明らかにすることであると宣言する。

> *Column* 労働経済思想の現代的な意義
>
> 労働が富の源泉であるという労働経済思想は、現代に至るまで経済学の基本的な真理であり続けている。今日、経済成長の著しい国々の国民は、その職業や地位を問わず勤勉に働いていることをみれば、そのことは肯定されるであろう。これに対して今まで富裕だとされていた国でも、人々が勤勉さを失いつつある国では、経済成長は停滞している。『道徳感情論』と『国富論』との共通の前提は、人々が勤勉（industry）と節約（parsimony）の道徳に従っていることであった。

2 『国富論』の篇別構成と概観

『国富論』は、全5篇からなる大著である。生産と分配の理論から財政学まで、今日の経済学が対象とするほとんどの分野について論じられている。それぞれの篇の主題を列挙すると次のようになる。

第1篇（Book Ⅰ）——生産と分配の理論
　分業の生産力、分業と市場の関係、価値と価格の役割、労働の賃金と資本の利潤と土地の地代に対する分配の問題を論じている。

第2篇（Book Ⅱ）——資本蓄積論または経済成長論
　資本の性質と蓄積、その利用方法について論じられている。

第3篇（Book Ⅲ）——経済史
　異なった国々の富裕の程度について、古代ローマから始まって、それぞれの国のそれぞれの時代の富裕の程度とその原因について論じられる。

第4篇（Book Ⅳ）——経済学説史
　政治経済学の体系について、主として重商主義と重農主義の学説と、その政策について批判的に論じている。

第5篇（Book Ⅴ）——財政学
　政府の適切な財政支出と税収入について論じている。

3 分業と市場

（1）分業による生産力の増大

　労働の生産力の改善、労働の技能や巧みさ、判断力の改善の最大の原因は、分業の成果であった。分業とは、労働が細かく専門化することである。一人の人がたとえばピンを作るのに、この工程をすべて一人でやる場合には、一日に1本のピンも作れないであろう。だが、この同じピンを作るのに、たと

えば鉄を延ばす労働を専門にする人、鉄を裁断する人、ピンの先をとがらす人などというように、多くの人が分担した場合には、一日に一人当たり4,800本以上のピンを作ることができるようになる。このような労働の生産力の著しい向上は、個々の職人の技能が改善するためであり、また仕事の間の移動時間が短縮されるためであり、最後に、これにより労働時間を短縮する機械が発明されるためであった。

　たとえば、ウールの上着を作る過程一つにも、無数の種類の職人たちの労働が協力している。まず羊飼いの労働がなければならない。そして、羊毛を選別する作業、染色の工程、織布工の仕事が不可欠である。そして出来上がった製品は、商人や運送業者たちの手によって消費地まで運ばなければならない。船で運ぶ場合には、船を作る労働や水夫の仕事が必要である。このように考えていくと、上着を一着消費者に届けるためにさえ、国中の、否、場合によっては世界中の労働が参加していることが分かる。このような分業または労働の専門化こそ、富裕な文明国において労働の生産力を著しく高めた原動力であった。

(2) 分業を引き起こす原理：交換の本性と自愛心

　ところで、このような分業を引き起こした原因は何であったのか。それは、それによって富裕になることを期待した人々が企図したことの結果ではない。ましてや誰か特定の人が計画したり他の人々に指令したりしたことの結果ではなかった。それは、人間の本性（human nature）の中に備わっているある性向、すなわちある物を他の物と交換しようとする性向の緩慢ではあるが漸進的・必然的な帰結なのである。

　文明社会では、人間はいつも多くの人々の協力と援助を必要としている。だが、この助けを博愛心（benevolence）にのみ期待しても無駄である。それよりも、むしろ仲間の自愛心を刺激する、すなわち彼が仲間に求めていることを仲間が彼のためにすることによって、仲間自身の利益にもなるのだということを、仲間に示すことができるなら、そのほうがずっと目的を達しやすい。

　たとえば、われわれが食事をとるのに肉やパンが欲しいときには、肉屋やパ

ン屋の博愛心に呼び掛けるのではなく、彼らの利害関心＝自愛心に訴えようとするだろう。なぜなら、彼らがわれわれに肉やパンを売るのは、彼らの博愛心によってではなく、彼らの利益にもなるからだということをわれわれは知っているからである。このようにわれわれは、交換においてわれわれの欲しいものを得たいならば、まず相手に相応の利益を与えなければならない。このような give and take のやり方こそ、交換を通じた相互利益、すなわち交換は交換当事者の相互の利益を増進するという原理に従っているのである。

(3) 分業は市場の大きさによって制限される

このように、分業は何物かを交換したいという人間本性の所産であったのだが、それはいったい何によって制限されるのであろうか。それは、市場の大きさによって、すなわち交換の頻度やその広さによって制限される。

このことは、われわれの日常の生活を考えてみれば容易に理解される。分業とは、それぞれの人の労働や仕事が専門化することである。肉屋は肉屋の仕事に、教師は教師の仕事に一年中専門化することである。このようにわれわれがある労働や仕事に専門化できるのは、その他の必要な物やサービスがいつでも交換を通じて手に入るか、もしくは他の人のサービスによって満たされるという見込みがあるからである。このように分業と市場とは、相互促進的に拡大するのである。

Column **スミスの分業論のその後**

スミスの分業論は、大変に説得力のあるものであったが、その後いくつかの批判が出てきた。その一つは、近代工業の発達によって専門化したのは労働ではなく、機械のほうであったというものだった。たしかに、産業革命以降、機械が専門化する一方で、労働の熟練はむしろ後退し、どのような仕事にも順応できる単純な労働が一般的に求められていくようになった。しかし、このようなことも歴史的に変化するのであって、近年になって高度の技術を応用するために再び専門的な労働が求められるようになると、もう一度スミスの分業論は見直されるようになってくる。

4 価値・真の価格：2つの労働価値説

(1) 貨幣の起源と使用

このように分業を促進させる交換ではあるが、それは物々交換による場合には、十分に発展することはできなかった。物々交換によっては、満足な交換ができるようになるまでに多くの時間と無駄な費用（取引コスト）が掛かるからである。貨幣の使用は、このような不便を著しく減じる。このため人々は、誰でもが交換したがる品物を交換のためにとっておき、そのような品物がやがて貨幣として使用されるようになった。それは、未発展な経済では、家畜や塩などの品物であったが、やがて貴金属類が使用されるようになった。貴金属類は、持ち運びに便利なうえに、鋳造して標準的なコインにすることができたからである。

こうして貨幣が使用され、交換を媒介するようになると、財貨には価格がつけられて売買されるようになる。そこで財貨と貨幣とが交換される比率、すなわちその物の相対価値を決めるものはどのような事情によるのかということが問題となる。

ここで注意しなければならないことは、われわれが物の価値という場合には、2通りの意味で使っていることである。その物の効用は使用価値と呼ばれるのに対して、その物の交換比率は交換価値と呼ばれる。以下でわれわれが「価値」という場合には、この「交換価値」のことである。

(2) 商品の真の価格と価値：2つの労働価値説

分業と市場が発展すると、一人の人が自分の労働で充足できるのは、生活の必需品と便益品のうちでもほんの一部だけになる。その他の圧倒的に大きな部分は他の人々の労働に仰がなければならなくなる。つまり、人々は自分自身の労働ではなく、他の人々の労働を購買または支配できる程度において、富んでいたり、貧しかったりするようになる。したがって、それぞれの商品の価値は、その商品を使用または消費しようとはせずに他の商品と交換しよ

うと思う人にとっては、その商品で購買または支配する（purchase or command）ことのできる他の人々の労働の量に等しいということになる。このような意味で、労働はすべての商品の交換価値の真の尺度である。このようなスミスの交換価値の説明について、のちの経済学者たちは、これを「支配労働価値説」と呼ぶようになった。

　スミスは、このような説明にすぐに続けて、次のように説明する。あらゆるものの真の価格、すなわち人がそれを獲得しようとするときに本当に費やすものは、それを獲得するための労苦と骨折り（toil and trouble）である。こちらの説明は、のちの経済学者によって、「投下労働価値説」と呼ばれた。すぐに分かるように、これら2つの説明、「支配労働価値説」と「投下労働価値説」とは異なるものであるが、この違いについては、このあとですぐに検討する。

　交換しようと思うあらゆるものの価値は、それによって購買し支配することのできる他の人々の「労苦と骨折り」によって決められる。こうして、労働こそ、すべてのものに対して支払われる最初の対価、本来の購買代金となる。

(3) 貨幣による名目価格と労働による真の価格

　このように、労働は、すべての商品の交換価値の真の尺度ではあるが、実際に商品が売買されるときには、貨幣によって尺度される。それは、2つの異なった労働量の間の割合を確かめるのは困難だからである。しかし、貨幣の価値は、金銀の価値変動によってしばしば大きく変動する。これに対して労働は、時と所を問わず労働者にとっては等しい価値である。すなわち、熟練と技能が通常の程度であれば、同じ量の労働に対しては、つねに同じ対価が支払われる。

　このように労働はすべての商品の真の価格であるのに対して、貨幣はその名目価格であるにすぎない。そして労働の真の価格は、その労働と引き換えに与えられる生活の必需品と便益品の量によって測られるのに対して、労働の名目価格は、その労働と交換に与えられる貨幣の量で測られる。前者は、

実質賃金、後者は名目（または貨幣）賃金である。

スミスは、このほかに穀物によって商品の価値が測られる場合もあるとしている。一般的には、金銀（貨幣）は年々の短期の価値尺度となるのに対して、穀物はより長期の商品の価値尺度となる。そして、労働は世紀から世紀にわたる超長期の価値尺度となる。貨幣が年々の労働を支配するのに対して、世紀にわたる労働の対価は、穀物によって支配されるという序列がここに成立する。

商品の価値を測る以上のような関係を図示すると、下の図2-1のようになる。

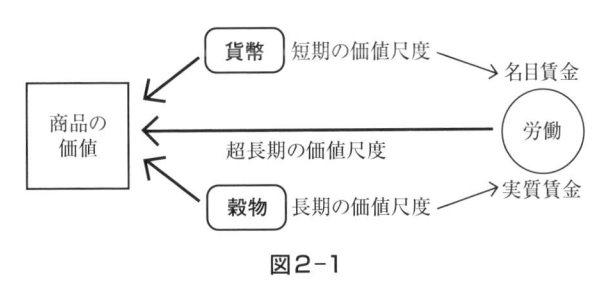

図2-1

5 剰余価値論：商品価格の構成部分

（1）初期未開社会と文明社会：資本の蓄積と土地の占有

前に述べた「支配労働価値説」と「投下労働価値説」の違いはどこから出てくるのだろうか。これについて、スミスは次のように説明する。

資本の蓄積と土地の占有に先立つ初期未開社会では、様々なものの獲得に必要な労働の量の比率がそれらを交換するときの唯一の基準であった。たとえば、1匹のビーバーを捕まえるのに2日間の労働が必要であるのに対して、1匹の鹿をしとめるのに1日の労働が必要だったとしよう。この場合には、ビーバーと鹿の交換比率を決めるものは、それぞれを獲得するのに要した労働の量のみである。すなわち、この場合には1匹のビーバーに対して2匹の鹿が交換されるであろう。こうした事情にあっては、労働の全生産物は、労働者に属する。その商品を獲得または生産するのに要した労働の量が、同時

にその商品によって購買または支配できる労働の量を決定するのである。

しかし、資本が特定の人々の手に蓄積され、土地が占有されるようになると、その事情は異なってくる。こうした事情の下では、労働の全生産物は、つねに労働者に属するとは限らない。多くの場合、労働者を雇用する資本の所有者や、土地の使用を許可する土地の所有者たちに、労働の生産物は分け与えられなければならなくなる。文明社会では、ほとんどの商品の価値は、投下された労働に対する賃金からだけでなく、提供された資本に対する利潤や貸与された土地に対する地代からも構成されることになる。

(2) 文明社会では支配労働価値が投下労働価値を上回る

文明国では、その交換価値が労働だけからなる商品は、極めて稀であって、その交換価値の圧倒的部分には、利潤と地代が寄与している。だから、その国の労働の年々の生産物は、その獲得のために用いられた労働 (L_a) よりもはるかに多くの労働 (L_b) を購買または支配することができなければならない。もし、この社会が年々に購買できる労働を用いるとするならば、その労働の量は年々大きくなるだろうから、年々の生産物はその前の年の生産物に比べて非常に大きい価値を持つようになるだろう。

ここに述べられていることを数式で表せば次のようになる。

投下労働価値：$L_a = wL$　　　　　（w：単位当たり賃金　　L：労働量）
支配労働価値：$L_b = wL + \pi + r$　　（π：利潤　　r：地代）
$$\therefore L_b > L_a$$

スミスのいったことを形式的に述べれば、以上のとおりであるが、このような剰余価値の解釈をめぐって、歴史的に様々な解釈が出されてきた。

(3) 剰余価値の様々な解釈
① リカードの修正労働価値説

リカードは、価値の問題をスミスの投下労働価値に一元化して理解した。

ただし、商品の価値が投下労働を上回ることについては、固定資本の蓄積と地代の増大によって、労働価値説が修正を受ける結果であると解釈した（●第4章）。

② マルクスの労働搾取説

マルクスは、労働生産物の価値が労働に支払われる賃金を上回ることをもって、労働が不当に搾取されていると解釈した。すなわち、マルクスによれば、資本の利潤や土地の地代は、労働者たちが本来自由にすることのできたはずの労働生産物のすべての価値が労働者たちに支払われていないことから生じるのであった（●第6章）。

③ 成長理論による解釈

経済が成長する限り、その年の労働の生産物の価値は、前の年の労働の生産物の価値よりも大きくなる。つまり前の年に投下された労働は、次の年にはより大きな労働を支配できることになる。スミスの支配労働価値をこのような経済成長の過程を説明したものとして理解する。

> *Comment* スミス労働価値説のもう一つの解釈
> ：後ろ向きの価値と前向きの価値
>
> スミスの労働価値論説は、近年のオーストリア理論やヒックスの資本理論によって明らかにされた次のような考え方によって解釈することもできる。資本の価値評価の仕方には、過去に投下された労働などのコストによって評価する考え方と、将来に期待される純生産物の価値によって現在の資本の価値を評価しようとする考え方の2つの方法がある。価値を労働によって評価するとしたならば、前者は投下労働価値（後ろ向きの価値）、後者は支配労働価値（前向きの価値）による評価となろう。資本の成長が期待される経済では、前向きの資本評価が採用されるようになるから、スミスの支配労働価値は、前向きの資本評価において活かされる（●第10章、12章）。

〈より進んだ研究のための参考文献〉
▍スミス著『国富論』〈1776〉（⇨第 1 章 p.34）

〈問題〉
① スミスの労働経済思想は、どのような歴史的な状況から出てきたのかについて、考えてみよう。とくに重商主義との関係について、考えてみよう。
② スミスの分業と市場の理論は、現代においてどのように生かされるかについて、考えてみよう。機械文明によって、スミスの考え方は否定されるか。
③ スミスの未開社会と文明社会の二分法は、ホッブズやロックの自然状態と市民的な秩序とどのような関係にあるのかについて、考えてみよう。
④ 投下労働価値説と支配労働価値説の関連について、このほかにどのような解釈が可能かについて、考えてみよう。

第 3 章

スミスの経済学（2）

アダム・スミス『国富論』初版刊行1776年
An Inquiry into the Nature and Causes of the Wealth of Nations

〈要約〉

6　経済学の原点：スミスの経済思想……p.58
人々が指令または善意によらず協力するのはどうしてか？
(1) スミス問題
　・『道徳感情論』　同感／利他心⟷『国富論』　自愛心／利己心
(2) スミスの経済学の多面性
　①労働の経済学：勤勉──分業、労働価値、剰余価値
　②市場の経済学：自由な市場交換における双方利益
　③統治の経済学：反重商主義の政策体系、自然的自由の体系

7　自然価格と市場価格……p.59
(1) 自然価格論
　・賃金・利潤・地代の自然率──自然価格
(2) 労働の賃金
　・「生存賃金説」と「成長賃金説」
(3) 資本の利潤
　・利潤率の低下：資本の増加と競争の結果
　・「見えざる手」と賃金格差の説明
(4) 土地の地代
　・穀物の需要と高価格の結果としての地代の上昇──地主の繁栄
(5) 3大階級への分配とその社会的役割
　①地主階級
　・公共社会の利益と一致、怠惰による無知
　②労働者階級
　・階級の利益は成長に依存、低水準の教育と習慣、雇い主による支持と公共社会の利益
　③雇い主（資本家）階級
　・有用労働の指揮、国富の増大に貢献、利益追求と社会の繁栄との不一致、特定部門の利益と独占の危険

8　資本蓄積、貨幣と信用……p.65
（1）資本蓄積は分業に先立ち、労働の生産力を増進させる
（2）資本の分類とその用途：資本の概念、流動資本と固定資本
（3）国民所得・国民資本と貨幣・信用
　・国民所得と国民資本——固定資本と流動資本の維持費
　・流動資本の維持費と貨幣ストック：社会的空費
　・貨幣の節約と信用
　・過剰信用の予防：金本位制、兌換、商業銀行
（4）資本蓄積の原因、生産的労働と不生産的労働
（5）利子をとって貸し付けられる資本

9　統治の経済学：重商主義批判と自然的自由の体系……p.71
（1）政治経済学の2つの目的：国民と政府を富ませること
（2）重商主義について
　　①重金主義批判　②輸出入規制　③航海条例　④徒弟条例　⑤植民地経営
（3）重農主義について
（4）財政学
　　①軍事費　②司法費　③公共事業費

10　スミス経済学のまとめ……p.76
　①労働の経済学：労働が富（消費財）を生産、分業の利点、労働価値説
　②市場の経済学：市場は分業を促進、自然価格と市場価格、分配の自然率
　③経済政策：重商主義批判、自由主義政策、「見えざる手」の働き

6　経済学の原点：スミスの経済思想

(1) スミス問題

　スミスの経済思想は社会思想史的な文脈においては、ホッブズやロックによって政治的に秩序づけられた市民社会の成り立ちについて、これを市場経済的な観点から再構成したものと評価される。それは、「人々が指令または善意によらずに協力するのはどうしてか」という問いから始まる一連の答えとして理解される。

　ホッブズやロックは、人々が互いに敵対するよりも協力することを選ぶのは、政府による何らかの強制力が働くからであると考えた。これに対してスミスは、政治的強制力に頼らずに、人々の自発的な行為によって、市民的秩序が保たれることについて論じた。これは、スミスによって「**自然的な自由の体系**（the system of natural liberty）」と名づけられた秩序であり、このような秩序が「**見えざる手**」によって創られることを確信した。

　しかし、そのような市民社会の秩序が、個々人のどのような行為によって導かれるかについて、『道徳感情論』と『国富論』とでは、一見、大きな違いがあった。『道徳感情論』では、その原理は、人々が共通に持つ「同感」または「利他的な」感情に求められたのに対して、『国富論』においては、むしろ「自愛心」または「利己心」に求められた。この違いは、やがて「**スミス問題**」として、多くの論者によって論争されるようになった。「利他心」から「利己心」の原理に移るためには、分業と市場の役割が再評価されなければならなかったが、この問題は、今なお経済学の未解決問題として残されている。

(2) スミスの経済学の多面性

　「スミス問題」以外にも、スミスの経済学に対しては多面的な解釈が可能である。『国富論』には、少なくとも次の3つの異なった内容が含まれていたと解釈できる。

① 労働の経済学

これまでに説明してきたスミスの経済学は、主として、経済の進歩、または諸国民の富の増進に対して果たす労働の様々な貢献について論じてきた。この部分は、「労働の経済学」とでも表現できるであろう（『国富論』第1篇第1章〜第4章）。

② 市場の経済学

自由な市場交換が売買当事者双方の利益を、どのようにして増進することができるかについて論じられている。この部分は、「市場の経済学」という表現がぴったりするであろう（同書第1篇第4章〜第2篇の全章）。

③ 統治の経済学

政府の経済政策について、主として当時の重商主義政策を批判し、自由主義的な政策を提案している。この部分は、スミスによって「統治の学」と題されたグラスゴー大学での講義を敷衍したものである。この本の中で一番長いのはこの部分であった（同書第3篇〜第5篇）。

以下では、②と③について解説する。

7 自然価格と市場価格

(1) 自然価格論

これまでは商品の交換が労働を基準としてきたことについて説明したが、これ以降は、市場において諸商品が実際にはどのような価格で売買されるかについて論じる。

およそいかなる社会や地域においても、労働と資本の異なる用途ごとに賃金と利潤についての通常率または平均率というものがある。この率は、その社会の一般的事情によって、すなわち、①その貧富の差によって、②その進歩、停滞、衰退の状態によって、③労働と資本の各用途の特定の性質によって、異なっている。それぞれの要素についての通常率または平均率は、賃金

の自然率、利潤の自然率、地代の自然率として現れる。

それぞれの商品を生産し、調整し、市場に運ぶのに用いられる労働の賃金、資本の利潤、土地の地代をその自然率に従って支払うのにちょうど過不足のないとき、その商品は**自然価格**で売られている。この場合には、その商品は、それを市場にもたらす人々が実際に費やした費用で売られる。

これに対して、その商品が実際に売られるときの価格は、**市場価格**と呼ばれる。それは、自然価格よりも高いことも低いこともあり、またはちょうど同じこともある。

諸商品の市場価格は、その商品の需要量と供給量によって変化する。そのような変化を引き起こす原因は、需要者と供給者たちの競争による。商品の需要量が供給量を上回るとき、市場価格は自然価格よりも高くなる。これとは反対に、商品の供給量のほうが需要量よりも大きいときには、市場価格は自然価格以下に下落する。競争の結果、商品の需要量と供給量とがちょうど等しくなるとき、市場価格と自然価格は等しくなる。

このように、商品の自然価格は、市場価格の中心価格であり、市場価格は自然価格の周りを上下しながら、需要量と供給量とを調整する。そして、それと同時に、自然価格の3つの構成要素である労働の賃金と資本の利潤と土地の地代は、その社会の貧富の差や進歩の状態などに依存して、一定の水準、すなわち自然率に安定する。

(2) 労働の賃金

未開の社会においては、労働の生産物は労働の自然の報酬とみなされていた。しかし、土地の占有と資本の蓄積が始まると、労働者が労働の生産物をすべて享受できる状態は長く続かなくなる。土地が私有財産になると、地主は、労働者がその土地から産出したり採取したりする生産物に対して、その分け前を要求する。こうして地主の地代が、土地を利用する労働の生産物からの第1の控除分となる。

また土地を耕す人々が、その収穫物を得るまでの期間、自分たちの生活を維持する手段を用意することはほとんどなくなる。耕作者は、穀物を収穫す

るまでの期間に生活費を前貸ししてくれる雇い主（資本家）に雇用されるようになる。雇い主は、自分たちの提供した資本から何らかの利潤が得られるのでない限り、資本を提供しようとはしないであろう。こうして、資本家の利潤が労働の生産物からの第2の控除分になる。

　その結果、労働の生産物から地代と利潤が控除された残りが、労働の賃金となる。この賃金は、資本提供者である資本家と労働者との間の交渉と契約によって決められるようになる。この交渉と契約において、雇い主たちはできるだけ賃金を低く抑えようとするし、反対に労働者たちはできるだけ高い賃金を要求するであろう。しかし、この交渉は資本家たちにとって圧倒的に有利であろう。なぜならば、雇い主が団結することは法律によって禁止されていないが、労働者たちが団結することは法律によって禁止されているからである（この事情は、20世紀には変わった）。もう一つには、労働者たちは、自分たちが雇われることなしには、自分たちの生活を維持できないからである。

　こうして労働の賃金は、低く抑えられがちとなる。しかし、賃金には、それ以下には低くできない下限がある。なぜならば、労働の賃金は、労働者とその家族が生活していくことのできない水準にまで低くすることはできないからである。もし賃金がそのような生存水準を下回ることになれば、労働者たちは生活できなくなり、労働の供給は極端に少なくならざるを得ない。そのような状態が続けば、文明社会は平穏には維持できなくなる。こうして、賃金の水準は、少なくともその最低限の生存水準以上にならなければならない。これをのちの経済学者たちは、「**生存賃金説**」と呼び、古典派経済学の時代には、このような賃金の理論が主として継承されることになった。

　しかし、スミスにはもう一つ別の賃金理論があった。それは、経済成長が労働者に有利に働き、労働者たちは最低水準以上の高い賃金を得られるようになる、という理論であった。賃金によって生活する労働者に対する需要が絶えず増大するような状態が続くとしたならば、賃金は自然と引き上げられるであろう。それゆえ、労働の賃金の上昇は、その国民の富の大きさによってではなく、その富の恒常的な増加によって、引き上げられる傾向にある。すなわち、労働の賃金は、最も富裕な国においてではなく、最も急速に富裕

となりつつある国において最高の水準となる傾向がある。これは、スミスの「**成長賃金説**」とでも名づけられる賃金の理論であった。しかし、この理論は、古典派の時代には、あまり顧みられなかった。この理論によれば、賃金の水準は、発展する経済では最高となり、経済が停滞または衰退するにつれて低くなる傾向にある。これは、前の「生存賃金説」とは明らかに異なる賃金の理論であった。

「生存賃金説」によれば、賃金は低いほど利潤は高いことになるが、「成長賃金説」によれば必ずしもそうはならない。スミスによれば、大部分の労働者が貧しく、生活を維持するのにやっとであるような社会は、とても公正な社会とはいえない。賃金の引き上げは、労働者の生活水準を引き上げ、公正の感覚からみて望ましい社会を実現する。さらに高い労働報酬（liberal reward of labour）は、労働者たちの勤勉や労働の意欲を刺激し、労働の生産力を増進することによって、結果的には利潤を高くする。

(3) 資本の利潤

資本の利潤もまた、賃金と同じようにその社会の富の増加の程度によって左右される。しかし、その影響の仕方は大変異なっている。賃金を騰貴させる資本の増加は利潤を引き下げるが、それは賃金の騰貴の直接の結果ではない。資本の増加によって、多数の商人の資本が同一の事業に投じられるようになり、その事業における競争が激しくなる結果として、利潤は引き下げられるのである。このように、資本（富）の成長は、一方で賃金を引き上げ、他方で利潤を引き下げる傾向がある。もともと貧しかった人々の生活状態は、改善されるのである。

利潤の平均率は、しかしながら、賃金の平均率ほど明らかには現れない。それは、利子率の推移を通して間接的に推測されるにすぎない。このように利子率は利潤率の一般的な指標となる。

利潤率は、賃金とともにそれぞれの事業や職業によって様々に異なっている。たとえば、職業自体が快適であるか否かによって、それらは高かったり低かったりする。またその職業を習得することが簡単で安上がりであるか、

それとも困難で費用がかかるかによっても異なる。また、その職業における雇用が安定しているか危険であるかによっても影響される。その他その職業に従事する人たちに対する信頼度や、その職業において成功する可能性があるかどうかによっても、利潤や賃金は様々に異なるだろう。スミスはこのように、労働の賃金や資本の利潤は、職業ごとに様々に異なっていることを強調していた。

(4) 土地の地代

スミスは、土地の地代を左右する事情について、この中で最も長いページを使って考察していた。その結論をあえて要約すれば、次のようになる。

社会状態におけるあらゆる改善は、直接または間接に、土地の地代を引き上げ、地主の富を増加させる傾向がある。労働の生産力のあらゆる改善は、直接には生産物の真の価格を引き下げる傾向にあるが、間接的には、土地の地代を引き上げる。そして土地の所有者たちは、自分たちが必要とする便益品や装飾品や奢侈品を大量に購買できるようになる。便利で肥沃な土地は希少であるため、土地の生産物の価格が引き上げられ、地代が高騰するからである。このような結果がどうして起こるかについては必ずしも明らかにされなかったが、リカード以降の古典派経済学者たちは、スミスの地代に関するこの結論を引き継ぐことになった。

(5) 3大階級への分配とその社会的役割

あらゆる国の土地と労働の生産物は、土地の地代と労働の賃金と資本の利潤の3つの部分に分けられ、3つの異なる階級に属する人々の年々の収入となる。これらは文明社会の3つの主要な階級の収入であり、そのほかの階級の収入は、これら3つの階級の収入から引き出されることになる。

① 地主階級

公共社会が商業または行政に関する規制について審議する場合に、土地の所有者たちが自分たちの階級の利益を促進する目的で公共社会を誤り導くこ

とは、少なくとも彼らがその利益について相応の知識を持つ限り、ありえないことである。ただし、彼らがこうした知識を持たない場合も大変多い。

他方で、土地の所有者は、その収入を自分たちの何らかの労働から引き出さず、自分たちの事業に関する計画や企画とは無関係に収入を得ているような階級である。それゆえ彼らは、しばしば怠惰に陥り、またあまりにも無知になるため、公共社会の利益を予想し理解するための能力に欠けることになる。

② 労働者階級

彼らの利害は公共社会の利害と緊密に結びついている。労働の賃金は、雇用量が増加するとき最も高く、静止状態のときに生存水準に引き下げられる。労働者は社会の繁栄によって利益を得るが、社会の衰退によって、労働者階級くらいひどく苦しむ階級はほかにない。

他方で、労働者たちは、公共社会の利益が何であるかについての知識を欠いており、またそれが自分たちの利害とどのように結びついているかを理解することができない。労働者の生活状態は悪いため、必要な情報を得るための時間的余裕がない。また、たとえ十分な情報が得られたとしても、ひどい教育と習慣のせいで、それらの情報を使って判断する能力はなくなっている。したがって、公共問題の審議にあたって、労働者の意向はほとんど尊重されない。ただし、労働者たちの意向が彼らの雇い主によって支持される場合には、彼らは公共社会の動向に大きな影響を与えることができる。

③ 雇い主（資本家）階級

資本を提供し、その利潤によって生活する階級は、スミスによって雇い主階級と呼ばれた。これは、のちに「資本家」階級と呼ばれるようになった。

すべての社会において、有用な労働の大部分を指揮するのは、利潤を目指して活動する雇い主（資本家）の役割である。このように、雇い主による事業の計画や企画は、公共社会の利害と直接に結びつく。それゆえ、この階級は公共社会の利害と自分たちの利害とを一致させる。

しかし利潤は、地代や賃金のように、社会の反映とともに増進し、社会の

衰退とともに低落するものではない。むしろ反対に、利潤率は富裕な国では低く、貧しい国では高いのが自然であり、また急速に衰退する国では最も高い。したがって、この階級の利害は、社会一般の利益との関係では、他の2つの階級と同じではない。商人や製造業者たちは、事業の計画や企画に長いこと関係し、知識や判断力などの点で最も優れている。しかし、商人たちの利害は、いくつかの点で公共社会の利害と対立することさえある。

市場を拡大し、競争を制限することは、しばしば商人たちの利益となる。市場を拡大することは公共社会の利益になるが、競争を制限することは公共の利益に反する。商人たちは、その自然率以上に利潤率を引き上げることによって、市民から不合理な税を取り立てることになる。

この結果、商業上の新しい法律による規制について、この階級から出てくる提案は、つねに警戒して聞くべきであろう。それは、しばしば公共社会の利害と一致せず、それを欺き、抑圧するものである。

以上のような3大階級の役割に関するスミスの見解は、決して特定の階級のみを弁護するのでなく、それぞれの階級の長所と欠点を識別したうえで、公平な判断を下していたといえる。スミスは、一般に誤解されてきたように、決して資本家階級の擁護者ではなく、あえていえば、3大階級の間の協力と調和に期待し、全体としてはむしろ、労働者階級に対して同情的であったとさえ理解することができる。

8　資本蓄積、貨幣と信用

(1) 資本蓄積は分業に先立ち、労働の生産力を増進させる

分業がなく交換がめったに行われず、すべての人が自給自足する未開の社会では、いかなる資本もあらかじめ蓄えられる必要はない。ところが、いったん分業が発展すると、人々の欲望の大部分は、彼らの労働の生産物とその生産物で他人から購買したものによって満たされることになる。それゆえそのような分業と交換が行われるまでに彼らを扶養し、彼らにその作業の材料

を供給するためにさまざまな種類の財貨のストックが蓄えられていなければならない。こうして資本の蓄積は、分業に先行しなければならず、資本がますます多く蓄積されるのに比例して、労働はますます細分化されるようになる。

資本の蓄積は、労働の生産力の改善を誘導する。労働者を雇用するために自分たちの資本を用いる人は、その製品をできるだけ多く生産するようなやり方で用いようとする。また彼らは、職人たちに仕事を適切に配分し、自分たちが発明または購入することのできる最良の機械を職人たちに提供しようとする。こうして雇い主たちの能力は、その資本の大きさや、雇用する人々の数に比例することになる。それゆえ、雇用する労働者の数は、資本の増加とともに増加するだけでなく、その増加の結果として、同一量の労働から、はるかに多量の製品が生産されるようになる。

以下では、資本の増加が労働の生産力に及ぼす効果について考察する。

(2) 資本の分類とその用途：資本の概念、流動資本と固定資本

文明社会で取引されるすべての**財貨**（stock）は、2つの部分に分けられる。一つは、人々の消費を充足する財貨であり、これらはもともと消費する目的で準備されていたか、もしくは年々の収入により購入されるものか、または長い間にわたって消費され続ける物（耐久消費財）のいずれかからなる。

もう一つは、将来にわたって、その所有者に収入をもたらすと期待される部分である。こちらのほうは**資本**（capital）と呼ばれる。いいかえれば、資本とは、その持ち手にとって、何らかのやり方で将来にわたって収入をもたらすと期待される**源泉**（fund）のことを指す（**資本基本説**）。

資本がその持ち手に対して収入をもたらすやり方には2つの方法がある。資本がその使用者に属する間には、およそいかなる収入ももたらさないが、貨幣と引き換えにそれが売却されるときに初めて収入をもたらすものは、**流動資本**（circulating capital）と呼ばれる。このような資本は、農産物や工業製品を製造し、売却するために用いられるが、そのような生産や売却の過程ですべて消尽されるような資財である。

もう一つの方法は、その資本を所有し続けることによって収入を上げるや

り方である。このような資本は、**固定資本**（fixed capital）と呼ばれる。資本が土地の改良や機械や用具の購入に用いられる場合には、それらは固定資本として使用される。

このように、社会のすべての資財は、3つの部分に分けられる。すなわち、**消費財**か、または**流動資本財**か、**固定資本財**かである。これらのうち流動資本財は、流通することによってのみ、あるいはその持ち手を変えることによってのみ収入をもたらす。それらは、貨幣、食品ストック、未完成品、および完成品などからなる。

これに対して固定資本は、流通することなく、その持ち主を変えないまま収入または利潤をもたらす。それは、①労働を容易にし、短縮してくれるすべての有用な機械、用具類、②利益をもたらすすべての建築物、③土地の改良（開墾、排水、囲い込み、施肥など）のために使われ、利益を得るために投じられる資財、④社会のすべての住民が獲得した能力、すなわち教育や研究、または修業や訓練のために投じられる経費、から構成される。この最後の固定資本は、今日「**人間資本**（human capital）」と呼ばれる資本であるが、これがスミスによって、固定資本の一部に加えられていたことは、注目すべきことである。住民の才能を向上させるために投じられるこのような資本は、労働を軽減し時間を短縮するための機械または事業用の用具と同じような働きをするものとして、スミスによって、固定資本の一部に加えられていたのである。

> *Column*　スミスの資本論、とくに人間資本の取り扱いについて
>
> 　スミスは、資本について、これをその持ち手に将来にわたって何らかの収入をもたらす源泉（fund）として定義した。これは、今日までの資本概念のうちで最も一般的かつ包括的な資本概念である。またその定義の中に、序文の労働経済思想の中にみられるのと同じ fund という用語が使われていた点にも注目すべきである。つまり、労働は国民の富を作り出す fund であるとともに、その資本の源泉でもあったのである。このことは、教育や訓練によって養育される人間の才能を固定資本の中に含める考え方とともに、現代

> 的な意義を持っている。スミスは、このように、資本と労働とを絶対的に対立する概念としては捉えていなかったのである。

（3）国民所得・国民資本と貨幣・信用

　これに続いてスミスは、今日われわれが国民所得とか国民資本とか呼ぶ概念を用いて、貨幣と信用の独自の機能について論じている。この部分は、古典派経済学の貨幣・信用理論の原点となった。

　これまで説明してきたように、一国の国民の総収入には、土地と労働の年々の生産物がすべて含まれている。これから固定資本と流動資本の維持費を差し引いた残りが、その国民が自由に処分することのできる純収入となる。固定資本の維持費はすべて社会の純収入から控除されるのに対して、流動資本の維持費についてはこれとは少し事情が異なっている。流動資本の構成要素は、主として、貨幣、食料品、原料、完成品からなるが、そのうちのあとの3つは、流動資本から規則的に取り除かれて、固定資本か、さもなければ消費財かのいずれかの分類に組み入れられることになる。したがって、流動資本の維持費のうちで、社会の純収入に組み入れられないのは、貨幣だけとなる。

　固定資本の維持費と貨幣とは、ある程度までは、類似の取り扱いを受ける。第1に、それらの維持のためには一定の費用がかかるが、それらの費用は、両方とも、社会の総収入には入れられるが、純収入からは取り除かれなければならない。第2に、固定資本に投じられた費用は、総収入でもなければ、純収入の一部でもない。これと同じく、貨幣ストックに投じられる費用は、社会の収入のいかなる部分にもならない。貨幣は様々な財貨の流通を媒介するが、それらの財貨とはまったく別物である。第3に、労働の生産力を減退させないまま機械（固定資本）の維持費を節約できるならば、その節約分はすべて社会の純収入の追加となる。これと同じく貨幣ストックを維持する経費が節約されるならば、それはすべて、社会の純収入の増大となる。

　他方で、固定資本の維持費、すなわち減価償却費は、それによって増加し

た生産物の販売によって回収されるが、流動資本の維持費、すなわち貨幣ストックに投じられる費用は、同様の方法では回収されない。したがって、流動資本の維持費である貨幣は、**社会の空費**となる。その空費が節約されるならば、それによって使われなくなった費用を生産的な投資に回すことによって、社会の収入を増大させることができる。**信用制度**はこのような社会的必要を満たすものとして発展を遂げてきたのである。

　こうして信用が貨幣の代わりをするにつれて、社会の空費である流動資本の維持費が節約されることになる。金貨や銀貨の代わりに紙幣が使われるようになり、また銀行業の発展につれて銀行券や各種の商業手形が貨幣の代わりを果たすようになる。しかし、どんな国でも紙幣の流通総額は、それが代位する金貨や銀貨の価値を決して越えることはできない。もし紙幣がこの額を越えるならば、その超過分は金貨や銀貨と兌換されるために、直ちに銀行に還流するにちがいない。また銀行が商人などに貸し付ける金額は、銀行に預けられた預金を越えることはできないし、また商業手形は、実際の商品取引に基づいて振り出される限り、もしそれがなければ使用されたであろう貨幣の金額をその総額が上回ることはない。このような信用の利用は、もしそれがなければ投じられなければならなかった流動資本の維持費を節約し、生産的な投資の金額を増やす役割を果たす。このような考え方は、イギリスの金本位制と商業銀行制度に基礎を置くものであり、リカードの貨幣理論に引き継がれていった（●第4章、5章）。

(4) 資本蓄積の原因、生産的労働と不生産的労働

　スミスは続いて、資本の増加する原因と生産的労働と不生産的労働の区別について論じる。ここで資本は生産的労働に投じられる基金（fund）として扱われる。これは、スミスの中にあるもう一つ別の狭義の資本＝基金説であり、J.S. ミルの資本理論や賃金基金説に引き継がれていく。

　資本は勤勉によってではなく節約によって大きくなり、浪費と不始末によって減少する。生産的労働者の維持に充てられる基金は、節約によって大きくなり、労働の生産物の価値を増加させるから、資本はますます大きくなる。

労働には、それが投じられる対象の価値を増加させる種類のものと、そのような効果を生じさせない種類のものとがある。前者は**生産的労働**であり、そのような労働は加工する生産物の価値を大きくし、労働者の生活水準と雇い主の利潤をともに大きくする。

　これに対して、たとえば家事使用人や、聖職者、法律家、医師、文人、俳優、道化師、音楽家、オペラ歌手、ダンサーなどの労働は、そこに投じられる基金がいかに大きくとも、社会の生産物の価値も資本の価値も大きくしない。こちらのほうは**不生産的労働**と呼ばれた。

　このように、生産的な労働の維持のために投じられる基金、すなわち資本は節約によって蓄積される。社会の生産力はこれによって大きくなり、労働者たちの分け前と資本の利潤は大きくなる。だから、**節約は社会の味方**であるのに対して、**浪費は社会の敵**である。豊かな国が私的な浪費や不始末によって貧乏になることは決してないが、公的な浪費によってそうなることはありうる。公収入のほとんどは、不生産的な労働の維持のために使われ、壮麗な宮廷や宗教的建造物、戦争のために維持される大艦隊や陸軍などに投じられるので、社会の敵である浪費は促進される。

(5) 利子をとって貸し付けられる資本

　利子をとって貸し付けられる貨幣は、貸し手にとってはつねに資本とみなされる。貸し手は、期限が来れば借り手がその使用に対して一定の賃料とともに貨幣を返済してくれることを期待する。しかし、借り手にとっては、資本として貨幣を使用することもできるし、あるいはそれを直接の消費のために使用することもできる。もし借り手がそれを資本として使用するならば、それを生産的労働者の維持に用いることになり、生産的労働者は利潤とともにその価値を再生産することになる。この場合には、資本を回収することも、利子をとることも容易にできる。

　しかし借り手がそれを直接の消費のために使用するならば、彼は浪費家の役割を演じることになり、勤勉な人々の維持に充てられるものを怠惰な人々の維持に使い果たすことになる。この場合には貸し手は元本を回収すること

も利子をとることもできなくなるかもしれない。

資本が貸し付けられるのは、ふつう貨幣の形で行われるが、借り手が実際に必要とするのは、貨幣それ自体ではなく、それによって購入される労働の維持のために使われる資財である。したがって、ある国にとって利子をとって貸し付けられる資本の量は貨幣の価値によって制限されるのではない。

また利子をとって貸し付けられる資本の量が増加するにつれて、利子率は減少する。それは資本によって獲得される利潤の量が競争によって減少するからである。資本の所有者たちの競争は、労働の賃金を引き上げ、利潤率を引き下げる。その結果、利子率は利潤率とともに低下せざるを得ない。ロックやローなどの重商主義者たちは、スペイン領から持ち込まれた金銀の量の増大が、利子率を引き下げた原因だと想像した。しかし、利子率を引き下げた本当の原因は、資本の増加による競争の激化だったのである。

以上のようにスミスの資本に関する叙述の中からは、今日の問題に照らしても、多くの参考となる見解を見出すことができる。

9 統治の経済学：重商主義批判と自然的自由の体系

(1) 政治経済学の2つの目的：国民と政府を富ませること

『国富論』の後半の部分は、当時の様々な経済政策や経済事情について、自らの見解を述べた第3篇から第5篇までの経済政策についての時論となっていた。この部分には、『国富論』の中で最も多くのページが割かれている。

政治経済学は、政治家または立法者たちの修める学の一部門としてみると、2つの目的を持っている。その第1は、国民に豊かな収入や生活資料を供給することであり、その第2は、国家に対して公務の遂行のための十分な収入を確保させることである。要するに、政治経済学の目的は、国民と主権者（政府）をともに富ませることである。

時代と国が異なるにつれて、国民を富ませる方法についての2つの異なった政治経済学が成立してきた。その一つは重商主義であり、もう一つは重農主義であった。

(2) 重商主義について

スミスは重商主義政策について、いろいろな角度からこれを徹底的に批判し、自らの自由主義的な政策を対置している。このようなスミスの政策批判は、今日の問題に対しても、様々なヒントを与えてくれる。

① 重金主義批判

重商主義とは、スミスによれば、国富を貨幣、すなわち金銀と誤って同一視した通俗的な見解のすべてに適用される言葉であった。歴史上、16世紀から18世紀初めにかけて、スペインの経済政策の中にその典型的な姿が現れた。スペイン人は、初めて上陸した土地の住民に次のような質問をした。「この近くに金銀を産出する鉱山はないか」と。その答えが肯定的ならば、その土地は征服するに値する土地である、と判断した。これに対してタタール人（モンゴル系牧畜民）は、フランスの征服を目論んだときに、次のように尋ねた。「そこには羊や牛はたくさんいるのか」と。答えが肯定的ならば、タタール人にとって、そこは征服するに値する土地であった。スミスにいわせれば、ここで真理に近づいていたのは、スペイン人ではなくタタール人のほうであった。

およそ貨幣を国富と勘違いし、貨幣の維持やその増加を政府が監視することをもって最も重要な経済政策と信じるほど馬鹿げたことはない。なぜならば、貨幣そのものは単なる交換の高価な一手段であるにすぎず、それによって購買し支配できる労働とその生産物こそが富の源泉に他ならないからである。

② 輸出入規制

重商主義者たちは、富は金銀からなるという原理と、金銀鉱山のない国では、貿易差額（貿易の黒字）によってのみ金銀を獲得できるという2つの原理に導かれて、輸入を制限し、輸出を増やすことを経済政策の一大目的にしてきた。外国品の輸入に対して高い関税をかけたり、または、これを禁止もしくは制限することによって、輸入をできるだけ少なくする一方で、輸出に

対しては、**奨励金**を与えたり、有利な通商条約を締結したり、遠隔地向けの輸出には植民地を設けて促進した。

　このような輸出入に対する人為的な規制は、同じ製品の生産を国内でこれまで独占してきた産業や輸出業者の利益にはなるが、これらの製品を国内外でこれまでより巧みに、しかもより安く生産しようとする**新たな競争者に対しては障害**となる。このような貿易制限を撤廃して、自由な貿易を許し、個々の生産者や商人たちが自分たちに有利な産業に自由に進出して競争できるようにすることによって、社会全体の富は結果において増進することになる。

　商人たちは、彼ら自身の利益を追求して、互いに競争し合うことにより、結果的には各人にとって最も有利（**比較優位**○本書 p.104）な産業や商業に専門化することになり、そのことが社会全体の利益を増進することになる。彼らは、自分たちが社会全体の利益をどれだけ増進しているのかを知っているわけでも、またそのことを目的としているわけでもない。しかし、「**見えざる手**（invisible hand）」に導かれて、公共社会の富を大きくするという、自分たちでは意図していなかった一大目的を達成することになる。この有名なスミスの言葉は、重商主義的な輸出入規制に反対するこの文章の中で、たった一箇所だけ使われていた。それにもかかわらず、スミスの経済学の趣旨を一言で表す言葉として、今日まで経済学を代表する言葉となった（第4篇第2章9、p.456（大河内訳（Ⅱ）p.120）。

③　航海条例

　この条例は、イギリスの国防上の目的から、外国船の領海内での航行に対して厳しい制限を設けたもので、自由貿易主義に反するものであったが、スミスは、この条例は適切なものであると判断していた。その理由は、「国防は富裕よりもはるかに重要なことであるから」というものであった。スミスは、「安上がりの政府」を無条件で支持したわけではなかった。

④　徒弟条例

　職人が親方の下で劣悪な状態で働くことを強制する徒弟条例に対して、ス

ミスは、自然的自由に反するものとして、これを撤廃することを支持した。

⑤ **植民地経営**

　古代ギリシャやローマの植民地は、貧困な自由民に対して土地を提供するという目的で設けられた。15世紀末のコロンブスのアメリカ大陸の発見以降、主としてスペインやポルトガルによって、キリスト教布教という神聖な計画に隠れて、金銀獲得という目的で植民地が次々に設けられるようになった。17世紀と18世紀には、独占会社による植民地経営が発展したが、その後停滞した。

　植民地経営が例外的に成功したのは、イギリスによる北アメリカ大陸での植民地経営であった。この植民地においては、広大な土地に対して働く人々の数が圧倒的に少なかったので、上層の支配者階級は、やむなく下層の労働者階級に対して、寛大かつ人道的に対処した。その結果、土地の改良や耕作に従事する労働者は、比較的高い賃金や利潤を稼ぐことができ、自由に土地を占有することができた。スミスの自然的自由の体系が最も純粋に実現されたのは、このような植民地においてであった。

(3) 重農主義について

　土地の生産物がすべての国の富の唯一の源泉だとするこの学派は、フランスの豊かな学識を持つ少数の人々の思索の中で生きているにすぎない。したがって、この学派の主張には実害はなく、詳細な検討を加える必要はない。

　この学説は、生産的な労働を重視する点では、真理に近づいているといってよいが、農業労働にのみその権利を与えるという考え方は、狭すぎる。コルベールの重商主義に対する解毒剤として意義を持つが、都市や工業の役割を過小評価している。

　他方で、この学派は、すべての職人、製造業者、商人に対して自由貿易を許すことによって、土地の生産物の価値が引き上げられるという正しい見方をしていた。彼らの学説は不完全なものではあったが、諸国民の富が貨幣からなるものではなく、その社会で年々消費される労働の生産物からなるとし

た点で、また完全な自由こそ、年々の生産を最大にするための効果的政策だと主張した点で、これまでの学説の中で最も真理に近づいていた。

(4) 財政学

スミスは、最後（第5篇）に『国富論』全体のほぼ3分の1を費やして、政府の財政について論じている。それは、経費論、税収論、国債論の3つの構成部分からなるが、ここでは、経費論についてのみ紹介しよう。スミスは政府の経費のうち重要なものは、第1に軍事費、第2に司法費、第3に公共事業費の3つであるとした。

① 軍事費

主権者（政府）の第1の義務は、その社会を、他の社会の暴力と侵略から守ることである。これは、ただ軍事力によってのみ果たされる。軍事力を平和時に蓄え、戦時に用いるための経費は、社会の状態と進歩の段階によって異なる。

狩猟民族または遊牧民族では、主権者は、特別の経費を負担する必要はない。というのも、各人が同時に戦士でもあり、平和な時と戦時ではその生活にそれほどの差はなかったからである。

農耕民族でも、主権者は通常は、大きな経費を必要としない。農民は定住し、誰でも非常時には戦士となり、戦争は、定住地以外のところで行われるからである。

ところが製造業が発展し、戦争の技術が進歩するにつれて、軍事費の国家負担は大きくなる。職人や製造業者から兵士が引き抜かれ、国家によって養われる。その結果、軍人という特殊な職業が成立する。このような仕組みは、ただ利己心に基づいてだけでは実現されない。公共の利益を優先することがどうしても必要になる。徴兵制は、人民に軍事訓練を強制するが、常備軍では、軍人という特殊な職業を国家が養成する。それゆえ、どんな国の文明も、常備軍によらなければ、永続することができない。常備軍は、自由にとって決して危険なものではない。

② 司法費

　政府の第2の義務は、その社会の成員のために、他の成員の不正や抑圧からその権利を保護し、または、裁判の厳正な実施を提供することである。とくに文明国では富の蓄積につれて膨大な財産が蓄積されるために、これを保護する必要がある。司法と警察がそのために必要になる。

③ 公共事業費

　政府の第3の義務は、ある種の公共事業や公共施設を維持することである。その中には、人民の教育を普及させるための諸施設、商業を助成するための諸施設などがある。交通システムを維持するための運河や道路の建設も必要である。また一部の銀行施設、火災防止のための諸施設、給水施設などの設置や維持も政府の役割である。

10　スミスの経済学のまとめ

　以上のように、スミスの『国富論』は、今日の経済学のほとんどすべての対象について言及し、経済学の基礎を築いた。その大きな特徴は、近代社会における経済機構について、これを多面的に考察していることであった。『国富論』全体の内容も、①労働の経済学、②市場の経済学、③経済政策という3つの異なった側面から構成されていた。そしてそれぞれの分野で、少なくとも2つ以上の側面から、経済学の概念や経済の運行に関して、分かりやすい言葉や譬え（メタファー）を用いて説明されていた。このような多面性または多様性こそ、スミスの経済学が、後代の経済学に比べて、その包容力と適応力において優れていた理由であった。

① 労働の経済学

　それまでの重商主義や重農主義に対して、スミスは、諸国民の富は、貨幣やその他の特別な資源からではなく国民が年々消費する労働の生産物からなることを宣言した。そして、そのような富の源泉は労働の熟練や技巧にある

ことを明らかにした。労働の生産力は分業によって増進され、個々の生産物の交換は労働を基準として行われる。その際の交換の基準には、2種類の労働価値が関係し、文明国では、支配労働を基準として、価値が決まることが明らかにされた。

② 市場の経済学

そのような分業は、市場によって制限され、市場の自由な取引は、市場価格を自然価格に収斂させる。また、それぞれの生産要素に対する分配は、それらの自然率によって規制される。労働の賃金には、生存賃金と成長賃金の2種類の法則が関与し、資本の利潤は、競争を通じて低くなることが明らかにされた。また土地の地代は、経済成長につれて穀物価格が高くなる結果、上昇する。土地の所有者と労働者と資本の所有者からなる社会の3大階級の間には、適正な分配とその社会的な役割の間の調和とが保たれることが明らかにされた。

③ 経済政策

これまでの重商政策が批判され、自由主義的な経済政策が擁護された。適切な財政が維持されることによって、多かれ少なかれすべての人が市場経済に参加する商業社会が、それぞれの国民の自由と繁栄を促進するという結論が述べられて、『国富論』の叙述が完了した。

〈より進んだ研究のための参考文献〉

スミス著『道徳感情論』〈1759〉（◯第1章 p.34）
―――著『国富論』〈1776〉（◯第1章 p.34）

〈問題〉

① 市場価格が自然価格に一致するとき、どうして労働の賃金と資本の利潤と土地の地代とはそれぞれの自然率に等しくなるといえるのかについて、考えてみよう。

② ３大階級への分配が適正に行われると、どうして市場社会の調和が保たれるようになるのかについて、考えてみよう。

③ 国民の勤勉ではなく、節約が、どうして資本を大きくし、労働の生産力と利潤を増加させるのかについて、考えてみよう。

④ 輸出入に対する重商主義的な規制が、どうして経済成長に対して障害になるのか、また自由主義的な政策がどうして良い結果を生むかについて、その理由を考えてみよう。

第 4 章
リカードと古典派経済学（1）

デイヴィッド・リカード
（David Ricardo: 1772-1823）

〈要約〉

1　序論……p.82
(1) 経済史的背景
　・産業革命後の諸問題——生産と分配の問題が重要
(2) スミス経済学の継承・発展とその単純化／一元化
　・スミスとの違い——多様な分析よりも論理的一貫性を優先
(3) 道徳哲学からの経済学の独立：純粋経済学の誕生
　・J.S. ミルによる完成、古典派経済学、イギリス自由主義の伝統を築く

2　リカード経済学の中心的な問題：序文……p.84

> 📖 テキスト
> 『経済学および課税の原理』*On the Principles of Political Economy and Taxation*, 3rd edition, 1821.

　・生産と分配問題に焦点、地代の法則から経済学の重要な真理に迫る

3　労働価値説……p.85
(1) 投下労働価値説
　・スミスの支配労働価値説の批判、投下労働価値への一元化
(2) 資本蓄積による投下労働価値説の修正
　・固定資本の影響
　　・投下労働価値＝賃金×労働時間
　　・生産物価値＝賃金×労働時間＋償却費（償却費＝固定資本／資本の耐用年数）
　　→生産物の価値は投下労働価値と固定資本の償却費を含む、97％労働価値説
(3) 地代による修正：限界地の投下労働価値
　・生産物の価値は最劣等地（限界地）における投下労働で決まる

		労働投入量	単位当たり収穫量	余剰＝差額地代	1kg 当たり労働量
A)	優等地	100 時間	100kg	40kg	1 時間
B)	中間地	100 時間	80kg	20kg	1.25 時間
C)	劣等地	100 時間	60kg	0kg	1.666... 時間

(4) 地代の原理から引き出される経済学の一般原理
　・収穫逓減の法則
　・限界地における価値決定→新古典派の限界原理へ

4　自然価格と市場価格……p.90
　・市場価格は商品が希少なものであるほど自然価格から離れる
　・自然価格は余分な利益の出ない費用の合計——費用価格に等しい
　　費用＝便益計算→競争→経済法則（＝自然法則）

5　分配の長期動態と定常状態……p.92
(1) 賃金の法則
　・生存賃金説、人口法則による説明
　・自由主義→救貧法反対
(2) 利潤の長期低落傾向
　・食料価格→必需品価格→賃金⟷利潤
　・利潤率の低下傾向と定常状態
(3) 地代の上昇傾向
　・人口の増加、劣等地の開墾、地代の高騰
　・地主は唯一の利得者
(4) リカードの定常状態
　・穀物法の撤廃要求→自由貿易の支持

1 序論

(1) 経済史的背景

　アダム・スミスの経済学を引き継ぎ、イギリスの古典派経済学の伝統を築くことに最も大きな貢献を果たした人は、デイヴィッド・リカード（David Ricardo: 1772-1823）であった。リカードは、最初、家族の経営する株式仲買業を引き継いだが、イギリスの貨幣制度をめぐる当時の経済論争に関与して以降には、民間のエコノミストとして活躍するようになり、一時期、国会議員に選出された。

　スミスの『国富論』が1776年に出版されたのに対して、リカードの主著『経済学および課税の原理（第3版）』は、1821年に出版された（第1版は1817年発行）。世界でいち早く資本主義的市場経済を発展させたイギリスの産業革命は、1770年代から1820年代にかけて進行したとされているから、スミスがまさに産業革命の始まろうとしているときに主著を書いたのに対して、リカードは産業革命が終わろうとしていたときに研究を始めたことになる。このことは、この2人の経済学の特徴を知るためには重要な情報である。スミスは、市場経済がこれからますます拡大していくときに、その成長がもたらす明るい側面に期待したのに対して、リカードは、イギリスの伝統的社会に変革をもたらした産業革命の明るい側面と暗い側面の両方について冷静に分析した。

　リカードの経済学の性格を理解するためには、彼のライヴァルであり、良き論争相手でもあったケンブリッジ大学の**ロバート・マルサス**（Robert Malthus: 1766-1834）の経済学との関係を調べてみるとよい。マルサスは、『人口論』で有名になったが、この本の主張は、人口が等比級数的な速度で急増するのに対して、それを養うための食料供給のほうは等差級数的な速度でしか増大しないというものであった。すなわち、当時の人口の急増に対して、食料の供給が間に合わず、産児制限などによって人口の増加を制限することなしには、多くの人々が飢えと貧困に悩まされるのではないかという心配が

マルサスの経済学研究の基調となっていた。このような食料供給と人口増加と貧困の問題は、今なお発展途上国の深刻な経済問題となっている。

リカードは、このような問題を冷静にかつ論理的に取り扱った。それはあたかも自然法則を扱うように、経済の動きを分析し、市場経済の行き着く先を見極めるという手法であった。そして、彼は、基本的にはスミスと同じように自由主義的な経済政策を支持するようになった。

(2) スミス経済学の継承・発展とその単純化／一元化

リカードの経済学を理解するうえでもう一つ欠かすことのできないのは、スミスの経済学との関係を明らかにすることである。スミスの経済学の特徴の一つは、経済を多面的に観察し、経済の持つ多様性を尊重するという彼の研究態度であった。その結果、スミスの経済学は、今日の経済学からみても、最も一般的かつ包括的な真理に近づいていたといってよい。

しかし、スミスの叙述の中にはその多様性のゆえに曖昧な点がいくつか残されていた。これに対して、リカードはスミスの叙述の持つこの曖昧性や多様性を取り除き、そのうちで最も強い論理に一元化するという方法をとった。彼は、他の何よりも論理的一貫性を尊重した。その研究態度は、マルサスを初めとする論争相手によって、リカードの抽象的な悪癖として批判されたが、その反面で、彼の経済学に論理性を与えることになった。今日の数理経済学者たちの最も好きな経済学の古典がリカードの経済学であるというのも、このためであろう。

(3) 道徳哲学からの経済学の独立：純粋経済学の誕生

リカードは、スミスのように経済学を道徳哲学の一部門としては位置づけなかった。それは、彼が実際的なビジネスマンであったことから自然に出てきたことであった。彼は、道徳哲学から経済学を独立させた最初の人であり、その意味でマーシャルの先駆者でもあった。

リカードの経済学は、彼の協力者でもあった政治経済学者ジェイムズ・ミルの息子、**J.S. ミル**（John Stuart Mill: 1806-73）によって完成された。ミル

は哲学、論理学、政治学にまでわたる広い分野で、イギリス自由主義の伝統を築いた偉大な学者であった。リカードの経済学は、J.S. ミルによって完成されることによって、イギリスの古典派経済学と自由主義思想の伝統を築きあげることになった。

2　リカード経済学の中心的な問題：序文

📖 テキスト

『経済学および課税の原理』 On the Principles of Political Economy and Taxation, 3rd edition, 1821.

リカード経済学の中心問題は、生産と分配の問題であった。そのことについては、次の序文の中に明確に述べられていた。

「大地の生産物——つまり労働と機械と資本とを結合して使用することによって、地表からとり出されるすべての物は、社会の三階級の間で、すなわち土地の所有者と、その耕作に必要な資財つまり資本の所有者と、その勤労によって土地を耕作する労働者との間で分けられる。

だが、社会の異なる段階においては、大地の全生産物のうち、地代・利潤・賃金という名称でこの三階級のそれぞれに割り当てられる割合は、きわめて大きく異なるだろう。なぜなら、それは主として、土壌の実際の肥沃度、資本の蓄積と人口の多少、および農業で用いられる熟練と創意と用具とに依存しているからである。

この分配を規制する諸法則を確定することが経済学の主要問題である。この学問はテュルゴー、ステュアート、スミス、セー、シスモンディ、その他の人々の著作によって大いに進歩してきたけれども、それらの著作は、地代・利潤・賃金の自然の成り行きについては、ほとんど満足すべき知識を与えてくれない。」（羽鳥・吉沢訳（上）p.11）

このようにリカードは、この本の主題をはっきりと生産と分配の問題に定め、その問題に関する決定版を出すことを目的としていた。そして、とくに地代の原理を明らかにすることに力点を置いた。スミスを初めとするこれまでの経済学者たちは、地代の法則を明らかにしなかったために、経済学の重要な真理をみのがしていたというのである。地代の法則によって明らかにされる経済学のこのような真理とは何なのか。これを明らかにすることが、この章の重要な課題の一つとなる。

3 労働価値説

(1) 投下労働価値説

リカードの価値論は、スミスの労働価値説を継承し発展させたものであったが、その際に、重要な単純化もしくは一元化を行っていた。それは、スミスの二元的価値論のうちの支配労働価値説を捨て、投下労働価値説に価値論を一元化するというものであった。

彼は、まずある商品の交換価値は、その生産に必要な労働量に依存することを明らかにする。効用（使用価値）は、交換価値の尺度ではないが、その商品が効用を持つならば、その交換価値はその商品の希少性とその商品の獲得に必要な労働量との2つの要因から説明される。その商品が希少なものであれば、その商品の希少性の度合いがその価値を決め、その商品が希少なものではなく、労働によって再生産できるものならば、その商品の価値は、その商品を生産し獲得するのに必要な労働の分量によって決められる。

スミスは、交換価値の源泉が労働にあることを的確に指摘したのだが、その商品が市場において支配できる労働の分量によってその商品の価値が決まるという誤った見解に陥ってしまった。リカードは、スミスの労働価値説をこのように批判する。

(2) 資本蓄積による投下労働価値説の修正

しかし、スミスが支配労働価値と投下労働価値の2種類の価値を定義した

のには、それなりの理由があったはずである。それは、資本の蓄積と土地の占有が進んだ文明社会では、投下労働だけが交換価値を決めるとはいえなくなるというものであった。投下労働と支配労働が等しくなるのは、初期未開社会だけであり、文明社会では、投下された労働に対する賃金だけでなく、資本の利潤や土地の地代をも支払わなくてはならなくなるから、その商品が市場において購買し支配できる労働の価値は、投下労働を上回らなくてはならない。このようなスミスの命題に対して、リカードはどのように答えたのか。

資本の蓄積による影響について、リカードは、まず初期未開社会と文明社会とでは、スミスが述べたほどはっきりした区別はないことを指摘する。初期未開社会ではあっても、たとえば鹿を捕まえるのに素手によってではなく、槍やこん棒などの道具を必要としたであろう。だから、資本（この場合は道具）がまったく必要でなかったわけではない。このように、未開社会と文明社会とで、資本の蓄積によって事態が劇的に変わるわけではない。

たしかに経済の発展につれて、生産に使われる資本の規模が大きくなると、その影響は無視できなくなる。その結果、投下労働価値説についても若干の修正が必要であることを、リカードは認める。それは、資本の蓄積が進むと、固定資本が大きくなり、固定資本の償却費が商品の価値に追加されなければならないからである。

固定資本の影響を簡単に説明すると、次のようになる。今ある商品を生産するのに必要な道具などの固定資本の価値を K とし、その資本の耐用年数が n 年だとする。また償却費 ΔS は、毎年同じ額だけ積み立てられるとすると、その償却費は、固定資本額をその資本の耐用年数で除した額、すなわち、$\Delta S = K/n$ になる。他方で、その商品が毎年、1単位だけ生産されて市場に供給されるとし、その商品の生産には L 時間の労働が必要であり、賃金は1時間当たり w であるとする。そうすると、その商品の価値の中には、この商品を作るのに必要な労働時間に対して支払わなければならない賃金総額 wL に加えて、固定資本の償却のために準備されなければならない毎年の償却費 ΔS が含まれなければならない。以上のことを考慮すると、その商品

1単位の価値 P は、次のように決められるであろう。

$$P = wL + \Delta S$$
$$S = K/n$$

他方で、その商品の投下労働価値を P_0 とすれば、それは、$P_0 = wL$ で表される。したがって固定資本の償却費を含むその商品の価値 P は、明らかに P_0 よりも大きくならなければならない。その差は、固定資本額 K が大きいほど、またその耐用年数 n が小さいほど大きくなる。

リカードは、以上のことについて、実際に当時の生産で使われていた数値例によって示した。これによると、商品の価値は投下労働よりもわずか7％だけしか大きくなかった。それは、当時の固定資本（機械）に投じる費用が今日ほど大きくなく、また機械を取り替えるまでの寿命が比較的長かったことによる。このため労働価値は、資本の蓄積によって若干の修正を受けるものの、その修正はそれほど大きなものではない。だから、投下労働価値説は、資本の蓄積を考慮した場合にも、基本的には妥当すると結論した。後代の経済学者は、これをリカードの93％労働価値説と皮肉った。

(3) 地代による修正：限界地の投下労働価値

次に土地の占有に伴って発生する地代による影響はどのようなものであったか。リカードは、この問題に対する答えを考える中で、有名な差額地代の法則を発見することになった。簡単な事例によってその法則を説明すれば、次のようになる。

この社会には、最も肥沃な土地A、中間の土地B、最も劣った土地Cの3種類の土地があったとしよう。これらの土地の面積は、すべて同じであるとする。これらの土地に、まったく同じ熟練度の同じ労働が100時間、投下されたとする。しかし3種類の土地からの小麦の収穫量は、Aについては100kg、Bは80kg、Cは60kgと、それぞれ異なるであろう。その結果、最劣等地Cを基準にすると、それぞれAには40kg、Bには20kgという余剰の生産物が生まれることになる。このようなことを表に示せば、次のようになる。

表 4-1

		労働投入量	単位当たり収穫量	余剰＝差額地代	1kg 当たり労働量
A)	優等地	100 時間	100kg	40kg	1 時間
B)	中間地	100 時間	80kg	20kg	1.25 時間
C)	劣等地	100 時間	60kg	0kg	1.666... 時間

　この場合に、もしこれらの土地の所有者が確定していた場合には、これらの余剰の生産物はどのように処分されるであろうか。それらの余剰は、それぞれの土地に投下された労働の熟練度の差によるものでないことは明らかである。なぜならば、それぞれの土地には同じ熟練度の労働が同じ時間だけ投下されていたからである。

　余剰は、それぞれの土地の肥沃度の差による。すなわち、それらの土地の土壌が肥えているか、日当たりが良いか、水の便が良いかなどの違いによって、それぞれの土地に対する自然の恵みに差異が生じていたのである。このような自然力の差は、少なくともすぐには人間の手によって、なくすことはできない。したがって、土地生産物のこのような余剰は、地代として土地の所有者に帰属することになる。

　これとまったく同じことを、今度は、それぞれの土地から得られる生産物の価値、すなわちその生産に使われた労働時間によって説明すれば、次のようになる。

　今、小麦が 240kg まで必要とされているが、それぞれの土地に投じられる労働時間は、すべて 100 時間に限られているとしよう。そうすると、最劣等地 C まで耕作が進められるであろう。A、B、C のそれぞれの土地から産出される小麦 1kg 当たりの個別的な価値（費やされた労働時間）は、A については最も安い 100/100＝1 時間、B には 100/80＝1.25 時間、C については最も低い 100/60＝1.666... 時間（100 分）である。この場合には、市場で売られる小麦 1kg 当たりの価値は、C における 100/60（100 分）となるであろう。なぜならば、この社会の小麦の必要量 240kg をすべて満たすためには、最劣等地 C まで耕作が進められなければならないが、その最劣等地における

耕作が損失なしに行われるためには、少なくともそのような限界地における1.666…時間分の労働コストが小麦の販売価値によって回収されなければならないからである。その結果、小麦1kg当たりの価値は、1.666…時間（100分）となり、AとBの土地生産物の労働コストはそれよりも低いにもかかわらず、これらの土地の生産物も、これと同じ価値で売られるため、これらの土地からは余剰（利益）が発生する。そして、その余剰は地代として土地の所有者たちに支払われることになる。

こうして、**差額地代の法則**を考慮するならば、土地の生産物の価値は、最劣等地（限界地）における投下労働（労働コスト）によって決まることになる。そして、差額地代はそれよりもすぐれた土地における労働コストの差によって生じたことになる。このことをもってリカードは、地代を考慮すると、**限界地における投下労働量**（コスト）が土地の生産物の価値を決める、というように労働価値説は修正されなければならないという結論に達した。

(4) 地代の原理から引き出される経済学の一般原理

以上のようなリカードの差額地代論から引き出される経済学の一般原理とは何だったのか。リカードは差額地代の法則を明らかにすることによって、同時に、これまでの経済学が見落としていた経済学の一般的な原理を明らかにすることができたと、序文で予告していた。そのような経済学の一般原理とは何か。この点についてリカード自身は必ずしも明確にしなかったが、その後の経済学の発展からみたとき、次のような一般的な原理が引き出される。

その一つは「**収穫逓減の法則**」である。とくに人間によっては作り出せない希少な資源である土地（自然力の総称）からの生産物に関しては、労働や資本をより多く投じるほど、投入量1単位当たりの収穫量（利益）は減少するという一般的な法則が成立する。この法則は、土地の生産物に限らず、その他の生産に関しても一般的に妥当するものと、その後しばらくは考えられてきた。

もう一つは、のちに新古典派経済学がその一般原理とするようになった限界原理を、リカードがこの時点で早くも発見していたと評価するものであっ

た。差額地代論にみられた限界地での価値決定の原理は、現代の経済学においても価格を決定する理論として基本的に支持されている。この点で、リカードを最初の新古典派経済学者の一人として評価する経済学者は少なくない。

4 自然価格と市場価格

リカードの価格理論は、スミスの価格理論の修正版である。一般に価格には、自然価格と市場価格との２種類がある。**市場価格**とは、それぞれの商品が実際に市場で売買されるときの価格であるが、それは日々変動し、長期的にはその中心に位置づけられる自然価格に近づいてゆく。**自然価格**とは、その商品の交換価値（相対価値）を貨幣との交換比率で表したものである。交換価値がその商品の生産に使われた労働量によって測られるのに対して、自然価格は貨幣によって測られる。もし貨幣の労働価値が不変であるならば、商品の交換価値（諸商品相互の交換比率）と自然価格（商品と貨幣との交換比率）とは一致する。

市場価格は、その商品が希少なものであるほど、より大きく自然価格から離れて変動する。その商品が希少なものでなく労働によって再生産できるものならば、市場価格は自然価格に等しくなる。各々の商品の生産者たちは、その商品の生産に使う費用と、その商品の販売から得られる利益とを考慮して、日々競争し合っている。その結果、その商品の価格は、その商品の生産に使われた費用の合計とちょうど等しくなる。さもなければ、その商品の販売によって、競争を激化させるほど大きな利益が出るか、または、その商品の生産をやめてしまうほど大きな損失が出るかのいずれかになってしまう。したがって、商品の自然価格は、その商品の販売から余分な利益も大きな損失も出ない諸費用の合計、すなわち**費用価格**となる。これが**リカードの価格理論の要点**であった。

ある商品１単位の価格を P で表し、それを生産するために使われる労働費用（時間当たりの賃金と労働時間の積）を wL、支払われる利子（利潤と減価償却費を含む）を r_1、地代を r_2 とすると、この商品の価格は、次のように

表される。

$$P = wL + r_1 + r_2$$

　ある商品を生産するために、労働と資本と土地の3種類の生産要素が必要だとすると、その商品1単位を市場に供給するために支払われる労働の賃金と資本の利子（利潤）と土地の地代の合計が、その商品の1単位の自然価格になる。このうちで資本の利子の中には、固定資本の償却費が含まれる。また資本の利潤は、あとで説明するように競争の結果、利子に等しくなる。この他に商品の生産のためには原料などを他の生産者から購入する必要があるが、その場合には、それらの原料価格の中に含まれている諸費用がその商品1単位を生産するために必要な分だけ、その商品の費用の中に含まれて計算される。すなわち、その商品を作るために直接使われる諸費用に加えて、原料などの生産に間接的に使われた諸費用が、すべてその商品の費用価格として合計されることになる。こうして、それぞれの商品を1単位作るために使われるすべての生産要素の費用を合計したものが、それらの商品の自然価格となる。

　他方で、その商品の市場価格は、その商品が希少である度合いに応じて、自然価格から離れて変動する。ところでその商品が希少であるかどうかは、その商品を生産するために使われる生産要素が希少であるかどうかに依存するだろう。3種類の生産要素のうちの資本は、労働と土地によって再生産される。また労働の供給は、人口の増加や教育・訓練によって、長期的には増えるかもしれない。これに対して、肥沃な土地は、開発の進んだ文明国では、ますます希少なものになりつつあった。したがって市場価格が自然価格から離れるのは、その大部分が土地の地代 r_2 の変動によるものであろう。

　リカードは、このように市場価格は自然価格を中心として変動するが、再生産できる商品については、長期的には2種類の価格は一致すると考えた。そしてそれは、すべて生産者の間の競争の結果による。すなわち、個々の生産者は、費用＝便益計算に基づいて、商品を1単位生産するために必要な費用の合計、すなわち費用価格を計算する。その費用価格を上回る市場価格が

成立している産業では、生産者の間の競争が激しくなり、やがて供給が増加し、市場価格は下落するだろう。これに対して、費用価格を満たさない市場価格が成立している分野では、生産者たちは生産を縮小するだろう。なぜならば、そのような状態では、生産者は生産を増加するほど、より大きな損失を出してしまうからである。利潤率が減価償却費を含めた利子率（粗利子率）に等しくなるのもまた、資本家の間の競争による。もし利潤率が利子率より高ければ、資本の競争が激しくなり、このような競争は利潤率と利子率とが等しくなるまで続くだろう。こうしてリカードは、競争の結果、あたかも自然法則のように経済法則が働いて、費用価格に等しい自然価格が成立すると考えた。

5 分配の長期動態と定常状態

リカードの分配の長期動態論は、スミスの分配論のうちで最も強い傾向を持つ法則を引き継ぎ、それによって一元化された法則が最後まで貫かれた場合に予想される帰結を冷静に見極めるというものであった。第2章でみたように、スミスの分配理論には多様な側面があった。それぞれの生産要素への分配についても、そこには複数の要因があることが認められていた。これに対してリカードは、そのうちで最も強い法則に注意を集中し、その法則の帰結について予測するという研究方法をとった。

(1) 賃金の法則

賃金についても、その自然価格と市場価格とがある。賃金の市場価格は、労働の供給と需要との関係で変動するのに対して、その自然価格は、労働者とその家族が平均的に生存し、彼らの種族を増減なく維持することを可能にするのに必要な価格に落ち着く。これは、スミスの分配論にもあった「生存賃金説」の再論であった。他方でリカードは、スミスの「成長賃金説」については、採用しなかった。

賃金の自然価格は、社会の進歩とともに高くなる可能性はある。しかし、

それは、労働者とその家族を養うのに必要な食料などの必需品の価格が高くなることの結果にすぎない。農業の改良や食料輸入の増加があるならば、そのような必需品の価格の上昇は止まり、その結果、賃金の自然価格の上昇は抑えられるであろう。

> **Column　リカードの生存賃金説の歴史的な背景**
>
> 　リカードの生存賃金説がその後長い間支持された重要な歴史的背景としては、産業革命後の雇用状態の変化を指摘しておくとよい。まだまだ経済発展の途上にあった当時のイギリス経済では、農業から工業への労働移動やアイルランドなどからの移民によって、安い賃金でも労働供給は絶えず増加する傾向にあった。他方で、産業革命によって機械がより多く利用されるようになった結果、労働需要は経済成長に比べてそれほど速く増加しなかった。これが労働者の賃金が一般的にその生存水準に低く抑えられた歴史的な理由であった。なお、この問題については、リカードの『経済学および課税の原理（第３版）』の付録「機械について」において、議論し直されている（➲第５章p.122）。

　他方でまた、人口の法則が働くならば、労働の市場価格は、その自然価格に落ち着くようになる。今、賃金が何らかの要因によって、その自然価格を超えて上昇したとしよう。労働者たちは自分たちの生活水準が改善されることを期待して、結婚して家族を作ろうとするだろう。その結果、やがて労働可能な人口は増え、労働供給が増大する結果として賃金は引き下げられるであろう。これとは反対に、賃金が自然価格以下に下落した場合には、まさに反対のことが起こる。労働者たちの生活水準は、家計を維持できなくなるほど低くなり、その結果、労働人口は減少し、希少な労働を確保するために賃金を引き上げざるを得なくなる。以上の結果、労働の自然価格は、労働者とその家族がその生存を維持するのにちょうど必要な水準に安定する。このようにリカードは、あたかも自然法則のように働く人口法則を前提として、「生存賃金説」の妥当性について論じたのであった。

こうして賃金の法則が働くことによって、労働者階級の生活状態は一定の水準に安定する。だから労働の雇用に関しては、これを市場の競争に任せるべきである。これに対して政府による干渉は状態を悪くする。リカードは、**救貧法**（貧困者に対して生活を援助する制度）に反対した。それはなぜならば、救貧法によって被雇用者の賃金はさらに引き下げられる結果を招き、その結果、全階級を普遍的な貧困という疫病にかからせてしまうからである。

> *Column* リカードの救貧法反対の理由
>
> リカードの救貧法に反対する理由については、少し疑問が残る。労働能力のない貧困者に対する扶助がどうして賃金と利潤を引き下げることになるのかということについて、納得のいく説明はなかった。この点に関しては、たぶんマルサスからの影響があったのではなかろうか。マルサスは、救貧法によって、労働者たちが将来の生計を立てる見通しのないままに、結婚して子供を多く作り、人口の増加を招き、自分たち自身の貧困の原因を作ってしまうことを心配した。これに反して市場の生存競争に任せれば、労働者の結婚は自然に抑制され、人口の増加は制限される。リカードの救貧法反対の理由の中には、このようなマルサスの人口論の影響があったのではないかと考えられる。しかし、ここではリカードの自由主義的賃金政策をそのまま紹介した。

(2) 利潤の長期低落傾向

利潤率の長期的な変動と利子率の長期的変動とを決定する原因は何であろうか。このことを知るためには、地代を支払わない限界地における労働の生産物の分配の傾向を調べればよい。この場合には、労働の生産物の全価値は、賃金と利潤に分かれる。生産物の価値が変わらないとすれば、賃金を増加させる原因は、何であっても必ず利潤を削減する。ところで賃金は、労働者とその家族を養う食料品を中心とする必需品の価値に依存する。社会の進歩と富の増大につれて食料品に対する需要は増加するから、食料品の価格は上昇するだろう。したがってこれによって賃金は上昇し、利潤は低くなるであろ

う。しかし、利潤率が低くなる主な原因は、このような賃金の上昇によるものではない。食料品を初めとする必需品の生産における機械の利用や労働の生産力の改良は、むしろ食料品の価値を減じ、賃金の値上がりを抑えるからである。

利潤率の長期的な低落傾向の本当の原因は、地代の上昇にあった。利潤率は、賃金の上昇によって低くなる時点のはるか以前に、地代の上昇によって低くなる。これにより資本家は、それ以上の資本の蓄積を思いとどまり、経済は定常状態に陥るであろう。**定常状態**（stationary state）とは、経済がそれ以上成長もせず、かといって縮小もしないまま、永続的に同じ規模で循環を続ける状態のことである。

(3) 地代の上昇傾向

地代の上昇傾向については地代論のところですでに述べたとおりである。社会が進歩し、富が増大するにつれて、その社会が必要とする穀物の量はますます大きくなる。しかし、**収穫逓減の法則**によって、単位当たりの限界的収穫量は減少するから、より劣った土地が耕作されなければならなくなる。小麦の価値は限界地の生産費用によって決まるから、それよりも肥沃な土地の地代はますます大きくなる。こうして土地の所有者は、社会進歩の唯一の利得者になるのに対して、資本の所有者は、市場経済の拡張を担ってきたにもかかわらず、その分け前を相対的に小さくする。

(4) リカードの定常状態

以上の結果、経済が成長するにつれて、労働者の雇用は増えるが、個々の労働者の賃金は生存水準に低く抑えられる。これに対して、土地の地代はますます大きくなる。その結果、資本家の利潤は相対的に低くなる。やがて経済は定常状態に陥る。これがリカードの予想した分配の長期的な動態であった。このような傾向を図によって示せば、図4－1のようになる。なおこの図は、リカード自身の描いたものではなく、後代の経済学者がリカードの分配理論を図解したものである。

図4-1

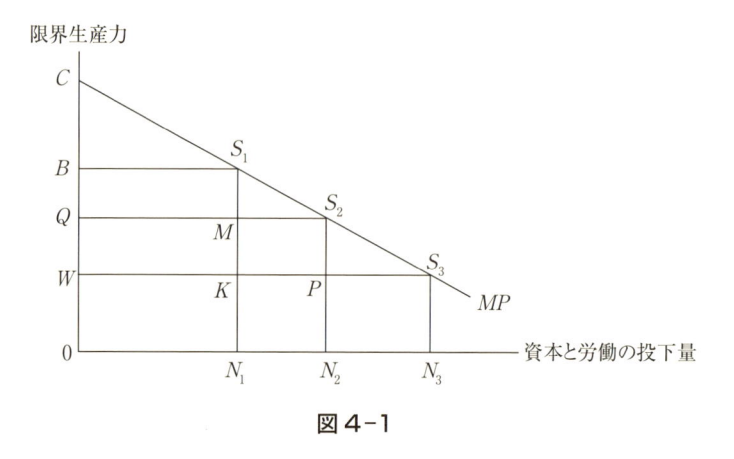

この図の横軸には、それぞれの土地に投下される資本と労働の量が測られる。なおここでは資本も労働の量によって測られるから、以下では、横軸については労働の量に一元化して説明することにしよう。縦軸には労働（と資本の）投入量を1単位増やした場合の生産物（ここでは小麦とする）の増加量が測られている。なおこの増加量は、現代の経済学では**限界生産力**（Marginal Productivity）と呼ばれている。

まず労働の投入量が増えるにつれて、生産物の量は増えるが、その増加の速度（限界生産力）は次第に小さくなる。ここで労働投入の増加に対する生産物の増加（限界生産力：MP）の様子を図の中で示せば、それはMP曲線のように描かれる。すなわち限界生産力曲線MPは、収穫逓減の法則によって、右下がりとなる。

次に生産物（小麦）の量で測られた労働1単位当たりの賃金は、労働者の生活水準が変わらないものとすれば、労働投入量の大きさにかかわらず一定水準を保つであろう。これを図で示せば、賃金の水準は、W-S_3線のような水平線で描かれる。

今、労働の投入量が0-N_1まで増加したとする。このとき小麦の総生産量は、図のC-0-N_1-S_1の台形の面積で表される。なぜならば、この面積は労働1単位の限界生産力と労働の投入量との積、すなわち小麦の総生産量を表すか

らである。他方で、図の $W\text{-}0\text{-}N_1\text{-}K$ の面積は、労働1単位当たりの賃金と労働投入量の積、すなわち賃金総額を示している。

　限界生産力曲線 MP が右下がりであったのは、肥沃な土地が限られているために、生産量が増えるにつれて、より劣等な土地にまで耕作が進められなければならなくなり、単位当たりの限界生産力が次第に減少するからである。この図の $S_1\text{-}N_1$ は、限界地での単位当たりの生産増加量（限界生産力）を表す。すでにみてきたように、より優良な土地から生じる生産物の余剰はすべて差額地代として、その土地の所有者に支払われる。したがって、図の $C\text{-}B\text{-}S_1$ の面積は、地代総額を表すことになる。これは差額地代の合計である。

　総生産量から賃金と地代に分配されたあとの残りの生産量は、資本家の利潤の量を表す。すなわち、図の $C\text{-}0\text{-}N_1\text{-}S_1$ の面積で示された総生産量から、地代と賃金に支払われる生産物量を表す面積を除いたあとに残される四角形 $B\text{-}W\text{-}K\text{-}S_1$ の面積が、資本家の利潤のための生産量を表している。

　さて、人口の増加などによって、この社会の生産がさらに増加するとしよう。そうすると、労働と資本の投入量は、図の $0\text{-}N_2$ から $0\text{-}N_3$ へと次第に増加するであろう。労働と資本の投入量が最終的に $0\text{-}N_3$ まで増加したとき、それぞれの生産要素に対する分配は、どのように変化するであろうか。単位当たりの賃金は変わらないとすれば、労働投入量が増える結果、賃金に分配される生産物の量は、図の $W\text{-}0\text{-}N_3\text{-}S_3$ の面積で示された量まで増加するであろう。他方で、地代の量はますます増加して、図の三角形 $C\text{-}W\text{-}S_3$ まで大きくなる。この結果、資本家に分配されるはずだった利潤に残された生産物は、まったくなくなってしまう。利潤がゼロとなる結果、資本家は、もはや生産をこれ以上増加する意欲を失ってしまう。このような状態こそ、リカードが将来に予測した**定常状態**であった。

　リカードは、経済がこのような定常状態に陥ることを防ぐためには、穀物の輸入を自由化して、国内での生産を抑えることによって、利潤の分け前を確保しなければならないと主張した。国内の土地所有者や農民の利益を保護するために、それまで穀物の輸入に対して高い関税をかけることを認めてきた穀物法の撤廃を、国会議員となって訴えたのである。

> **Column　リカードとケインズのヴィジョンの比較**
>
> 　リカードの経済の長期的動向に関するヴィジョンをケインズのそれと比べてみると、両者の間に興味深い類似性があることが分かる。
>
> 　リカードは、土地の地代収入に依存する旧封建制度の土地貴族の利害関係が資本家と労働者による経済成長の障害となっていると判断し、穀物法などの旧制度を廃止することを訴えた。
>
> 　これに対して、ケインズは土地の希少性ではなく、資本の希少性から生ずる高い利子収入に依存する利子生活者たちの利害関係が、企業家と労働者による経済成長の障害になっていると判断し、低金利政策による「利子生活者の安楽死」を展望した。両者は、ともに経済思想の革新によって旧制度の利害関係を克服しようとしたのである（⇨ケインズのヴィジョンについては、第11章を参照）。

〈より進んだ研究のための参考文献〉

マルサス著、吉田秀夫訳『各版對照　マルサス　人口論』春秋社、1948年（青空文庫：http://www.aozora.gr.jp/cards/001149/card43550.html）〈1798〉
　―――著、永井義雄訳『人口論』中公文庫、1973年
リカード著、著、吉田秀夫訳『経済學及び課税の諸原理』春秋社、1948年（青空文庫：http://www.aozora.gr.jp/index_pages/person1164.html）
　―――著、羽鳥卓也・吉沢芳樹訳『経済学および課税の原理（上・下）』岩波文庫、1987年〈1817〉

第4章　リカードと古典派経済学(1)

〈問題〉
① リカードの投下労働価値説は、どのような点でスミスの労働価値説と違っていたかについて、考えてみよう。
② 資本の蓄積と土地の占有とによって、投下労働価値説は、それぞれどのように修正されなければならなかったかについて、考えてみよう。
③ 差額地代の法則によって明らかにされた経済の一般的法則とは何かについて、考えてみよう。
④ 商品の市場価格は、どのようにしてその自然価格に等しくなるかについて、考えてみよう。
⑤ リカードの分配の長期動態は、どのような理由によって予測されたか、また定常状態となった場合にどのようなことが予想されるかについて、考えてみよう。

第 5 章

リカードと古典派経済学（2）

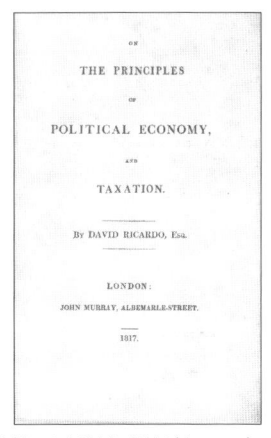

デイヴィッド・リカード『経済学および課税の原理』初版刊行1817年
On the Principles of Political Economy and Taxation

〈要約〉

6 リカードの外国貿易論……p.104
(1) 比較優位説
・スミスによる分業の利点を外国貿易に拡張

			労働	価値の比	国内交換比	貿易比
ポルトガル	ワイン	1単位	80人	80/90	90/80	90/90
	毛織物	1単位	90人			
イギリス	ワイン	1単位	120人	120/100	100/120	120/120
	毛織物	1単位	100人			

(2) 購買力平価説
・外国為替レートは各国通貨の購買力（物価水準）の比に等しい
・円/ドル＝日本の物価水準/アメリカの物価水準

(3) 金本位制と物価・正貨のフローメカニズム
・金本位制のもとでは、経済指標は自動的に安定する

$$\text{貨幣量} \to \text{物価} \to \text{交易条件} \to \text{為替レート} \to \text{金の輸出入} \to \text{貨幣量}$$
$$M \qquad P \qquad P/P^* \qquad \lambda \qquad g \qquad M$$

7 セイの法則と古典派の貨幣理論……p.110
(1) 貨幣数量説
・貨幣の流通量×貨幣の流通速度＝物価水準×取引高
・金本位制、銀行兌換券論——通貨学派の貨幣政策
・地金論争、通貨論争——通貨学派 vs. 銀行学派
・1844年ピール銀行条例に取り入れられる

(2) セイの法則と貨幣数量説
・供給はそれ自らの需要を作り出す
・各人の売りと買いの一致は、経済全体の売りと買いを等しくする
・貨幣流通量は、物価の水準を決定する

(3) 自由貿易と金本位制
・古典派の経済政策の確立

8　リカードと古典派経済学……p.114
(1) リカード経済学の利点：論理的一貫性と科学的経済学
　①供給サイドの経済学：投下労働価値・費用価格論への一元化
　・不完全競争下のフルコスト価格論に継承
　②静学的経済学：長期動態論
　・比較優位説——技術や価値関係不変の仮定
　・購買力平価説——資本利子率一定の仮定
　・物価・正貨フローメカニズム——金本位固定相場制の仮定（変動相場による修正）、貿易・経常収支の動きの分析（資本収支の捨象）
　③道徳問題の捨象
　・価値判断から自由な経済学
(2) リカード経済学の欠陥：マルサスによる批判
　①需要サイドの論理の欠落：市場の短期的変動の研究へ
　・過少消費説、地主・不生産階級の浪費の意味 → ケインズ有効需要論へ
　・セイ法則に対する疑問
　②人口論：経済の長期動態の予測
　・ネオ・マルサス主義に継承
　③生存競争と道徳的規制
　・進化論へ
(3) リカード経済学の発展：J.S.ミルによる古典派経済学の完成
　①外国貿易における労働価値説の限界：需要サイドの重要性
　②経済成長と定常状態の再評価
　③分配の道徳的・制度的決定
　・功利主義と自由主義の道徳哲学
　・生存権→自由権→功利主義「最大多数の最大幸福」

9　リカードの機械論……p.122
　・機械導入の労働者階級への影響
　・失業の発生と賃金の引き下げ、労働者の苦難
　・リカード効果→ハイエク、ヒックスへの問題の継承

6　リカードの外国貿易論

(1) 比較優位説 (comparative advantage)

　リカードは、今日の経済学においても支持されているようないくつかの経済法則を発見した。まず外国貿易に関するいくつかの法則を紹介しよう。

　そのうちでも最も有名になったのは、比較優位の法則である。この法則は、簡単に述べれば次のような命題によって表現することができる。

> *Key Word*　比較優位の法則
> 　2つの国が貿易することを想定した場合に、それぞれの国の中で「比較優位な産業」に生産をできるだけ特化し、その他の産業の生産物については外国から輸入するならば、いずれか一方の国にとってだけではなく、両方の国にとって経済状態は良くなる。
> 　「比較優位な産業」とは、リカードの場合には、国内で生産した場合に、その生産物1単位当たりの労働コストが比較的安い産業のことを意味していた。近代経済学においては、同じ費用ならば効用のより大きな生産物、あるいは、同じ効用が得られるならば生産費のより安い生産物を生産する(より効率的な)産業が、「比較優位な産業」であるとされている。

　この比較優位の法則について、リカードがあげた例によって説明しよう。今、ポルトガルとイギリスが、毛織物とワインの2つの商品をそれぞれ自国内で生産しているとする。表5-1のように、ポルトガルでは、毛織物1単位を生産するのに90人の労働が必要であるが、ワインについては80人の労働だけで足りるとする。したがって、ポルトガルでは、ワインの生産のための労働コストのほうが安く、比較優位な産業はワイン生産であるということになる。労働価値説によれば、それぞれの生産物1単位当たりの生産に要した労働量がその商品の価値を決めるから、ポルトガルでは、ワインと毛織物の価値の比は80/90であり、90単位のワインに対して80単位の毛織物が交

換されていた。

　一方、イギリスでは、ワイン 1 単位の生産には 120 人の労働が必要であるのに対して、毛織物の生産には 100 人の労働で足りていた。したがって、イギリスでは、毛織物の労働コストのほうが安く、比較優位な産業は毛織物生産であった。ワインと毛織物との価値の比は、120/100 であり、100 単位のワインに対して 120 単位の毛織物が交換されていた。

表 5-1

			労働	価値の比	国内交換比	貿易比
ポルトガル	ワイン	1 単位	80 人	80/90	90/80	90/90
	毛織物	1 単位	90 人			
イギリス	ワイン	1 単位	120 人	120/100	100/120	120/120
	毛織物	1 単位	100 人			

　比較優位の法則によれば、ポルトガルではワインの生産に特化し、毛織物についてはイギリスから輸入することによって、またイギリスでは毛織物の生産に特化し、ワインについてはポルトガルから輸入することによって、両方の国の経済状態はともに良くなる。このことを確かめてみよう。

　外国との貿易は、国内で交換するよりも有利な条件でなければ行われない。今、ポルトガルの国内では 90 単位のワインに対して 80 単位の毛織物が交換されていたから、ポルトガルのワイン 90 単位に対してイギリスの毛織物 90 単位が貿易を通じて交換できるようになるならば、ポルトガルの人々は喜んでそのような貿易に応じるだろう。他方で、イギリス国内では、120 単位の毛織物と 100 単位のワインが交換されていたから、同じ 120 単位の毛織物に対してポルトガルのワイン 120 単位が交換できるならば、イギリスの人々は喜んでそのような貿易に応じるだろう。ところで、このような貿易の交換条件、90/90 と 120/120 はともに、1/1 であるから、一物一価の原則により、このような外国貿易は成立し、しかもそれによって、イギリスとポルトガルの経済状態は双方とも良くなる。

　念のため、以上のことを図 5-1 によって、確かめてみよう。なおこの図の中にある「生産フロンティア」の考え方が理解できれば、古典派経済学か

ら近代経済学への入門を果たすことができる。この図の縦軸にはワインの生産量が、また横軸には毛織物の生産量がそれぞれ測られている。

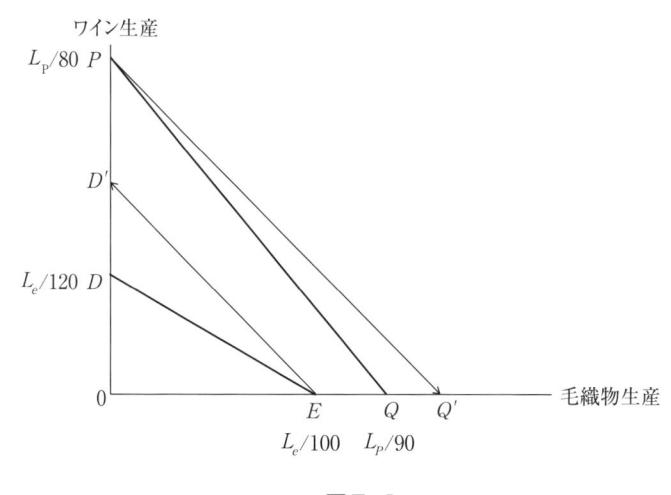

```
ワイン生産
$L_p/80$ P
        D'
$L_e/120$ D
         0        E      Q   Q'      毛織物生産
                $L_e/100$ $L_p/90$
```

図5-1

今、ポルトガルには、L_p人の労働者がいるとしよう。その労働者をすべてワインの生産に投入したとき、$L_p/80$単位までのワインが生産できるだろう。P点はそのときのワインの生産量を示している。これに対して、すべての労働者を毛織物の生産に投入したときには、$L_p/90$単位の毛織物が生産できる。それは、Q点で示される。労働者をワインと毛織物の両方の生産に適当に振り分けたときの生産量は、2つの点を結んだ直線P-Q上の点の座標によって示すことができる。これは、ポルトガルで生産できるワインと毛織物の最大の生産量の組み合わせを示すので、「**生産フロンティア**」と呼ばれる。ポルトガルの労働者L_p人に変わりがないとすれば、この直線で区切られた三角形の中にある点で示される国内生産は可能だが、これより外の点で示される国内生産は不可能である。

他方で、イギリスの労働者は、L_e人いるとしよう。この労働者をすべてワインの生産に使った場合には、ワインは$L_e/120$単位まで生産することができ、生産量はD点によって示される。これに対して、労働者のすべてを

毛織物生産に使う場合には、E 点で示される $L_e/100$ 単位までの毛織物が生産できる。そして直線 D-E は、イギリスの生産フロンティアを表す。

　生産フロンティアの傾きは、それぞれの国におけるワインと毛織物の価値（1／交換比率）を表している。すなわちワインと毛織物は、ポルトガルでは 90/80、イギリスでは 120/100 という比率で交換されている。したがって、両国の国民は、ともにこの交換比率よりも有利な交換には応じるであろう。今ワインと毛織物の貿易が 1/1 という交換比率で行われたとする。その場合には、両国とも比較優位な産業に生産を特化し、その他の財については、相手の国から輸入することで、比較優位の法則によって両国民の経済状態はともに良くなるはずである。そのことを確かめてみよう。

　両国が比較優位な産業に特化して、その他の財については、相手国から輸入した場合の結果は、ポルトガルについては、$P \rightarrow Q'$ 線上の点によって、イギリスについては、$E \rightarrow D'$ 線上の点によって示される。この2つの直線の傾きによって示される貿易比は、一物一価の法則によりともに1対1であり、両直線は平行になる。このような貿易により、イギリスでは自国で毛織物と交換される量よりも多くのワインを手に入れることができるし、またポルトガルでは、自国でワインと交換される量よりも多くの毛織物を手に入れることができるようになる。したがって、自由な貿易は、貿易をする両国の経済状態をともに良くすることができる。これがリカードの明らかにした「比較優位の法則」であった。

　じつはこの法則は、スミスによる分業の利点に関する説明、すなわち労働の専門化はすべての人の利益になるという説明を、外国貿易にまで広げたものであった。スミスの労働の経済学は、こうして、リカードによってさらに先にまで進められたのであった。

(2) 購買力平価説 (PPP : Purchasing Power Parity)

　次に問題とされたのは、外国貿易で使われる各国の通貨の交換比率、すなわち外国為替レートが、どのような事情によって決まるのかという問題であった。この問題に関して、リカードは、次のような明解な結論に達し

ていた。

> **Key Word　購買力平価説**
> 　各国通貨の交換比率（平価）、すなわち外国為替レートは、各国通貨の購買力の比（各国の物価水準の比）に等しい。

　この法則については、次のような簡単な事例を用いて説明することができる。マクドナルドのハンバーガーが日本では100円で売られているのに対して、アメリカでは1ドルで売られているとしよう。この場合には、円とドルとの交換比率（円／ドル比率）は、100円／1ドルに等しくなる。もしこれとは違って、為替レートが円高になり、80円／1ドルになったとしよう。飛行機などの交通手段の費用を無視すれば、日本人は、円をドルと交換してアメリカに行って同じハンバーガーを買って食べるほうが得になる。このような動きが出てくると、ドルに対する需要は増えて、ドルの価値は上昇する。この動きが止まるのは、ちょうど円とドルとの交換比率がハンバーガーの値段の比率に等しくなるときである。

　このことをもう少し一般的な形で述べれば次のようになる。外国為替レートをλ、国内の物価水準をP、外国の物価水準をP^*とすれば、外国為替レートは、一般的に次の式で表される。

　　$\lambda = P/P^*$　　たとえば、円／ドル＝日本の物価水準／アメリカの物価水準

　購買力平価説は、貿易の支払いと受け取り（貿易収支）の結果として通貨の需給関係が変わることによって外国為替レートが変動していたリカードの時代には、かなり妥当な理論であった。また現代でも為替レートの長期的な趨勢を予測するときには、この理論は頼りになる。しかし、現代では、外国への投資に伴って生ずる資本の移動が為替レートに与える影響のほうが大きくなっている。このような資本の移動は、主として各国の利子率の差によって起こるから、現代では、利子率の変動が為替レートの変動を決めることを明らかとした「金利平価説」が「購買力平価説」とともに用いられている。

(3) 金本位制と物価・正貨のフローメカニズム

　金本位制が採用されているならば、外国為替レートは自動的に調整される。リカードは、自由貿易と金本位制を維持する限り、物価や為替レート、貿易収支などの多くの経済指標が自動的に安定することを論じた。これは、リカードの「自動安定装置」、または「物価・正貨のフローメカニズム」と呼ばれるようになった法則であった。この法則をフローチャートにして示せば、次のようになる。

> *Key Word*　物価・正貨のフローメカニズム
>
> 　　貨幣量 → 物価 → 交易条件 → 為替レート → 金の輸出入 → 貨幣量
> 　　　M　　　P　　　P/P^*　　　λ　　　　　g　　　　　M

　今何らかの事情で国内に流通する貨幣量 M が増大したとする。すると、あとで説明する貨幣数量説に従って、物価 P は上昇するだろう。もし外国の物価水準 P^* に変わりがないとすれば、購買力平価説によって、外国為替レート λ は、外国通貨の価値を高め自国通貨の価値を低めるような方向に変動するであろう。しかし、金本位制を維持する限り各国の通貨は以前と同じ金の重量と交換されるから、貿易業者は、自国通貨を固定価格で金と交換し、金で輸入代金を支払うほうが有利となる。こうして金が外国に輸出され、国内の金の量 g はそれだけ少なくなる。金本位制下では、金の準備高によって通貨の量が調整されるから、貨幣の流通量 M は減少することになる。こうして、最初に想定された貨幣量の増大 M は、その反対の動きを引き起こす。すなわち、為替レートと貿易差額の支払いと金の輸出入の変化の結果、貨幣の流通量 M は再び減少に向かったのち、適正な水準に戻ることになる。

　これとは反対に、何らかの理由で貨幣の流通量が減少することを想定した場合には、以上とは正反対のことが起こる。このような「自動安定装置」は、自由貿易と金本位制を前提として有効に働く。金本位制が廃止され、変動相場制が採用された現代では、また別のメカニズムが働くことになる。

> **Column　金本位制の自動安定装置について**
>
> 　金本位制（Gold Standard）とは、文字どおり「金を通貨の標準とする」という制度である。市場経済の発展につれて金貨以外にも様々な通貨が流通するようになったが、金本位制を採用した国々では、そのような通貨は最終的にはすべて中央銀行の保有する標準化された一定の金の量によって測られた。そして政府と中央銀行は、次の2つのことをゲームのルールとして守った。すなわち、①外国の銀行などが自国の通貨と金との交換を要求してきたときには、いつでも固定価格で金との交換に無制限に応じること、②金の輸出入を完全に自由にすること、の2つのルールであった。これによって、各国の通貨の間の交換レートがいくら変わったとしても、それらの通貨と金との交換比率は固定されていたから、銀行などは、金や各国通貨の間の交換を自由に行うことによって、利益を上げることができた。その結果、金との固定レートでの交換を軸にして、各国通貨の交換比率は自動的に一定の範囲に収まることになった。すなわち、各国通貨の対外価値（為替レート）の変動は、その通貨の（金価格 ± 金の輸送費と保険料）の範囲内に収まった。こうして金本位制は、金を中核として成立する固定為替レートの制度として、イギリスを中心として、これ以降、第1次世界大戦まで維持されることになった。

　このような金本位制が維持されたことは、リカードの自動安定装置を有効なものにする前提条件であった。貨幣の流通量や、物価、為替レートなどの変化は、金の国際移動を通じて、一定の範囲内に調整されたのである。このようなメカニズムは、変動相場になると変わってくるのだが、どのように変わるかについては、のちに検討しよう（⊃第11章）。

7　セイの法則と古典派の貨幣理論

　リカードは、スミスのほかにフランスのジャン-バティスト・セイ（Jean-Baptiste Say: 1767-1832）の経済学を尊重していた。セイは、セイの法則、ま

たは販路の理論と呼ばれるようになった経済理論を唱えたことで有名になった。リカードは、このセイの理論とヒューム以来の貨幣数量説とを組み合わせて、独自の貨幣理論を作り上げた。その理論は、それ以降、古典派経済学だけでなく、ケインズによって批判されるまでの近代経済学においても、基本的に支持されてきた。次に、その経済学の考え方について、調べてみよう。

(1) 貨幣数量説（The Quantity Theory of Money）

貨幣数量説は、簡単に次のような命題によって表すことができる。

> **Key Word　貨幣数量説**
> 物価水準の変化は、ただ貨幣数量の変化によってだけ説明することができる。すなわち、貨幣の数量が2倍になれば、物価水準は2倍になり、貨幣の数量が2分の1になれば、物価の水準は2分の1になる。

貨幣の流通量を M、貨幣の流通速度（同じ貨幣が人の手を変える回数）を v、物価水準（消費者物価指数）を P、取引高を T とすれば、これらの間には、つねに、$Mv = PT$ という**貨幣数量式**が成立する（フィッシャーの交換方程式）。貨幣の流通速度 v は、商慣習や信用制度の発達の程度によって与えられており、短期的には変化しない。また、取引高も短期的には変化しないものとすれば、貨幣の流通量 M と物価水準 P との間には、正比例の関係が成立する。

貨幣数量説によれば、物価水準の上昇（インフレーション）は、ただ貨幣数量の増加によってのみ引き起こされ、反対に物価水準の下落（デフレーション）は、ただ貨幣数量の減少によってのみ引き起こされる。したがって、デフレーションは貨幣数量の増加によってのみ克服され、インフレーションは貨幣数量の減少によってのみ是正される。このような基本的な考え方は、今日のマネタリストに引き継がれている。

さてリカードは、さまざまな紙幣の流通を金貨だけが流通した場合と同じような動きをするように調整することを支持した。そのためには、中央銀行がその銀行券の発行を金の準備高に従って制限することが必要になる。この

ような金本位制もしくは銀行券の金兌換と金準備発行の制度は、イギリスの1810年代の地金論争や1840年代の通貨論争を通じて、リカードやリカード学派たちが一貫して主張し続けた経済政策であった。このようなリカードの基本的な考え方は、1844年のピール銀行条例によって、イングランド銀行の金融政策に取り入れられた。

(2) セイの法則 (Say's Law) と貨幣数量説

　リカード経済学のもう一つの柱は、セイの法則であった。彼はこの法則と貨幣数量説とを組み合わせて、今日のマクロ経済学に当たる経済理論または貨幣理論を作った。この2つの法則は、論理的には表裏一体のものであった。セイの法則は、のちにJ.S.ミルによって、次のような簡潔な命題によっていいかえられた。

> **Key Word　セイの法則**
> 「供給は、それ自らの需要を作り出す」。すなわち、総供給 ≡ 総需要。

　もともとのセイの法則は、各人が売りと買いを一致させるように行動すれば、経済全体の売りと買いは必ず等しくなるはずであることを述べたにすぎなかった。彼はそのことについて、物々交換を前提として説明したのだが、貨幣経済を前提にした場合にも、この法則が妥当する範囲はかなり広いことがのちに分かってきた。何物かを供給しようとする人は、その過程でいろいろな財貨や労働を購入しなければならない。そのような一連の関係を考えれば、供給がそれ自身の需要を作り出している関係は、意外と広い範囲にわたって成立していることが分かる。

　ここでは、最も簡単な例を用いて、セイの法則と、先に述べた貨幣数量説とが密接な関連を持つことを明らかにしよう。今、aとbの2人がいて、XとYの2つの商品を売買するとしよう。aは商品XをX_aだけ売って、商品YをY_aだけ買う一方で、bは商品YをY_bだけ売り、商品XをX_bだけ買って生活するとする。2人とも、何かを売って得た貨幣で生活に必要なものを

買うとすると、予算を均衡させるには、

$$a \text{ については、} X_a = Y_a \quad ; \quad b \text{ については、} Y_b = X_b$$

という関係がなければならない（予算均衡または予算制約の条件）。そこから、a と b の売り（供給）と買い（需要）の合計は、つねに等しくなるという次の条件が成り立つことが分かる。

$$X_a + Y_b = X_b + Y_a$$

この式の左辺は、2人の売りの合計であり、右辺は買いの合計である。この関係は、売買する人と商品の数を増やしても成立する。つまり、誰かが何かを買ったのは、誰かがそれを売ったからで、売りと買いとは、それが実際に行われたものであるならば、必ず一致するはずである。そのような関係を経済全体に広げて考えれば、売りと買いの総額は必ず一致する。だから総供給≡総需要というセイの法則はつねに成立する。

ところで、貨幣経済では、市場での売買は貨幣によって媒介されている。a は売りと買いを成立させるために M_1 だけの貨幣を使い、b は M_2 だけの貨幣を使うとすると、必要とする貨幣の合計 $M = M_1 + M_2$ と、2人の取引額 PT との間には、次のような関係が成立する。

$$M = M_1 + M_2 = PT$$

一方の売りは他方の買いとなるから、重複を避ければ、純取引高 PT は、2人の売りまたは買いのいずれかの総額となる。つまり、$PT = X_a + Y_b$（または $= X_b + Y_a$）である。また貨幣は、1回だけ使われたから、貨幣の流通速度は1である。したがって、上の関係は貨幣数量式と同じことを示している。

このように貨幣数量説とセイの法則が2つとも成立するのは、2人とも予算をすべて使い果たすために、貨幣を単に交換の手段として使用し、貯蓄の手段としては使用しなかったからである。もしどちらかの人が売った金額をすべて使わずに貯蓄したとすれば、以上の関係が成り立つかどうかは分からない。こうして、セイの法則と貨幣数量説の命題は、この段階では、貨幣が

交換手段としてだけ使われ、貯蓄手段としては使われないことを仮定して説明されていた。しかし、貯蓄が投資と等しくなるならば、これら2つの法則は、かなり広い範囲で妥当することが、のちに明らかにされる。

(3) 自由貿易と金本位制

　以上のように、セイの法則と貨幣数量説とは、リカード経済学における2つの理論的な柱にされていた。そして、この2つの経済法則を前提として、リカードの経済政策が提案された。すなわち、それは、自由貿易と金本位制に向けた2つの政策提言であった。セイの法則に従えば、自由な取引と自由な貿易においては過少消費や過剰生産はありえないから、関税をかけるなどして輸入に対して政策的な制限を加える必要はまったくない。また金本位制によって貨幣数量を制限すれば、物価と貨幣価値は安定するのだから、貨幣数量説は、金本位制を支持する理論的な根拠となる。こうして、自由貿易主義と金本位制は、これ以降、古典派経済学の時代を通じて、共通の政策目標とされたのである。

8　リカードと古典派経済学

(1) リカード経済学の利点：論理的一貫性と科学的経済学

　リカードの経済学は、スミスの経済学の多様性を捨て、その中で最も強い論理によって経済学の体系を首尾一貫させた成果であった。このためリカードの経済学は、論理的一貫性と、いくつかの反証可能な命題を演繹できるような科学性を備えるものになった。ここでは、そのようなリカード経済学の科学性について、これを①供給サイドの経済学、②静学的経済学、③道徳問題の捨象、の3つの側面から検討する。

①　供給サイドの経済学：投下労働価値・費用価格論への一元化

　リカード経済学の大きな特徴の一つは、供給サイドの論理に注意を集中することによって、経済学に論理的一貫性を持たせたことであった。その点は、

価値論や価格論において典型的に表された。

　スミスの経済学には、多様ないくつかの側面があった。労働が価値を形成する側面を重視した労働の経済学と、市場の働きを重視した市場の経済学とでは、経済の見方がいく分違っていた。リカードも、もちろん市場経済を前提に議論を進めたのだが、供給サイドからの見方に注意を集中することによって、スミスの多様な側面を犠牲にして、論理的一貫性を保つことに成功した。このようなリカードのやり方が、当時広く受け入れられたのは、マルサスの人口論にも表されていたように、当時の経済論争の一つが食料供給をいかにしたら確保できるかということにあったからである。

　スミスの支配労働価値説は、主として市場の購入者（需要者）の側から商品の価値を捉えた見方であった。これに対して、リカードの投下労働価値説は、あくまでも商品の生産者の立場から捉えた価値の説明であった。生産者の立場からみれば、その商品の生産に投下した労働を評価してくれることが、他の何よりも重要であった。費用価格論についても同じようなことがいえた。供給サイドからは、何よりも供給に要した費用を少なくとも償うような価格で売られることが大切であった。

　経済学の各論に入ってもこのような供給サイドの論理は貫かれた。比較優位の法則についても、リカードの段階では、その生産費を基準に比較優位な産業が識別された。また資本利子論についても、もっぱら資本を借り入れて何らかの生産に資本を使う生産者の立場から考えられていた。すなわち、資本を用いて獲得する利潤が少なくともその利子を償うのでなかったならば、決して資本を用いようとはしないという供給者の立場から利子率の変動の範囲について説明されていたのである。生産者以外にも消費者や政府が資本を借りる可能性は、ここでは無視されていたのである。

　供給者の経済学は、その副産物として、実物重視の経済学を生んだ。そして、経済の本質は貨幣経済の中にはなく、実物経済の中にあるという古典派経済学の中心的な考え方を引き出した。さらに生産には物質的な自然法則が貫かれているという考え方をも生んだ。

　このような供給サイドの論理が強調された反動として、需要側の論理、す

なわち効用の側面に注目する近代経済学がやがて始まることになった。しかし、近年の寡占価格理論においてフルコスト原則が注目を集めるようになると、再びリカードの費用価格論は見直されるようになる。ここで、フルコスト原則というのは、商品の価格がその商品の生産に使われた費用に一定のマークアップ率を掛けた大きさに決まるという原則である。

② 静学的経済学：長期動態論

　リカード経済学のもう一つの特徴は、その静学的性格にある。ここで「静学的」という意味は、経済が時間を通じて変化する側面よりも、同じ状態を維持する状態を重視する経済学の立場のことをいう。いいかえれば、静学的経済学とは、経済の「変化」よりも「状態」を、または「時間を通じて変化する経済」よりも「繰り返される不変の経済循環」を重視する経済学である。

　スミスは、経済成長の効果を何よりも重視した。これに対してリカードは、静学的方法によって、経済の長期的動態を予測しようとした。マーシャルも認めたように、経済の長期的傾向を決めるのは、需要サイドよりもむしろ供給サイドの事情にあったから、経済の長期的傾向の行き着く先を予測するために供給重視の静学的方法を用いることは、決して矛盾したことではなかった。そしてリカードは、長期的には経済の成長は止まり、静止状態（定常状態）に到達すると予測した。

　他方で、リカードの比較優位説に疑問を持つ人は少なくない。ほとんどの発展途上国は、農業などの採取産業のほうが得意であったから、比較優位説によれば、農業に特化したほうが有利であったはずである。しかし、実際には、発展途上国の中には、もともと不得意であったはずの工業を発展させることによって、近年になってから急速に経済的に豊かになりつつある国がある。このような結果は、比較優位説によっては説明できない。

　じつは、比較優位説にしても、購買力平価説にしても、リカードの明らかにした経済法則のほとんどは、時間を通じた変化の側面を無視して研究されていたのである。そこでは、技術条件や価格や費用に関連する諸条件に変化がないことを前提に、議論が進められていた。物価・正貨フローメカニズム

を説明するときに、リカードは、資本移動の効果を無視したが、この資本移動は将来の生産の増加のための投資によって引き起こされるから、ここでも彼は時間を通じた経済の変化を無視していたことになる。総じてリカードの経済学においては、時間の要素と変化の側面があまり考慮されていなかった。

③ 道徳問題の捨象

　スミスの『国富論』は、『道徳感情論』を前提として出版された。スミスにとって経済学は、道徳哲学の一部門にすぎなかったといっても過言ではない。これに対してリカードは、道徳哲学から経済学を独立させ、科学としての経済学を樹立した。このことが、これまでみてきたような供給サイドへの問題関心の集中や、静学的方法の採用と密接に結びついていた。供給の側面からみれば、生産は物理的な自然法則として捉えられ、また成長の停止した経済循環を把握するためには、経済は自然と同じように永久に不変の運動を繰り返すものとして分析されてもおかしくなかった。

　こうして道徳問題を捨象することによって、リカードは、経済学を科学として発展させることに貢献した。経済を科学的に分析するためには、人間の主観的な価値判断や目的意識から経済の法則を一度分離して捉えなければならない。これによって経済学は、自然科学と同様に首尾一貫した論理によって分析できる科学に発展する可能性が開かれた。その意味でリカードは、科学的経済学の創始者の一人であると評価されるであろう。

　ただし、リカードは、道徳をまったく無視したわけではなかった。むしろ道徳問題を経済学に従属させたといってよいであろう。彼の同盟者であったジェイムズ・ミルの信奉するベンサムの功利主義がそのために役立った。功利主義の立場からは、経済学は欲望を持つ人間の生存を支えるための食料供給の学として捉えられた。また、将来の費用と便益を冷静かつ確実に計算する経済人の存在が経済学の前提とされたのである。

(2) リカード経済学の欠陥：マルサスによる批判

　リカードの経済学の科学性を支えていた上記3つの特徴は、それが極端に

押し進められた場合には、重要な欠陥を引き起こしかねない。**マルサス**はリカードの親友でもあり、同時代の最良の批判者でもあった。科学の理論は、ポパーの科学論によれば、批判的な討論によって発展することができる。リカードとマルサスとの経済学論争は、経済学の科学的発展にとって初期の典型的な模範となった。そこで、マルサスのリカードに対する批判について、これをリカードと同じ3つの項目に分けて検討してみよう。

① 需要サイドの論理の欠落：市場の短期的変動の研究へ

　分析の立場を供給側に一元化し、需要側の事情を無視することがリカードの単純化の方法であった。彼はこのような方法を正当化するために、「他の条件に変わりがなければ（ceteris paribus）」という留保条件を付けて議論するのが得意であった。マルサスはこのようなリカードの方法を批判して、市場経済は、供給者だけでなく、消費者（需要者）からも成り立っていることに注意を促した。供給側の立場からは、リカードの議論はもっともらしくみえるが、需要側の事情を考えると、これとは別の真理がみえてくる。マルサスの批判はまずこの点に集中した。

　労働の生産物は、消費者によって購入され消費されることによって、はじめてその経済的な機能を果たす。労働者はその生産物をすべて消費しないから、残りの部分については、資本家や土地所有者の処分に委ねられる。このうち資本家は、それを生産的に消費するため、供給側の論理が再び有効になるかもしれない。しかし土地所有者のほとんどは、生産や労働に関与せずに、その収入のほとんどを不生産的に浪費する。労働者や生産者たちは、彼らの生産物をすべて消費しないから、生産された商品がすべて売れるかどうかは、不生産的階級の浪費の大きさにかかっている。このような浪費なしには、生産物はすべて売りさばかれず、過少消費または過剰生産の可能性が出てくる。したがって、セイの法則がつねに妥当するとは限らない、とマルサスは批判した。このようなマルサスによる不生産的消費の再評価は、のちにケインズの有効需要論の前提として参照されることになった（◯第11章）。

　またマルサスは、リカードがその撤廃を主張した穀物法について、土地所

有者の消費が市場経済の需要を確保するために必要だという観点から、その存続を支持した。土地所有者は、市場経済の需要を支えるだけでなく、イギリスの伝統社会の文化の担い手として、その豊かな収入を保証されるべきであるとした。

② 人口論：経済の長期動態の予測

　マルサスの主著は『人口論』（1798）であった。この本の中で、彼は人口が等比級数的に増加するのに対して、食料供給のほうは、等差級数的にしか増加しないことを指摘した。したがって人口の増加を何らかの手段によって制限することなしには貧困の問題は解決できない。こうしたマルサスの主張は、リカードにも影響を与え、リカードの賃金理論はマルサスの人口論を下敷きにしていた。しかし、リカードが人口問題は労働市場における賃金の変動の結果として自然に解決されると考えたのに対して、マルサスは、人口の長期的動態については、生物学的または生理学的な研究が必要であると考えた。マルサスは、人口問題を初めて論じた人ではなかったが、やがて彼の議論は、ネオ・マルサス主義として受け継がれ、現代の人口論に大きな影響を残した。たとえば、のちに取り上げるオーストリア学派のウィクセルは、若い頃、ネオ・マルサス主義者として、人口と貧困の問題の解決に取り組んだのであった。

③ **生存競争と道徳的規制**

　マルサスのもう一つの側面は、彼の道徳家としての側面であった。リカードが道徳問題にほとんど関心を示さなかったのに対して、マルサスは、労働者たちに対する道徳的な規制の問題に対して主な関心を払った。人口問題は、労働市場の賃金の変動によって自動的に解決されるような一時的な問題ではなく、下層の労働者に対する道徳的な説得によって初めて解決へと向かう。すなわち、自由な市場経済による生存競争が激しくなると、労働者の生存自体があやしくなる。そのような貧困の問題は長期的な人口問題の解決なしにはありえない。すなわち労働者は彼らの階級の生存を確保するためには、自

分たちの欲望を制限し、人口の増加を抑制しなければならないことを道徳的に説得しなければならない。

このような観点からマルサスは、救貧法の撤廃を訴える。救貧法によって窮乏者が救済される結果、労働者階級が将来の生計の見通しを持たないまま、結婚して子供をたくさん生み、人口の増加による貧困に悩まされることになる。こうした結果を防ぐためには、市場経済の生存競争の厳しい規律を労働者たちに教え、産児制限の必要性を道徳的に説得するしかない。このような生存競争の法則は、やがてダーウィンの進化論の重要なヒントになっていった。

(3) リカード経済学の発展：J.S. ミルによる古典派経済学の完成

古典派経済学は、リカードの経済学を継承し発展させた J.S. ミルによって完成されたといってよい。ミルは、スミスとリカードの経済学を自らのものとするまでに消化し、マルサスやその他の経済学者たちの批判をも取り入れて、その主著『経済学原理』(1848) を著した。この本は、19世紀中頃から、マーシャルの『経済学原理』が1890年に出版されるまで、イギリスの経済学のバイブルとして、多くの経済学者たちに読み継がれた。マーシャルでさえ、ミルの経済学を一つの拠り所として、彼の経済学の体系を築きあげていた。その意味でも、イギリスの古典派経済学の伝統は、ミルによって築かれたといっても過言ではない。

ミルは、単に経済学だけでなく、論理学、倫理学、政治学、法学、哲学などの多くの分野で活躍し、実際の政治にも積極的に関与した。ただし、ミルの経済学の起源は、リカードの生産と分配の理論にあったから、ここでリカード経済学の3つの特徴に対応させて、要約してみよう。

① 外国貿易における労働価値説の限界：需要サイドの重要性

ミルは、基本的にはリカードの投下労働価値説をもって価値の正しい理論として支持した。しかし、外国貿易に関しては、労働価値説は修正を受けな

ければならないと考えた。なぜならば、労働価値説は、労働の自由な競争と移動とが認められる国内では通用するが、そのような競争と労働の移動が自由に行われない外国との取引では、通用しないからである。

先の表5-1において、リカードの比較優位説に基いて、毛織物とワインの貿易が国内の交換よりも有利な条件で行われることを説明したが、それらの貿易がなぜ1/1の比率で行われるかということについては説明しなかった。それを説明するためには、供給サイドの費用だけでなく、需要サイドの要因についても検討しなければならなかったからである。

需要サイドの要因を考えると、貿易における交換条件に関しては、労働やその他の生産要素の費用よりも、それぞれの商品に対する需要の強さのほうがより大きく作用する。すなわち、外国貿易に関しては、労働価値説ではなく、その商品に対する需要の強さが、それぞれの商品の価値を決定するということができる。このような外国貿易に関するミルの価値論は、近代経済学の効用価値説の一歩手前まで来ていた。

② 経済成長と定常状態の再評価

スミスの経済学の骨子は、経済成長が諸国民のすべての階級の経済状態を良くするという主張にあった。これに対してリカードは、経済成長は最終的には停止状態（定常状態）に達することを明らかにしていた。ミルはこの問題を詳細に検討し、その結果、労働の熟練度や土地の生産力の改善がなければ、経済成長は自然資源の制約によって、最終的には定常状態に到達するという結論に達した。この結論は、リカードの結論とほぼ同じであったが、ミルは、このような定常状態は国民にとって決して悪いものではなく、市民社会の秩序やモラルの水準や文化的価値を維持・向上させるためには、むしろ好都合な条件であるという見解に達した。

③ 分配の道徳的・制度的決定

リカードとミルの経済学の最も大きな違いは、リカードがあたかも自然法則のように作用する経済法則を明らかにしたのに対して、ミルは生産の法則

は自然法則のように扱ってよいが、分配の問題には道徳的・制度的要因が強く作用すると述べたことである。なぜならば、社会が進歩し、文明が成熟するに従って、人間は自分たちの環境を意識的に改善しようとする。生産に関しては物質的条件に制約されざるを得ないが、分配においては、支配的階級のモラルや制度、慣習などの人間の精神的な条件の影響を無視することはできない。

ミルの道徳哲学については、マーシャルの経済学（⊃第9章）で再び検討するが、基本的には、功利主義と自由主義の結合として理解される。すなわち人間は、その生存を確保するという基本的権利を満たさなければならないが、そのような権利が守られるならば、さらに自由の自然権が保障されなければならない（生存権と自由権の優先）。そしてこれらの権利が守られることを前提として、各人の福祉をできるだけ向上させるような社会制度がつくられなければならない。最大多数の最大幸福という功利主義の目標はその先に設定される。

このような道徳的な観点から分配の問題を捉えるならば、私有財産制と共産主義的な分配制度のどちらをとるかという問題については、それらの制度や仕組みのうちどちらが、人々の自由をより多く保証するかということを規準にして選択がなされるであろう。このような規準は、それぞれの歴史的段階もしくは民族的・文化的な条件にも依存する。生存条件の満たされていない社会において自由の問題を議論しても、それはおよそ無意味であろう。このような観点からその当時のイギリスやヨーロッパ社会をみるに、人間の進化の現在の段階では、私有財産制を維持し、その改良を図ることが得策であるという結論に達した。

9 リカードの機械論

リカードは、『経済学および課税の原理（第3版）』において、「機械について」という章を書き加えた。これは機械の導入によって、労働者階級がいかなる影響を受けるかについて、実際の数値例を使って分析した章である。

リカードは、分析の結果、機械の導入は労働者階級にとって、短期的にはその状態を悪くするという結論に達した。ただし、長い時間をかけてみれば、それによって労働者の経済状態は、決して悪くはならない。すなわち賃金と雇用の水準は、労働者階級の存続を保証する水準に回復するであろう、ということも示唆していた。

　どうしてこのような結論を得たかというと、資本を流動資本と固定資本に分けた場合に、機械は固定資本の一部をなす。これに対して労働者の雇用に投じられる資本は流動資本の大部分を占める。したがって、機械が導入されると、固定資本は大きくなるが、それに比べて流動資本の増加は遅れる。なぜならば、機械は、労働を節約するという目的で導入されるからである。その結果、すべての労働者の雇用は確保されずに失業者が生まれ、雇用された労働者に関しても賃金は引き下げられるであろう。これによって労働者階級の状態は、しばらくは以前よりも悪くなる。

　このようなリカードの結論は、やがて「リカード効果」として、1930年代以降に、ハイエクの資本理論やヒックスの成長理論において再び議論されるようになる。また、マルクスの「相対的過剰人口」や窮乏化に関する分析や資本蓄積論に対しても影響を与えた。さらに当時のラッダイト（機械打ちこわし）運動などを反映していた。

〈より進んだ研究のための参考文献〉

ブローグ著、久保芳和ほか訳『新版 経済理論の歴史（全4巻）』東洋経済新報社、1982-86年

マルサス著『人口論』〈1798〉（⬤第4章 p.98）

J.S. ミル著、末永茂喜訳『経済学原理（全4巻）』岩波文庫、1959-61年〈1848〉

リカード著『経済学および課税の原理』〈1817〉（⬤第4章 p.98）

〈問題〉

① 今日本では、カメラ1台を作るのに1,000ドルの費用がかかり、スマートフォン1台作るのに2,000ドルかかるとしよう。他方アメリカではカメラ1台作るのに5,000ドル、スマートフォン1台に3,000ドルの費用がかかるとすると、比較優位説の例を参照にして、どのような貿易が行われるかについて、考えてみよう。

② 物価・正貨のフローメカニズムに関連して、貨幣量が減少したときに、どのようなことが起こるかについて、考えてみよう。また資本の移動があったときに何が起こるかについても、考えてみよう。

③ セイ法則と貨幣数量説について、貯金のある場合にも、どのような条件があれば、2つの法則が成り立つかについて、考えてみよう。

④ 人口法則に関するリカードとマルサスの見解の共通点と相違点について、考えてみよう。

⑤ ミルは人口が経済成長とともに増加することを前提に議論していたが、人口がそれほど増加しない国では、経済成長に対してどのような影響があるかについて、考えてみよう。

第 6 章

マルクスの経済学

カール・マルクス
(Karl Marx: 1818-83)

〈要約〉

1　マルクスの思想……p.128
（1）初期マルクスの思想
- 自由への愛と虐げられた人々への同情──社会改革への情熱
- 私有財産制度の弊害──貧困、搾取、疎外に対するヒューマニズム的批判
- 古典派経済学批判──スミス、リカードの資本概念の前提を批判

（2）ヘーゲル哲学と歴史決定論
- 歴史哲学と唯物史観──弁証法を歴史決定論に使用
- 経済的土台と上部構造──経済決定論、階級闘争史観、歴史法則主義の貧困

2　『資本論──経済学批判』（1867、1885、1894）……p.132

> 📖 **テキスト**
> 『資本論──経済学批判』 *Das Kapital: Kritik der politischen Öekonomie,* Erster Band, 1867, Zweiter Band, 1885, Driter Band, 1894.

第1巻　資本の生産過程　　　第2巻　資本の流通過程
第3巻　資本主義的生産の総過程

3　労働価値説……p.132
（1）リカード投下労働価値説の継承
（2）マルクス労働価値説の問題点
- 同質な労働への価値の還元

（3）マルクス労働価値説の数学的表現
- 労働フロンティア $L = x_1 y_1 + x_2 y_2$ と価値

4　剰余価値論または搾取説……p.136
（1）剰余価値論の設定
- 生存賃金説、二重の意味で自由な「労働力商品」の特殊性
- 商品の価値＝ 不変資本 ＋ 可変資本 ＋ 剰余価値
（原料や機械）（労働）（価値の超過分）
- 剰余価値率＝剰余価値／可変資本

(2) 剰余価値の生産方法と搾取
  ①絶対的剰余価値の生産：労働時間の延長——搾取①
  ②相対的剰余価値の生産：賃金の引き下げ／雇用者の減少——搾取②
  ③特別剰余価値の生産：労働生産力の増大——不公正な賃金の可能性

5　生産価格と転形問題……p.144
(1) 生産価格
  ・生産価格は、資本の合計に利潤を加えた式 $P_i = (1 + \pi)(C_i + V_i)$ で表される
(2) 転形問題
  ・労働価値と生産価格の一致する2つのケース

6　資本蓄積論……p.145
(1) マルクスの資本蓄積論
(2) 2部門2財の成長モデル

第1部門：投資財生産部門　→　可変資本＋剰余価値　＝　不変資本
第2部門：消費財生産部門　　　　（第1部門）　　　　（第2部門）

(3) 資本構成を一定とする蓄積
  ・資本主義の黄金時代から労働力不足と賃金の上昇へ——投資の停滞へ
(4) 資本構成を高度化する蓄積
  ・機械の導入、労働生産力の増大、相対的過剰人口
(5) 資本主義の自動崩壊説
  ・機械失業と貧困、労働者の反乱　　→　資本主義経済の終末神話、
  ・利潤率の低落傾向と資本の競争、独占　　必然性史観の弊害

7　マルクス経済学と社会主義の困難……p.151
(1) レーニン、ヒルファーディング
  ・金融資本と帝国主義戦争の原因究明
(2) 宇野弘蔵
  ・『資本論』の批判的解釈——経済原理論
  ・3段階論——資本主義の歴史的発展段階論
(3) 社会主義の困難
  ・歴史決定論の弊害——個人の自由の喪失
  ・資本主義経済の改革に関する無定見
  ・社会主義建設に対する理論的指針の欠如

128　第1部　古典派経済学

1　マルクスの思想

　第1部　古典派経済学の最後に、カール・マルクス（Karl Marx: 1818-83）の思想と経済学について取り上げる。マルクスの主著『資本論——経済学批判』（1867）は、その副題にもあるように、経済学批判の書であった。そして、その経済学批判の主な相手は、リカードを中心とする当時のイギリスの古典派経済学であった。それゆえマルクスの経済学は、正しくは「反」古典派経済学の始まりとされなければならないかもしれない。しかし、すぐあとで明らかにするように、マルクスの経済学は、リカードの経済学に独自の改作を加えたものであった。したがって、古典派経済学の時代を締めくくるものとしてこの第1部の最後で扱うのが適当だと考えた。

(1) 初期マルクスの思想

　マルクスは、ユダヤ人弁護士の息子として、1818年にドイツに生まれ、ボン大学で法律学をおさめたのち、新聞記者としてスタートした。そこで経済問題に出会い、あらためてイギリスの政治経済学を批判的に学び、独自の経済学を作り出した。だが、その生涯の大部分を経済学者というよりも、むしろ社会主義革命の政治的指導者として過ごした。
　初期のマルクスは、フランス革命に触発され、当時のドイツの政治体制を徹底的に批判して、国外追放となり、ベルギー、フランス、イギリスへと次々に亡命を強いられた。そしてロンドンの大英図書館で、古典派経済学の書物のほとんどを読了し、ついに1867年に主著『資本論——経済学批判』を出版した。
　政治指導者となる以前の若い頃のマルクスは、自由を愛し、虐げられた人々に対する同情から社会改革への情熱を抱いていた。このような改革への志向こそ、後代の人々に与えたマルクスの影響の最良の源泉であった。単に近代ブルジョア社会における搾取と疎外を告発するだけでなく、また単に私有財産制度の悪弊を告発するだけでなく、そのような弊害をなくすための具体

方策を検討する積極的な姿勢が初期の著作の中には見出される。『ドイツ・イデオロギー』の中の「フォイエルバッハに関するテーゼ」、『経済学・哲学草稿』そして『共産党宣言』の中では、近代社会における改革の可能性が検討されていた。容赦なくマルクスを批判したことで有名になったポパーの『開かれた社会とその敵』においても、マルクスの自由と改革への意欲は高く評価され、体制変革へ向けたマルクスの批判的精神からは今日のわれわれが学ぶことが多いと指摘されている。

(2) ヘーゲル哲学と歴史決定論

ところが、のちのマルクス主義者たちが主としてマルクスから引き継いだのは、このような自由と改革の精神よりも、むしろヘーゲル哲学から引き継いだ歴史法則主義であった。ヘーゲル (Georg Wilhelm Friedrich Hegel: 1770-1831) は、19世紀初めのドイツ最大の哲学者の一人であったが、政治的には、当時のドイツの専制体制に対して追従的な見解を示し、改革の必要性を少しも認めなかった。それゆえマルクスの批判的精神や社会改革への志向は、ヘーゲル哲学によって触発されたものではなかった。それにもかかわらずマルクスは、一方ではヘーゲル哲学を鋭く批判しながらも、他方ではヘーゲル哲学に魅了され、結局はその中に自らの思想的基盤を求めることになった。

ヘーゲル哲学は、ソクラテスやプラトンに始まる弁証法哲学を参考にしていた。プラトンの『対話篇』や『国家』などを一瞥するだけでも、その哲学の形式がふつうの哲学とは少し違っていることに気がつくであろう。すべての著述は、ソクラテスとトラシュマコスなどの門下生との間の対話によって進められている。弁証法 (dialectic) の語源は、この対話 (dialog) からきている。よく運営されている今日の大学のセミナーにおけるのと同じように、たとえば「正義とは何か」という論題について、まず門下生が報告する。それに対してソクラテス先生が反論を加え、そののちに参加者全員による議論が続く。最後に、これらの議論を踏まえて、それらを総合するソクラテスの見解が述べられて、セミナーは終了する。

この最後のソクラテスの見解は、報告者や門下生の議論を否定するものでは決してない。最初の報告の内容を「正―命題（these）」とし、それに対する先生の批判を「反―命題（anti-these）」とするならば、参加者全員の間の自由な討論を踏まえて先生が最後に述べる見解は、「総合命題（synthesis）」と呼ばれる。そしてこの最後の総合命題は、前の2つの命題のうちの真実の部分を含みながらも、それらよりも高度な真理を述べるものでなければならない。このような対話の形式で進められる哲学の方法のことを、哲学の分野では**弁証法**と呼んでいる。これと似たような方法は、科学の自由な発展を促進する批判的討論にも応用できたであろう。総合命題は、決して権威をもって押し付けられる最終的な解答としてではなく、自由な批判や反論に開かれた一つの試論として提案される。

このような弁証法は、優れた哲学の方法であったが、ヘーゲルは、これを論理学や歴史哲学などのあらゆる分野に一律に適用しようとした。人類の歴史は、自由な精神がより低い段階からより高い段階へと弁証法的に発展する過程として描かれ、その過程は現実の歴史過程をも支配するとされた。マルクスは、この精神と現実との関係をひっくり返して、経済の生産力と生産関係による現実的関係（**土台**）の弁証法的な発展に従って、法律や思想などの精神的な**上部構造**が変化する歴史法則を見出そうとした。

これまでの人類の歴史は、マルクスによれば、**階級闘争の歴史**であった。古代ギリシャ・ローマの奴隷制においては奴隷と主人、中世の封建制においては農奴と領主または教皇とが対立してきた。近代ブルジョア社会においては資本家と労働者との争いに階級対立は単純化され、そのような階級闘争は最終的には労働者階級の勝利に終わり、ここに社会主義社会への移行が始まる。このような歴史の動向は、すべて生産力と生産関係との間の対応関係によって経済的に決定されている。すなわち、生産力の発展につれて、それにふさわしい法律や政治などの上部構造が必然的に形成されるのだが、資本主義経済における生産力の発展は、人々の価値観や目的意識とは関係なく、それ自身で社会主義社会への移行を促進する。マルクスは、『経済学批判』(1859)の序文において、このような**唯物史観**について概略した。ちなみに、社会主

義への移行の必然性を説いたマルクスのこの歴史法則は、1989年以降の東欧社会主義の崩壊によって反証された。

　ヘーゲルの歴史観もマルクスの唯物史観も、ともに人々の自由な選択や批判的な活動の持つ意味を軽視した決定論的な歴史観であった。すでに過去になった歴史については、あたかもその結果がすでに決定されていたかのように錯覚するかもしれないが、実際には、人類の歴史は、あらかじめ決定されているようなことはまったくない。どんなに賢く偉い人でも、将来の歴史を完全に予測することは不可能である。なぜならば、実際の歴史においては、人間の知識や技術、価値判断や目的意識などが少なからず影響を与えるが、それらの要因が将来どのように変化するかについてあらかじめ予測することは、誰にもできないからである。このような不確実な歴史の進路について、われわれはそれを予測するのではなく、最悪の事態にも備えて試行錯誤によって適切に対処していくしかない。そのような試行錯誤の対処の仕方を有効にするものこそ、人々の自由な選択と誤りから学ぶことのできる科学的または批判的な人間の活動なのである。

　ヘーゲル＝マルクスの歴史決定論は、このような人間の自由な活動に対してだけでなく、先に述べたマルクス自身の改革精神に対しても鋭く対立する。なぜならば、歴史決定論に従うならば、改革の方針に関しては少数の先覚者の指導に委ねられ、個々人の部分的改良のための自由な選択や試行錯誤については、その意味がまったく認められないからである。マルクス主義の政治が個人の自由な活動の余地を認めない全体主義の独裁政治となり、民主主義や自由を否定し、暴力革命という名の破壊活動を許してきたのには、このような歴史決定論が影響を与えてきた。

　以上のように、マルクスの思想の中には、参考にすべき社会改革に向けた建設的なヒントと、退けるべき歴史決定論または権力主義の2つの対立的な要素があった。以下では、これらの対立する思想の影響を注意深く識別しながら、マルクスの経済学について検討していこう。

2 『資本論——経済学批判』（1867、1885、1894）

📖 テキスト
『資本論——経済学批判』*Das Kapital: Kritik der politischen Ökonomie,* Erster Band, 1867, Zweiter Band, 1885, Driter Band, 1894.

　マルクスの経済学文献のうち、ここでは『資本論』についてのみ検討する。『資本論』のうちでマルクスが生前に出版したのは、第1巻の「資本の生産過程」だけであった。第2巻「資本の流通過程」と第3巻「資本主義的生産の総過程」は、マルクスの親友でもあり経済的援助者でもあったフリードリヒ・エンゲルス（Friedrich Engels: 1820-95）によって編集し出版されたものであった。エンゲルス自身は、『イギリスにおける労働者階級の状態』（1844）という名著を著した人であったが、マルクスの死後に残された原稿やメモを頼りに、『資本論』の第2巻と第3巻を編集した。ここでは、その第1巻についてのほとんどの部分と、第2巻と第3巻とについてはその一部についてだけ検討する。

3 労働価値説

　マルクスは、資本主義経済の流通形式について、商品→貨幣→資本という順序で検討する。商品の流通は、まず貨幣によって媒介され（商品W－貨幣G－商品W′）、貨幣の流通は、資本の流通（貨幣G－商品W－より多くの貨幣G′）を生み出す。そして、これら3種類の流通形式は、相互に促進し合って拡大する。スミスは、分業は市場の大きさによって限界づけられると書いた。その市場経済は、さらに資本の流通する範囲によって限界づけられる。マルクスは、「**資本主義**（Capitalism）」という造語を作ったのだが、それは単なる市場経済ではなく、**資本の流通によって増殖する市場経済**を問題としたかったからである。

資本主義経済は商品の生産過程をその中に組み込むことによって、初めて独り立ちできるようになる。それ以前の資本主義は、単に商品を安く買って高く売るだけの商人資本主義にすぎず、生産過程に対しては、外部から関係するにとどまっていた。このような商人の利得活動は、市場における偶然的な価格変動に依存するため、長続きしなかった。資本家が労働力を商品として購入し、生産過程を経営するようになると、商品の生産および交換は、その商品を作るのに必要な労働を基軸として編成されるようになる。

(1) リカード投下労働価値説の継承

こうしてマルクスは、資本の生産過程を問題とし、リカードの投下労働価値説を引き継ぐことになった。すなわち個々の商品の交換は、それぞれの商品を生産するために必要な労働量を基準とするというリカードの考え方を採用することになったのである。ただしマルクスは、労働についてより詳しく検討した。

商品の価値がその使用価値と交換価値とに分けられるのと同じように、商品を作り出す労働についても、使用価値を作る具体的有用労働と、交換価値を作る抽象的人間労働とが区別された。そして具体的有用労働は、それぞれの商品の使用価値ごとにその質が違うから比較できないのに対して、抽象的人間労働は等しく労働時間によってその量が測られるために比較可能である。それゆえ商品の交換価値は、抽象的人間労働の量、すなわち労働時間によって測られる。

また同じ商品の生産のために費やされる労働時間は、それぞれの生産者ごとに違うかもしれないから、社会的に平均的な労働時間だけが価値の基準とされる。このためには、商品を作る労働がすべて同質の労働に還元されなければならなかった。このような同質労働への還元は、機械の利用によって熟練労働よりも単純労働が多く雇用されるという資本主義の一時代にふさわしい仮定であった。労働は、熟練や技巧などの質的な違いよりも、時間の長さによって測られるようになる。

(2) マルクス労働価値説の問題点

マルクスの労働価値説の最大の問題は、労働だけが唯一の**本源的な生産要素**であり、またすべての商品を生産する労働が同質の労働に還元できると仮定したことであった。労働以外の生産要素に対する分配の問題は、理論的には後回しにされた。資本主義経済においては、労働によってだけ生産が行われるわけではなく、資本や土地などの生産要素も多かれ少なかれ生産に寄与している。したがって、労働だけに正当な分配を認めるマルクスの考え方は、あまりにも独断的であり、また不寛容であった。この点では、リカードのほうが、資本の利潤と土地の地代への分配によって労働価値説が修正されるとしたために、資本主義経済の現実により近い理論を提供していた。

マルクスがこのような一元的な労働価値説に固執した理由は、たぶん、これによって労働者がいかに搾取されているかを明らかにしたかったからであろう。しかし現実の経済とのつながりの薄い労働価値説を前提にしたために、マルクスの剰余価値論は、かえって説得力に欠けるものになった。剰余価値または搾取の問題は、のちに検討するように、労働価値説を前提にしなくとも議論できる問題であった。

(3) マルクス労働価値説の数学的表現

マルクスの労働価値説は、近年になってから、置塩信雄（1929-2003）や森嶋通夫（1923-2004）などによって、その数学的表現が与えられた。マルクスの労働価値説の特徴は、数学的表現によってより鮮明になるので、ここでそのエッセンスを伝えよう。

労働価値説のエッセンスについては、リカードの比較優位説のところで説明した「生産フロンティア」の考え方を応用することによって図解することができる。今2つの商品、第1商品 x_1 単位と第2商品 x_2 単位が同質の労働によって作られるとして、それぞれの商品1単位の生産に y_1 時間、y_2 時間の労働が必要だとしよう。この経済全体で使える労働時間は、合計して L 時間あったとする。この L 時間の労働をすべて第1商品の生産のために使う場合には、L/y_1 単位の生産ができるのに対して、その同じ労働をすべて

第6章 マルクスの経済学

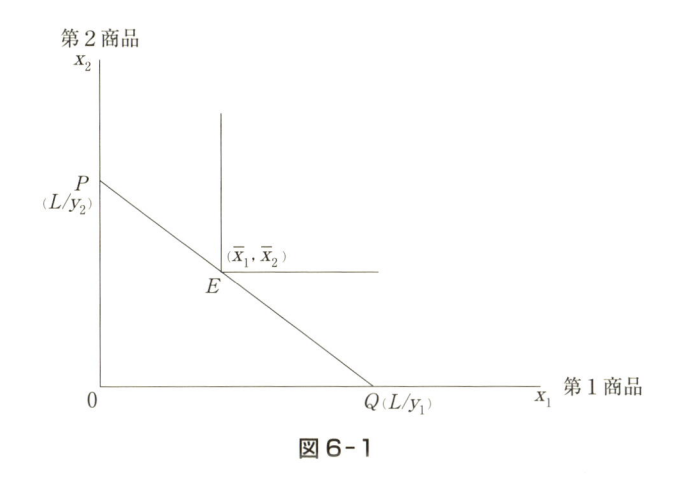

図6-1

(グラフ:縦軸 第2商品 x_2、横軸 第1商品 x_1。点 $P(L/y_2)$ と点 $Q(L/y_1)$ を結ぶ直線、点 $E(\bar{x}_1, \bar{x}_2)$)

第2商品の生産に使うと、L/y_2 単位の生産ができる。そのような事情を図によって示すと、図6-1のようになる。

図の Q 点は、最大限の第1商品が作り出される点を、また P 点は、最大限の第2商品を作れる点を示している。この2つの点を結んだ直線 P-Q 上の点は、この経済において支配できる労働時間 L を適当に第1商品と第2商品の生産のために配分したときの、2つの商品の最大限の生産の組み合わせ、つまり「**労働フロンティア**」を示している。この直線の傾き、y_1/y_2 は、2つの商品の価値または交換比率を表す。そして、この労働フロンティアは、次の式によって表される。

$$L = x_1 y_1 + x_2 y_2$$

この社会で生産できる最大限の第1商品と第2商品の価値の合計は、この経済で利用できる労働時間 L によって制限されるが、それは、第1商品の生産に費やされた労働時間 $x_1 y_1$ と、第2商品の生産に使われた労働時間 $x_2 y_2$ の合計になることを、この式は表している。

このような労働価値説の図解とその数学的表現によって、マルクスの労働価値説の暗黙の仮定が明らかにされる。まず第1に、商品の価値を作る本源的生産要素は労働時間 L のみである。また、その労働については、それが

過去に投じられたものか、または現在投じられているものかにかかわらず、すべて同質な労働に還元され、個々の商品1単位ごとの生産に必要な労働時間が集計されるものと仮定されていた。第2に、1時間当たりの労働生産力はすべて一定であると想定されていた（収穫不変の仮定）。このことは、図の $P\text{-}Q$ が直線になることによって示されている。第3に、それぞれの商品に対する需要はあらかじめ決められた大きさ（$\bar{x}_1, \bar{x}_2$）であり、価値の決定には関係しないと仮定されていた。2つの商品の需要は、それゆえ E 点によってあらかじめ決定され、消費者の自由な選択の余地はない。

4 剰余価値論または搾取説

(1) 剰余価値論の設定

　以上のような一元的な労働価値説だけを前提として剰余価値論が展開されたならば、マルクスの剰余価値論からは何ら建設的なヒントは得られなかったかもしれない。この前提によれば、唯一の本源的な生産要素である同質の労働へと生産物がすべて平等に分配されることだけが正当な分配であった。それ以外の分配の仕方は、すべて不当な搾取であると断定されかねない。資本主義経済だけでなく、社会主義経済においてもすべての生産物が労働者に分配されるわけではない。少なくとも将来の生産のために何らかの準備がなければならない。一元的な労働価値説に従えば、このような労働以外への分配または留保でさえ、すべて搾取であると断定される。

　しかしマルクスは、以上とは少し違った現実的な仮定を置いて、剰余価値論を展開していた。この点が「財産とは盗みである」としたピエール・プルードン（Pierre Proudhon: 1809-65）の単純な学説とは違うところであった。ちなみにプルードンは、フランスの組合主義（サンディカリズム）運動を指導した社会主義者であったが、私有財産を徹底的に批判したことで有名になった。マルクスの『哲学の貧困』は、プルードンの『貧困の哲学』を批判した著作であった。

　マルクスの搾取説は、プルードンよりも資本主義経済の現実的発展をよく

捉えていた。すなわち、資本主義経済では、労働・生産過程は「資本の生産過程」として展開されている。そこでは労働でさえ「資本」として生産過程に投じられる。生産のために使われる原料などに投じられる費用と、機械や道具などの減耗費（減価償却費）との合計は、「**不変資本 C**（constant capital）」と定義された。この部分は、過去の労働による生産物価値を引き継いだものにすぎず、新しい価値を作り出すわけでない。これに対して、現在の生産のために使われる労働（の賃金）に投じられる資本は、「**可変資本 V**（variable capital）」とされた。この可変資本は、不変資本とは違って、生産を通じてその価値を増殖（変化）させる。

　労働者一人当たりの賃金は、リカードと同じく、現在の雇用労働者とその家族の生存を維持できる水準に決められるとされた（**生存賃金説**）。しかし、その労働によって作り出される生産物の価値は、労働者一人当たりの賃金と雇用労働者数の積で示される可変資本の価値からは独立に大きくされる。なぜならば、生産過程を指揮する資本家は、可変資本の価値を再生産するために必要な時間を超えて労働時間を延長することができるからである。現在の労働によって作られるこのような価値の超過分のことを、マルクスは「**剰余価値 S**（surplus value）」と名づけた。

　スミスが分類した固定資本のうちで、その償却費に当たる部分と、流動資本のうちで原料などの生産費用に投じられる部分とが合計されて、ここでは「不変資本 C」とされていた。これに対して流動資本のうちで労働の賃金に投じられた費用のみが「可変資本 V」とされていた。この2種類の資本の合計は、労働費用 wL と固定資本の維持費 ΔS とを合計したリカードの費用価格（自然価格）に、個々の生産に使われる原料などの生産費用を加えたものであった。そして個々の商品 i（$i=1, 2, ..., n$）の価値 Y_i は、これらの諸費用に剰余価値 S を加えた次のような式によって示される。

$$Y_i = C_i + V_i + S_i$$

　これは、現在の同質の労働による一元的な価値の定義ではなく、資本の諸費用を考慮している点で、より現実的な価値の定義になっていた。また、不

変資本の価値を作った過去の労働と、可変資本となる現在の労働とが区別されていることにも注意する必要がある。このような現在の労働と過去の労働との区別は、マルクスの剰余価値論から建設的な問題を引き出すうえで、重要な点になる。

　剰余価値 S は、諸商品の価値が不変資本と可変資本の合計を上回る価値額に等しくなる。しかし不変資本の価値を作った過去の労働は、何ら新しい価値を作ることなく、その価値を新しい生産物の上に移転するだけである。だから剰余価値は、もっぱら可変資本に投じられる現在の労働によって作られる付加価値の追加分であると解釈された。こうして剰余価値の可変資本に対する比率、すなわち剰余価値率 S/V は、可変資本がどれだけの剰余価値を生み出すかを示す指標とされる。これは、現在では、純国民所得の利潤と賃金への分配の比率である。問題は、剰余価値率が正である限り搾取だとするのではなく、どのような方法でその率が高められるとき、労働の搾取であるといえるのかということである。

(2) 剰余価値の生産方法と搾取

　剰余価値率は、次の3つの方法で大きくすることができる。すなわち、①絶対的剰余価値の生産、②相対的剰余価値の生産、③特別剰余価値の生産の3つの方法によってである。これらを詳しく検討することによって、資本主義経済における搾取の問題を考えるヒントを得ることができる。

> *Comment*　資本主義経済における搾取
> ① 絶対的剰余価値の生産
> 　可変資本の価値を不変として、すなわち労働者一人当たりの賃金と雇用者数を変えないまま、労働の延べ時間数を延長することによって、剰余価値率 S/V は大きくなる。
> 　*Comment*　この剰余価値の生産方法は、初期の資本主義経済がもっぱら採用した方法であった。マルクスは、当時の工場監督官の資

料などを使って、16時間を超える長時間労働や、夜間労働、児童や婦人の労働の酷使について告発している。このような方法は、労働者の状態を著しく悪くし、奴隷状態に置くため、労働の「**搾取①**」として非難されるべきである。現在日本の労働基準法では1日8時間、週40時間以上の労働を原則的に禁止しているが、これに違反する企業はあとを絶たない。つまり労働時間の延長による「搾取」は、現代でもなくなっていないのである。

② 相対的剰余価値の生産

労働の延べ時間数と付加価値の総額を一定とした場合にも、労働者一人当たりの賃金もしくは雇用労働者数のいずれか、もしくはその両方を小さくすることによって、剰余価値率 S/V は大きくなる。

Comment たしかに消費財産業における生産力が増大する結果、労働者の消費する生活手段の価値は小さくなり、可変資本の価値が小さくなることによって、剰余価値率は増大する。だが穀物の収穫逓減の法則を考慮すれば、安い穀物などを輸入する以外には労働力の価値は低くならない。可変資本価値の相対的な減少は、むしろ賃金の切り下げや解雇によって引き起こされるといってよい。このような賃金の引き下げによって労働者の生活状態は悪くなり、家族を養うことさえできなくなる。その結果、若い労働者の数は減少する（少子化）。あるいは、雇用労働者の数を減らしたまま、総労働時間を確保しようとすれば、個々の労働者の負担は大きくなる。このような賃金の切り下げと雇用労働者の減少（「人員削減」）は、明らかに「**搾取②**」である。

③ 特別剰余価値の生産

総生産物の価値（総労働時間）は変わらず、また可変資本総額（賃金率×雇用者数）も変わらないとしても、個々の生産過程において労働コストを小さくするような技術革新が行われれば、個々の生産過程にお

ける剰余価値率 S_i/V_i は大きくなる。

> Comment　もしこのような技術革新が主として労働の熟練や技巧の向上によって実現され、個々の労働者への賃金の支払いがそのような技術革新の成果を少しも反映していないとすれば、そのような分配は「搾取」には当たらないとしても、少なくとも「不公正」な賃金支払いとみなされるであろう。技術革新が機械などの物的生産力のみによるものではなく、被雇用者の労働の質の向上を伴うものになると、技術革新の成果の「公正な」賃金支払いについて改めて検討されなければならない。

ところで以上のような剰余価値の生産は、総生産物の価値 Y が不変資本 C と可変資本 V に投じられた費用の合計を上回る限り、可能である。それゆえ剰余価値は、諸商品の価値が労働のみによるかどうかには関係なく成立する。また、すべての労働は同質なものではなく、不変資本価値を作った過去の労働と、可変資本価値に投じられる現在の労働とがまず区別され、さらに特別剰余価値の生産においては、個々の生産過程に投じられる労働の質（技術水準）が区別されていた。剰余価値は、また、収穫不変ではなく収穫逓減を仮定しても成り立つ。つまり、すべての労働が同じ生産力の同質の労働に還元されるという労働価値説の仮定を外したとしても、Comment で指摘した上記の搾取の定義は当てはまる。したがって剰余価値論は、労働価値説なしでも議論できるのである。

そして剰余価値論は、社会会計における分配の問題として、図 6-2 のように図解することができる。不変資本の価値 C のうち減価償却費については、純国民生産物の価値から控除される。また不変資本価値 C のうち原料などの費用に投じられる価値は、原料などを作る部門の賃金か利潤か地代のいずれかに分配されるから、不変資本価値部分は分配の問題とは関係がなくなる。こうして、社会会計において付加価値（$V+S$）がどのような割合で賃金と利潤と地代に分配されるかということだけが問題となる。図 6-2 において、縦軸は追加労働 1 単位当たりの生産力の増加、つまり労働の限界生産

労働の限界生産力（dY/dN）

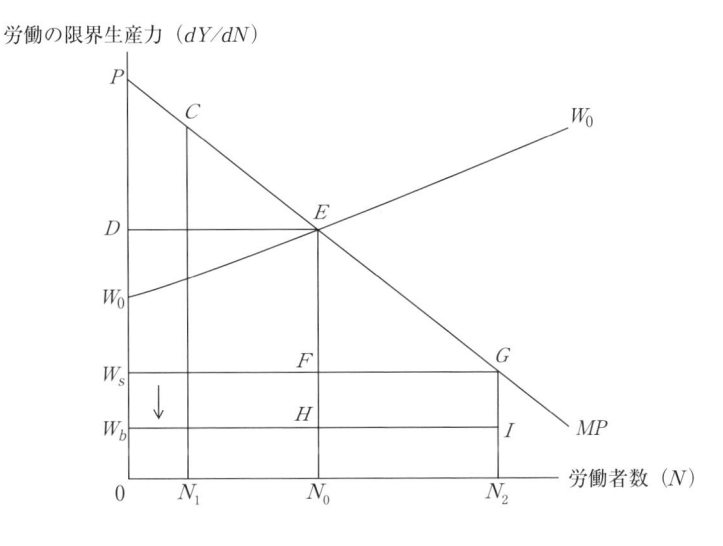

図6-2

力 dY/dN を表し、横軸は生産に投入される労働者の数 N を表すとしよう。労働の限界生産力の変化を示す MP 曲線は、収穫逓減を仮定すると、右下がりになる。これは労働の需要曲線である。

これに対して、労働の供給曲線は、マーシャルの理論によれば、W_0-W_0 のような右上がりの線で示される。しかし、リカードやマルクスの生存賃金説に従えば、W_S-G のような水平線で描かれる。今、投入される労働者を N_0 人とすると、総生産物の価値 Y は、P-0-N_0-E の面積で表される。また雇用労働者に支払われる可変資本の総額 V は、W_S-0-N_0-F の面積で表される。その結果、剰余価値 S は、P-W_S-F-E の面積となり、これが利潤と地代に分けられる。これは、第4章で検討したリカードの分配論と同じことを示している（◯第4章 pp.95-97）。

さて、労働時間が延長されて、総生産物の価値が P-0-N_2-G の面積で示される規模まで拡大したとしよう。この場合に一人当たりの賃金率が以前と同じ W_S で表わされる生存水準に固定されていたとすると、雇用労働者数は、労働供給と労働需要とが一致する G 点まで増加するだろう。この G 点にお

ける限界生産力が賃金の水準を決定する。これはリカードの定常状態であり、生存賃金が適切に支払われるならば、賃金率を一定としたまま雇用者数が増えるので、労働の搾取は成立しない。利潤はゼロとなり、剰余価値のすべては地代に分配される。

マルクスの想定では、労働時間の延長は、可変資本へと投じられる価値総額を変えないまま行われる。もし可変資本総額を変えないまま総労働時間を延長することによって、総生産物の増大を実現しようとするならば、一人当たりの賃金率を、たとえばW_bにまで引き下げなければならないであろう。つまり、可変資本額を不変としたまま総労働時間を延長するならば、一労働時間当たりの賃金率を引下げざるをえないから、そのような労働時間の延長は、労働の搾取をひき起こさざるをえない。なお、この場合には、可変資本総額は、W_b-0-N_2-I の面積で表され、先に W_S-0-N_0-F の面積で表された可変資本総額と同じであると仮定している。すなわち、賃金総額を一定にしたまま個々の労働者の負担する労働時間を延長する剰余価値の生産と賃金率の生存水準以下への切り下げによる剰余価値の生産とは、結果的には同じように図示することができる。前の場合は「搾取①」であり、あとの場合は「搾取②」に当たる。現代の言葉にいいかえれば、残業代を支払わないまま、労働時間を延長したり、一人当たりの賃金率を引き下げて雇用労働者数を増やしたりすること（「ワーク・シェアリング」）も、この解釈によれば、ともに労働の搾取に当たる。

特別剰余価値については、次のように解釈することができる。生産が G 点に対応する水準まで拡大したときに、生存賃金 0-W_s は維持され、雇用労働者も N_2 人まで増加したとしよう。この状態は、それ自体では搾取には当たらない。しかし、それぞれの労働者の生産力は異なり、たとえば、N_1 人までの労働者の限界生産力は C-N_1 と比較的高いが、N_0 人、N_2 人へと雇用労働者数が増大するにつれて、限界生産力は E-N_0、G-N_2 へと低下している。このような生産力の差は、それぞれの労働者の熟練度や技術力の差によるものだと判断されるならば、それぞれの労働者に対してそれぞれの限界生産力に見合った報酬が与えられてもよさそうである。それにもかかわらず、労働

者の賃金が一律に生存水準にされているのだから、この状態は労働の搾取とはいえないにしても、「公正な」分配のやり方ではないと判断されても仕方がない。なお、ここで各々の労働者の能力（限界生産力）に応じた賃金を支払う「公正な分配」が行われる場合には、個々の労働者に準地代（●第9章）が支払われることになる。

ここで**労働の「搾取」**とは、リカード＝マルクスに従って、労働者とその家族の生存水準を維持することのできない賃金（その他の労働条件）の水準を維持したまま生産が続行されることを意味し、また「**不公正な分配**」とは、労働者の生産への貢献度（限界生産力）に見合った労働報酬が保証されない状態のことをいっている。

このような剰余価値または「搾取」の解釈は、もちろんマルクス自身のものではない。また、近年の森嶋通夫の「マルクスの基本定理」による解釈とも異なっている。マルクス＝森嶋の「搾取」の定義に従えば、正の利潤や地代がある経済では、どこでも「搾取」が行われていることにされてしまう。これに対して、この章では「搾取」の問題を資本主義経済の特定の運営の仕方に結びつけて論じた。これによって、「搾取」の概念を労働者を不当に扱うことを防止するための社会改革のために役立てることができると考えた。

以上のように、マルクスの剰余価値論またはその現代的解釈に基づいて、「搾取」や分配の「公正」に関する現代的な問題を議論することができる。資本の生産過程それ自体は、あくまでも正の利潤の存続を主な目的とするものであり、労働条件の改善や公正分配などを目的とするものではない。したがって資本主義経済は、人間の労働を搾取する危険がある。そのような危険は、単に労働市場における独占の弊害ではなく、また資本主義や労働市場における自由競争によって自動的に淘汰されるものでもない。それゆえ労働時間の延長や不当な労働の扱いを防止する公的規制によって、労働者は「搾取」から保護されなければならないのである。

144　第1部　古典派経済学

5　生産価格と転形問題

(1) 生産価格

　これまで諸商品の価値は、理論的には労働時間によって決められるとされてきたが、実際の取引ではすべての商品はその生産価格で売られる。i番目の商品の生産価格 P_i は、その生産に投じられた資本の合計に利潤を加えた次の式で表される。

$$P_i = (1+\pi)(C_i+V_i)$$

　ここで、π は、すべての資本に対して一律に許される平均利潤率である。また資本は、i番目の商品の生産過程に投じられる不変資本 C_i と可変資本 V_i の合計である。これは、リカードの費用価格（自然価格）とほぼ同じ考え方である。リカードは、労働費用と固定資本の償却費を加えたものが自然価格になり、利潤はゼロになると考えていた。マルクスは、資本の競争の結果、利潤率が均等化して、すべての資本に平均利潤率が許されるとした。すなわち、労働に関してだけでなく、資本に関しても、それらの同質性が仮定されていたのである。

(2) 転形問題

　だが、ここで一つの問題が持ち上がった。労働の同質性を仮定すると、すべての部門で可変資本に対する剰余価値の比率 S_i/V_i は同一になる。他方で、資本の同質性を仮定すると、不変資本を含めた資本に対する剰余価値の比率、すなわち利潤率 $\pi = \dfrac{S_i}{C_i+V_i}$ はすべての部門で同一になる。同一の剰余価値率を仮定して計算される価値の大きさと、同一の利潤率を仮定して計算される生産価格の大きさとは、はたして同じになるのかという問題が生じたのである。

　このいわゆる生産価格への「転形問題」は、一時期マルクス経済学者と近代経済学者の間で論争になった問題であった。ベーム-バヴェルクは、この

問題を解決できないことをもって、マルクス経済学は破綻していると断定した。しかし近年になってから、森嶋通夫によって、労働価値と生産価格との一致する2つの場合があることが指摘された。一つは、利潤率と剰余価値率がともにゼロの場合（$S_i = \pi = 0$）であるが、これは資本主義経済では重要でない場合であった。もう一つは、不変資本と可変資本の比率がすべての生産部門で等しくなる場合（$C_1/V_1 = C_2/V_2 = \cdots\cdots = C_n/V_n$）であった。後者については、利潤率の低落傾向について検討する6-2式（● p.151）において、剰余価値率S_i/V_iと利潤率πがすべての部門で同一になるのは、資本の構成C_i/V_iがすべての部門で同一になるときだけであることが証明される。

しかしこの問題は、マルクスの経済学においては重要ではなかった。労働の同質性の仮定は、先にみたように、剰余価値論において捨てられてもかまわない仮定であった。またすべての部門で資本の構成が同じになるという想定は、すぐ次にみるように、技術革新を伴う資本蓄積の過程で不変資本と可変資本との構成が変化する重要な場合があるから、マルクスの経済学において重要な想定ではない。すべての資本に同一の平均利潤率が成立するのではなく、個々の資本の利潤率は様々に異なるという現実的仮定を置いて議論したほうが、生産価格論や資本蓄積論から有意義な解答を引き出すことができる。すべての資本の同質性を条件付きで仮定できるのは、同一の利子率によって資本還元される金融資本について分析するときに限られる。

6 資本蓄積論

（1）マルクスの資本蓄積論

マルクスの経済学のもう一つの貢献は、資本蓄積論であった。このことは、ジョーン・ロビンソン（Joan Robinson: 1903-83）によって再評価された。ただし、この問題に関するマルクスの叙述の中には、資本主義経済が自動崩壊するという疑わしい予言と、資本蓄積が資本と労働への分配に影響することを分析した尊重すべき議論との両方が含まれていた。ここでは、まず後者の議論から検討しよう。

その前に、マルクスの資本概念について、ヒックスが高く評価していたことを指摘しておこう。『資本論』の中には、物的生産手段の集合として資本を捉える物質主義的な考え方もあったが、他方では、その運動の過程で生産手段や労働や貨幣などに姿や形を変えていく流動的な**価値の運動体としての資本**が捉えられていた。あとのほうの考え方は、何らかの収入を生む源泉（fund）として資本を広く定義したスミス以来の「**資本基本説**」の伝統を継ぐものであった。リカードや J.S. ミルは、労働者たちに前貸しされる基金に限定して資本を捉える傾向があった。その点では、マルクスのほうが、スミスの資本理論を忠実に継承していたということができる。そして資本は、前に説明した不変資本と可変資本に分類されるフローの概念で捉えられていた。ストックの資本概念が問題となるのは、拡大再生産の結果を分析するときに限られていた。

そしてマルクスの分析は、技術革新を伴う資本の蓄積によって、資本の利潤と労働の賃金と雇用の状態との関係がどのように変化するかということに集中した。こうした資本蓄積の動態分析は、リカード、J.S. ミルの分析をさらに一歩前進させ、ハロッドやジョーン・ロビンソン、ヒックス、カルドアの資本理論へと引き継がれていった。

(2) 2部門2財の成長モデル

マルクスは、資本蓄積について論じる際に、投資財産業と消費財産業の2部門2財の経済モデルを設定していた。これらのうちで投資財の生産額は不変資本の総額 C と等しくなり、また消費財の生産額は、単純再生産の場合には賃金と利潤の総額、すなわち可変資本 V と剰余価値 S の総額と等しくなる。この点については、『資本論』第1巻第7編の資本蓄積に関する分析と、第2巻の再生産表式論とを合わせて読むと明らかとなる。マルクスは、生産手段（投資財）を生産する部門を第1部門とし、消費手段の生産部門を第2部門として、これら2つの部門の生産物の価値を次のように表した。

第1部門：投資財（生産手段）の価値　　　$Y_1 = C_1 + V_1 + S_1$
第2部門：消費財の価値　　　　　　　　　$Y_2 = C_2 + V_2 + S_2$

　ここで、前と同じように、C はそれぞれの部門の不変資本の価値、V は可変資本の価値、S は剰余価値、Y は総生産物の価値を表す。投資財の付加価値 $V_1 + S_1$ は、そのままでは消費できない形で生産されており、また消費財の不変資本 C_2 は、投資財としては生産されていないために、この経済が同じ規模の生産（単純再生産）を繰り返すためには、第1部門の付加価値部分と第2部門の不変資本部分が交換されなければならない。したがって、この経済が定常状態を続けるための必要条件は、$V_1 + S_1 = C_2$ である。その結果、この経済の総生産物は、両部門の労働者の賃金と利潤によって消費される純生産物と、機械などの償却に当てられる部分との合計となる。これは今日の国民総生産または国内総生産（GNPまたはGDP）に当たる。

　ここで、この経済が定常状態を脱して成長を始めるとしよう。そのような成長は、資本家が剰余価値 S 部分をすべて消費することなく、その一部を C または V 部分に投資することによって可能となる。ここで第1部門と第2部門とがどのような関係を保ちつつ成長するかということまで考えると問題が複雑になるので、両部門を仮に一つの部門として考えてみよう。

　資本家が剰余価値 S をいずれかの資本に転化することを資本蓄積と呼ぶ。それには大きく分けて2つの方法がある。一つは、不変資本 C と可変資本 V の比率、C/V（資本の有機的構成）を一定にしたまま、全体の資本（$C + V$）を大きくするやり方であり、もう一つは、その比率 C/V を大きくしながら、資本を大きくするやり方である。前者は、労働の生産力を不変としたまま、投資の規模を増やしていくような経済成長の時期に対応し、後者は、労働の生産力を高めながら投資が拡大する時期に対応する。そして労働者と資本家との分配に与える影響は、これら2つの場合に異なってくる。

(3) 資本構成を一定とする蓄積

　まず資本の有機的構成 C/V を一定としたまま資本が大きくなる場合につ

148　第1部　古典派経済学

いて考えよう。この場合には、機械などの不変資本に対する投資とともに、労働者を雇用する可変資本に対する投資も、同じ比率で大きくなる。国民の総生産額が大きくなるのに比例して、労働者への分配も大きくなる。もし労働の賃金が生存水準に固定されていたとすると、剰余価値も増大し、利潤総額も大きくなる。他方で、労働需要も増大するのに対して、しばらくは旧農村社会からの労働供給や移民も増大するから、労働供給も増え、不変の生存賃金のもとで雇用者数も増大する。このような経済成長は、資本主義経済の「黄金時代」(ロビンソン)に経験された。

　しかしそのような資本蓄積もやがて限界に突き当たる。労働供給の増大が停滞し始めると、賃金が上昇し、剰余価値や利潤は伸び悩むようになる。経済の急成長は、ここで一つの限界点に到達する。リカードやJ.S.ミルは、労働力不足に出会う以前に、土地の希少性に出会い、地代が急騰すると予測した。これに対してマルクスは、資本主義の「黄金時代」は、まず労働力不足の壁に突き当たると予測した。このようにマルクスは、必ずしも労働者の窮乏化のみを予測していたわけではなかった。

(4) 資本構成を高度化する蓄積

　資本蓄積のもう一つのやり方は、資本の構成比率 C/V を高めながら、資本を大きくするやり方である。この場合には、機械の導入などによって不変資本は急速に大きくなるが、それに比べて労働を雇用する可変資本はそれほど大きくならない。このように可変資本の相対的な割合を低くするやり方は、前に検討した相対的剰余価値や特別剰余価値の生産に用いられた方法であった。資本家は労働者の賃金を引き下げるか、あるいは労働の雇用を相対的に減少させるか、または労働の生産力を高めるかのいずれかの方法で、このような蓄積を実現する。その結果、労働者の状態は、労働生産力の増加または資本家の状態の改善に比べて悪くなるか、少なくとも良くはならない。今、試みに資本蓄積の効果を検討するために、総生産物価値を構成する各項目を可変資本価値 V で除してみると次のようになる。

$$\frac{Y}{V} = \frac{C}{V} + \frac{V}{V} + \frac{S}{V}$$

　ここで、Y/V は、労働費用と総生産物の比率、すなわち労働生産性を表し、C/V と S/V とは、いうまでもなく、資本構成と剰余価値率を示している。ここでいえることは、まず労働生産性 Y/V は、資本の有機的構成 C/V を少なくとも上回る速度で上昇することである。またこのような蓄積は、資本の構成と剰余価値率をともに高めることはできるが、可変資本の占める割合を高めることはできない。

　以上の結果、労働生産性や不変資本の増大に比べて、可変資本の増加は停滞する。そして可変資本は、労働者一人当たりの賃金率と雇用労働者数との積である（$V=wN$）から、このような蓄積によって賃金の上昇率または雇用労働者の増加率のいずれか、もしくはその両方が労働生産力の増加に比べて減少する。個々の生産過程では賃金の切り下げや解雇によって、「**相対的過剰人口**」、すなわち資本蓄積に比べて過剰な労働人口が形成され、労働者階級の失業と貧困が生み出されるかもしれない。

　このような資本蓄積の効果については、すでにリカードが機械導入の効果（リカード効果）として、労働者の状態を悪くする可能性を指摘していた。マルクスは、このリカード効果について、これを労働者階級の窮乏化の原因にまで拡張しようとした。マルクスは北アメリカでの労働力不足と賃金の上昇に対して、移民や奴隷労働や機械の導入によって対応しようとしていた資本家の動きに影響を受けたのかもしれない。資本蓄積が資本構成を高度化する以上に速ければ、労働者階級の状態は必ずしも悪くならないことを検討しなかったのである。しかし労働生産性の増大が労働者階級の状態に及ぼす効果について検討したことは、静学的な古典派経済学の時代においては画期的なことであった。この点に関しては、シュンペーターがマルクスを高く評価している。

> **Column　マルクス資本蓄積論の応用**
>
> 　宇野弘蔵は、マルクスの資本蓄積の2つの型にヒントを得て、これを用いて景気循環の原因について説明できると考えた（●宇野弘蔵『恐慌論』）。すなわち資本の構成を不変のままとした資本蓄積は、主として好況期の資本家の行動を説明する。好況の末期には、資本が労働力商品を作り出せないという資本主義の矛盾から、労賃が高騰し、利潤が減少する。資本の構成を高度化する資本蓄積は主として不況からの脱出策として使われる。
> 　しかし、実際の景気循環は、このような資本構成の違いによって必ずしも説明できるものではない。ハイエクの景気循環論とともにマルクスの資本蓄積論は、景気循環の説明というよりも、むしろ経済成長の歴史的なパターンを分析するときに利用できると考えられる。

(5) 資本主義の自動崩壊説

　以上のようなマルクスの資本蓄積論は、静学的な古典派経済学に対して、経済動学の一頁を切り開く貴重な試みであった。しかし他方でマルクスは、このような分析の延長として、かなり疑わしい歴史予言を行っていた。それは、資本主義体制が自動的に崩壊するという予言であった。

　資本主義崩壊説は、2つの異なった道筋で議論されていた。その一つは、資本構成の高度化を伴いながら資本蓄積が進むと、失業や貧困の問題が深刻化し、その結果、労働者の不満が爆発して、資本主義社会が崩壊するというものであった。しかし、すでに述べたように、資本主義経済が成長を続ける限り、労働者の状態が一時的にはともかく長期的に悪くなることはありそうにない。したがって、資本蓄積の労働者に対する効果の一つとして、この社会の自動的な崩壊を論じることには、無理がある。ロシア革命のように、歴史的には、資本主義はむしろ戦争の結果、崩壊したといってよい。

　資本主義崩壊論のもう一つの道筋は、資本家同士の競争の結果、多数の資本家が没落し、残された少数の資本家も利潤率の低落する中では、独占を作る以外には、経営を続けていけなくなるというものであった。こちらの議論については、利潤率の低落傾向に関する分析と関連するので、利潤率 π を

表す次のマルクスの公式に従って、検討してみよう。

$$\pi = \frac{S}{C+V} \quad (6\text{-}1)$$

$$\pi = \frac{S/V}{C/V+1} \quad (6\text{-}2)$$

ここで、利潤率は、剰余価値を不変資本と可変資本の合計額で除した結果として定義されていた。また (6-2) 式は、(6-1) 式の分子と分母に $1/V$ を乗じた結果である。(6-2) 式において、資本の有機的構成 C/V が大きくなれば、利潤率 π は小さくなるから、労働生産力の増大を伴う資本蓄積の結果、利潤率は低落する傾向にあるということが一見いえそうである。しかし、剰余価値の生産を前提にすれば、労働の生産力の増大に伴って、剰余価値率 S/V も同時に上昇する。そのことを考慮すれば、たしかに利潤率は剰余価値率が上昇するほどには大きくならないということはいえるとしても、資本家が経営を継続できなくなるほど利潤率が低落するということはいえそうもない。したがって、利潤率の低落に関連させて資本主義の自動崩壊を論じることもまた、かなり疑わしい議論であった。このように、マルクスの資本蓄積論の中には一方で参考になる科学的分析と、疑わしい歴史予言との両方の議論があった。

7 マルクス経済学と社会主義の困難

マルクス以降のマルクス経済学は、主としてマルクスの歴史予言を引き継ぎ、科学的発展を怠ってきた。しかし、その中でも、いくつかの特筆すべき試みがなされた。

(1) レーニン、ヒルファーディング

その一つは、ウラジミール・レーニン (Vladimir Lenin: 1870-1924)、ルドルフ・ヒルファーディング (Rudolf Hilferding: 1877-1941) による金融資本と帝国主義戦争に関する分析であった。20世紀の初めに、ドイツを中心に進められた重工業における独占的大企業と大銀行の結合は、外国への資本輸出などを

通じて、英仏などの旧帝国主義国と対立し、やがて第1次世界大戦を引き起こしていった。そのような帝国主義の経済的要因を突き止めようとする試みがレーニンなどによって行われた。

(2) 宇野弘蔵

　もう一つは、日本の宇野弘蔵（1897-1977）による『資本論』の独自の解釈に基づく3段階論の提唱であった。これは『資本論』を批判的に再構成し、純粋資本主義社会の科学的分析に基づいて、経済理論と歴史解釈の基礎をつくろうとする試みであった。

(3) 社会主義の困難

　しかし、主として歴史決定論を頼りとすることによって批判的討論が衰退し、また社会主義を理論的に基礎づけるはずであった『資本論』の中には、社会主義に関する抽象的・ユートピア的な期待しか書かれていなかったこともあって、資本主義の改革についてはいうに及ばず、社会主義に関する建設的な提案もマルクス経済学からはほとんど提出されてこなかった。このことがソ連を初めとする社会主義の困難な重要な原因を作ったと考えられる。プロレタリア独裁と計画経済に頼る社会主義政策は、国民の自由と繁栄の期待にそぐわなくなってしまったのである。

　マルクスの経済学は、資本主義経済の批判と改革のための参考とされ、古典派経済学や近代経済学とともに批判的に検討されることが、将来に期待される。

〈より進んだ研究のための参考文献〉

エンゲルス著、一條和生・杉山忠平訳『イギリスにおける労働者階級の状態――19世紀のロンドンとマンチェスター（上・下）』岩波文庫、1990年〈1844-45〉

ブローグ著、久保芳和ほか訳『新版 経済理論の歴史（全4巻）』東洋経済

新報社、1982-86 年〈1961〉
ポパー著、内田詔夫・小河原誠訳『開かれた社会とその敵（全 2 巻）』未來社、1980 年〈1945〉
マルクス著、武田隆夫・遠藤湘吉・大内力・加藤俊彦訳『経済学批判』岩波文庫、1956 年〈1859〉
―――著、エンゲルス編、向坂逸郎訳『資本論（全 9 巻）』岩波文庫、1969-70 年〈1867、1885、1894〉
宇野弘蔵『恐慌論』岩波文庫、2010 年
中山伊知郎・東畑精一監修『十大経済学者』日本評論新社、1952 年（シュンペーターおよびマルクスの項）
森嶋通夫『マルクスの経済学――価値と成長の二重理論』東洋経済新報社、1974 年

〈問題〉

① マルクスの歴史決定論は、どのような点で、資本主義社会の改革を目指す人々に対して悪い影響を与えたといえるのかについて、考えてみよう。
② 剰余価値論は、一元的な労働価値説を前提としなければ検討できないかについて、考えてみよう。
③ 労働時間の延長や賃金の引き下げは、どういう場合に「搾取」に当たるかについて、考えてみよう。
④ 資本の構成 C/V を一定としたまま、経済成長することによって、どのような結果が予想されるかについて、考えてみよう。
⑤ 技術革新と労働の生産力の向上によって資本の構成が高度化する中で、経済が成長すると、資本と労働に対してどのような影響を与えるかについて、考えてみよう。

第2部
近代経済学

第 7 章

近代経済学の誕生
── 限界革命

カール・メンガー
(Carl Menger: 1840–1921)

ウィリアム・ジェヴォンズ
(William Jevons: 1835–82)

レオン・ワルラス
(Léon Walras: 1834–1910)

〈要約〉

1 近代経済学の出発……p.160
(1) 歴史的背景
- 西ヨーロッパにおける中産階級の形成と消費者の地位向上
- 科学技術の応用、数学利用——とくに微積分学の効用分析への応用
- 古典派経済学、とくにリカード経済学は供給サイドの分析に偏っていた
- 西ヨーロッパ文化の成熟と多様化——多様な福祉の要求に応じるための研究

(2) 限界革命によるパラダイム転換
- 市場と消費者の効用の再発見
- 選択の論理の強調——供給から消費へ、分配から交換へ
- 階級から個人へ——自然法則から個人の選択へ

2 1870年代の3大著作……p.162

> 📖 **テキスト**
> メンガー：『国民経済学原理』*Grundsätze der Volkswirtschaftslehre*, 1871.
> ジェヴォンズ：『経済学理論』*The Theory of Political Economy*, 1871.
> ワルラス：『純粋経済学要論』*Eléments d'économie politique pure, ou théorie de la richesse sociale*, 1874.

3 近代経済学の思想的源泉……p.163
(1) 個人主義・自由主義の発展
- 階級／身分社会の伝統の残存——中産階級の形成
- J.S.ミル『自由論』——政府の強制からの解放、基本的人権思想
- 消費者主権——選択の自由

(2) 労働の尊重から消費者の幸福へ：多様な経済的価値の発展
- ウェーバー：プロテスタンティズムの倫理
- ベンサム：快楽と苦痛の功利主義的計算——ジェヴォンズ：効用計算
- サン・シモン：産業主義——ワルラス：数学利用と均衡分析
- アリストテレス：労働よりも幸福の追求——メンガー：欲望と効用の研究

(3) 企業家と消費者の効用
- 近代経済学における企業家の尊重
- 企業家の役割＝企業価値の最大化──従業員価値、顧客価値、株主価値
- 企業家による消費者の効用予測──限界効用理論と現代のマーケティング

(4) 合理主義と市場均衡の主題
- 近代ヨーロッパの合理主義──論理的整合性の追求
- 物理学の発展と経済学の模倣──市場均衡分析
- 人間行為の分析と均衡分析との矛盾

4 価値論における古典と近代……p.169

(1) 古典派経済学の価値論：労働価値論または費用価格論
- 交換の正義──共通善＝労苦の同等性
- 客観的共通価値の探求──使用価値の個別性・異質性の除外

(2) 近代経済学の価値論：限界効用の大きさが価値を決定する
- 個々人の主観的価値（趣味）の差異を前提
- 交換における双方利益
- 主観的価値と客観的価値の差から利益（剰余）が生まれる

5 効用理論の歴史と近代経済学におけるその発展……p.171

(1) 効用理論の歴史
- アリストテレスの「使用価値論」から中世の効用研究、重農主義の効用研究
- スミスの水とダイヤモンドのパラドクス──使用価値（効用）分析の衰退
- ベルヌーイの効用とリスクの研究、ベンサムの快楽と苦痛の計算
- ゴッセンの効用研究──効用逓減の法則と限界効用均等化の法則

(2) 近代経済学における効用理論の始まり
- メンガー：生涯にわたる福祉、将来の効用予測──時間の経済学の先駆者
  - 古典派の費用概念の批判──ウィーザーの機会費用へ
  - 資本、労働、土地の生産要素の価値──将来の効用予測の帰属理論
- ジェヴォンズ、ワルラス──限界効用と市場価格との関数関係の分析
  - 限界効用逓減の法則

1 近代経済学の出発

(1) 歴史的背景

　1870年代の西ヨーロッパにおいて、経済学および経済思想に関する大きな転換が起こった。それは、「**限界革命**」と現在では呼ばれている経済学および経済思想における革新であった。この「限界革命」についてはのちに詳しく検討するが、その革新は、それまでの古典派経済学においては重視されてこなかった消費者の「効用（使用価値）」について詳しく検討することから始まり、やがて経済学を根本的に刷新することになった。

　このような経済学史上の革命がなぜ起こったかについては、いくつかの理由が考えられる。最も大きな理由の一つとしては、イギリスを初めとする西ヨーロッパ諸国において、19世紀末頃までに**中産階級**が育ち、消費者の地位が向上してきたことがあげられる。19世紀初めの西ヨーロッパでは、マルサスの『人口論』の中で指摘されていたように、経済学が取り組む最も大きな問題は貧困の解消であり、全人口の生存を維持するための食料供給が確保できるかどうかということ自体が心配されていた。消費者が多様な商品の中から自分たちの嗜好に合うものを自由に選択することについては、経済学においてはほとんど問題とされてこなかった。貧困問題は、今日でもなお多くの発展途上国で未解決のまま残されている。

　ところがその後、産業革命を経て市場が著しく拡大するとともに、次第に富を蓄えるようになった中産階級が形成され、とくにイギリスにおいては、国内だけでなく外国や植民地から多様な商品が供給され、消費者によって購入されるようになった。そこで改めて、消費者が自分たちの所得をどのような商品を買うために使ったらよいのかということが経済学の重要な問題となった。すなわち、「**消費者選択**」の問題が経済学の中心を占めるようになったのである。このことが「限界革命」が広く受け入れられる理由になっていた。

　第2に、産業革命によって科学技術が産業に応用され始める中で、経済学においても科学的な知識、とりわけ物理学の進歩を促した微積分法を初めと

する数学的知識が利用されるようになった。古典派経済学において消費者の効用（使用価値）が吟味されなかったのは、使用価値は、交換価値と違って、それぞれの商品ごとにその品質が違うため、共通の尺度によって比べることができないと考えられたからであった。しかし消費者は、毎日、どの商品を購入するために自分たちの所得を使ったらよいかを考えている。彼らに不足していたのは、そのような効用を測るための尺度であった。物理学の進歩をもたらした**微積分法**は、消費者の効用を測るためにも使えることが分かってきた。すなわち、消費者が何らかの種類の財の消費をもう1単位増やすときに、自分たちの効用がどのくらい増えるかを測る基準が「**限界効用**」であるが、その「限界効用」は、微積分学を応用することによって測定できるようになった。ただし当初は、すべての近代経済学において、このような数学的方法が積極的に利用されたわけではなかった。

第3に、古典派経済学、とくにリカードの経済学では、ほとんどの経済問題の分析を供給サイドの事情に求めていた。いうまでもなく、市場経済においては、供給だけでなく需要もまた重要であるから、供給サイドの分析だけでは十分ではない。リカードは、市場の需要サイドの事情は、再生産できない希少な財の価格を決めるためには無視できないが、再生産できる普通の商品の価格を分析するためには無視してもよいと考えていた。しかし、普通の商品の場合にも、市場価格は需要の変化によって大きく変動する。このような需要サイドの事情にも注意を向けるようになったことが、経済学の革新を促す要因となっていた。

最後に、「限界革命」、すなわち近代経済学の誕生の歴史的背景として一般的に指摘しておきたいことは、19世紀末の**西ヨーロッパ社会の文化的な成熟**についてである。この頃の西ヨーロッパ文化は、単に科学技術だけでなく文学や芸術などにおいても、その他の国々の模範とされるような成熟度に達していた。福沢諭吉の著書や岩倉欧米使節団の報告にも示されているように、西ヨーロッパの文化は、明治以降の日本の文明開化に対しても強い影響を与えた。そのような文化的成熟の中で、公共的な福祉を高めるために経済の運営をどのように改善したらよいのかということが、多様な側面から検討されるよ

うになっていた。このような西ヨーロッパ文化の成熟と多様な発展が、近代経済学の成立に対して間接的に影響を与えたことは否定できない。

(2) 限界革命によるパラダイム転換

限界革命は、単に市場のもう一つ別のサイド、すなわち需要サイドの研究を促しただけではなかった。それに伴って、経済学がこれまで暗黙のうちに共有してきた社会観の転換をも誘発した。その中でも重要なものを、次に列挙してみよう。

まず第1に、それまでの生産と分配の経済学は、**市場と消費者の効用の再発見**によって大きな転換を果たした。しかし、その反面で、生産と分配の問題が軽視されるという傾向を生んでしまった。だが、そのような傾向も、マーシャルによる古典派経済学の見直しによって、やがて修復されていくようになる。

第2に、市場と消費者の効用の再発見によって、交換と個々人の主体的な**選択の論理**が強調されるようになった。もともとスミスの経済学においても、分業の発展とともに市場の広がりが果たす積極的な役割が強調されていたのだが、リカード以降、供給サイドへと分析が偏ってしまい、消費者の主体的な選択の問題がなおざりにされてきたのである。このような経済学の欠陥は限界革命以降の近代経済学によって修復されていった。

第3に、経済を担う主体が**階級から個人へ**と移行していった。またそれに伴って、経済学は自然法則のように経済を分析するのではなく、**個々人の選択とその相互関連を分析**するようになった。これらの点は、限界革命の結果であるよりも、個人主義と自由主義という限界革命の思想的源泉でもあったので、3節で改めて検討しよう。

2　1870年代の3大著作

限界革命は、以下の3つの著作によって、ほぼ同時に始められたとされている。

> **テキスト**
> カール・メンガー（Carl Menger: 1840-1921）:『国民経済学原理』*Grundsätze der Volkswirtschaftslehre*, 1871.
> ウィリアム・ジェヴォンズ（William Stanly Jevons: 1835-82）:『経済学理論』*The Theory of Political Economy*, 1871.
> レオン・ワルラス（Léon Walras: 1834-1910）:『純粋経済学要論』*Eléments d'économie politique pure, ou théorie de la richesse sociale*, 1874.

これら3種類のテキストを参考にしながら、限界革命の推移について以下に検討していこう。

3　近代経済学の思想的源泉

これらの近代経済学の誕生に寄与してきた思想的な源泉について、まず検討してみよう。一口に近代経済学といっても、上記の諸著作の中に表された思想の間には、共通点と相違点があった。

(1) 個人主義・自由主義の発展

まず近代経済学の思想的源泉として、共通にいえることは、その体系が個人主義と自由主義という思想的基盤の上に築かれたことである。経済学の生誕の地、イギリスでは、早くから個人主義・自由主義の思想が発展していた。このことは、ホッブズやロック、ヒューム、スミスなどの諸著作を読むとよく分かる。しかしその反面で、イギリスは歴史の長い伝統社会でもあった。われわれは今日、たとえばイギリス王家の結婚式などのさまざまな儀式をみるたびにこの点について改めて思い出す。イギリスでは、貴族の称号を初めとして、中世以来の身分制の伝統が長いこと維持されてきた。

スミスは『道徳感情論』において、スコットランド啓蒙運動によって形成されつつあった近代的な個人主義や自由主義の思想を通して、伝統社会の道徳の役割を見直そうと努力した。そのような努力にもかかわらず、スミス以

降の古典派経済学の中には、イギリスの階級社会の伝統がなお強く残されていた。人々の経済活動は、資本と労働と土地を所有する3大階級ごとに区別されるものと認識された。そしてこれらの階級は、事実上、代々世襲される身分と同じような役割を果たすものと考えられた。しかし、やがて中産階級が現れてくると、そのような事情は次第に変化していく。

　古典派経済学の集大成者、J.S. ミルは、このような古い社会から引き継がれてきた階級や身分の束縛から、人々の考え方を個人主義や自由主義の思想によって解放しようと努力した。ミルの『**自由論**』は、今日でも最も優れた個人主義・自由主義の古典であり続けている。ミルにとって自由とは、人々が政府による強制からできるだけ解放されることであった。そのためには、個々人は、特定の階級からは独立に、すべて法の下に平等でなければならなかった。すべての人が等しく普遍的な法に従うことが、政府による恣意的な強制から自由になる最良の方法であった。

　すべての人は、たとえそれが少数意見であっても、自分たちの意見を表明し出版する自由を保証されるだけでなく、団結して不当な搾取に対して抵抗する自由を確保するなど、今日、**基本的人権**とされていることのすべてが認められなければならない。ミルは、このような政治的自由を実現するために、自ら先頭に立って普通選挙権の獲得などに尽力した。

　このような政治的自由と法的平等の思想は、やがて経済的自由の分野にまで浸透していった。しかし、古典派経済学の時代には、経済的自由の主張も一定の制約を受けていた。というのも個々人の経済的自由が最も発揮される分野は、生産や分配の分野であるよりも、むしろ古典派経済学があまり熱心に扱わなかった消費の分野だったからである。われわれは消費者として商品を市場で売買するとき、最も強く自由を意識する。これに比べて、企業やその他の仕事場で働くときには、それほど自由ではない。従業員が何時に出勤しても自由に許してくれるような企業は、今日の日本でもほとんどないだろう。これに対して、消費者として、スーパーマーケットやデパートで買い物をするとき、われわれは自由・平等にふるまえることを知っている。近代経済学が消費者の行動をまず検討するのは、経済的自由が消費者の選択におい

て最も強く表されるからである。こうして個人主義・自由主義の主張は、近代経済学の共通の思想的基盤となった。

（2）労働の尊重から消費者の幸福へ：多様な経済的価値の発展

　これに対して、これから述べる思想的な特徴は、すべての近代経済学に当てはまるわけではなく、上記の3種類のテキストに代表される経済学ごとに異なっていた。これは、それまでの一元的な経済的価値観から多様な価値観へと社会観が大きく転換したことを反映していた。

　マックス・ウェーバー（Max Weber: 1864-1920）によれば、近代資本主義経済の勃興に対しては、**プロテスタンティズムの倫理**、とりわけカルヴィニズムの思想が大きな影響を与えた。それは、この宗派の教義が人々の労働を尊重し、勤勉と節約の美徳を称賛したからであった。古典派経済学において、労働が富の源泉であるとする「労働経済思想」が共通の思想的な基盤となっていたのも、とくにイギリスの経済社会がプロテスタントの宗教思想の影響を強く受けていたことと無関係ではなかった。若き日のスミスがグラスゴー大学で学んだハチスン教授は、熱心な長老派のカルヴァン主義者であった。また『国富論』の著者自身も、カルヴィニズムの労働思想とアリストテレスの公正価格論とを調和させようと努力したことが分かっている。

　その後、イギリスの道徳思想において、快楽の最大化と苦痛の最小化をもって道徳の規範とするような**ベンサム流の功利主義**が流行した。限界革命のイギリスにおける創始者であったジェヴォンズは、このベンサムの思想に基づいて、消費者の効用を微積分法によって計算した。しかしジェヴォンズは、比較的若いうちに（46歳で）亡くなったこともあって、彼の後継者でもあったマーシャルが、イギリスの近代経済学の基礎を築くことになった。マーシャルは、若い頃には熱心な福音主義の信者であった。その福音主義は、カルヴィニズムの復興を目指していた。その影響もあって、マーシャルは、労働などの生産諸費用を尊重する古典派経済学の伝統を復活させた。その結果、イギリスの近代経済学は、古典的な費用価値説とベンサム流の効用計算とを調和させる体系へと発展していった。

これらに対してフランスで学び、スイスのローザンヌ大学の教授を務めたワルラスは、サン・シモン派の産業組合思想（サンディカリズム）の影響を強く受けていたといわれている。サン・シモン主義は、産業への科学技術の応用に重点を置く経済思想であった。ワルラスの経済学研究は、このような思想の影響を受けて、経済学への数学利用と、市場均衡の科学的な研究とに集中することになった。

　限界革命を最も熱心に推し進めたのは、オーストリアのメンガーであった。メンガーは、オーストリアのウィーン大学の教授を務めたが、19世紀末のウィーン大学では、カトリックの思想、とりわけトマスの思想とアリストテレス哲学が教えられていた。プロテスタントの思想とは違って、アリストテレス哲学では、労働を賛美するよりも、むしろ穏健な快楽や幸福の追求が経済生活の中心を占めるものとされていた。今日でも、勤勉の美徳を強調するイギリスの伝統に比べて、フランスやイタリアなどのヨーロッパのカトリック諸国では、おいしいワインや食事を楽しむ生活習慣が続いている。

　メンガーの経済学の究極的な目的は、人間の全生涯にわたる幸福の追求であった。こうした事情もあって、メンガーとその後継者たちによるオーストリア経済学においては、消費者の主観的な価値評価を研究する**「限界効用革命」**が引き続き熱心に進められたのであった。

　このようなメンガーの経済思想に対して、かつてブハーリンなどの社会主義者は、効用価値を強調することは裕福なブルジョアたちの贅沢や享楽を弁護するイデオロギーだといって非難した。同じような指摘は、社会学者マンハイムらによって現代に至るまで繰り返されてきた。しかし、裕福なブルジョアだけでなく、普通の労働者も、消費者としては、自分たちの効用を満足させることに関心を払っている。

　ここで近代経済学における個人主義は、もともと「利己主義（egoism）」とは一線を画していたことに注意を促しておこう。自分たちの欲望を満足すること以外には関心を持たないという意味でのエゴイズムは、近代経済学においても、公共の福祉を侵害する「偽の個人主義」として、非難されてきたのである（ハイエク「真の個人主義と偽の個人主義」）。

このように、近代経済学の間でも、様々にその強調点は異なっていたが、労働の尊重だけでなく、消費者の幸福の追求をも尊重するように、経済学の価値観が多様化していったことが、「限界効用革命」の特徴となっていた。その背後にあったのは、個々人の価値観の多様性を互いに認め合う寛容の精神であった。

(3) 企業家と消費者の効用

　経済学の中心問題が多様化したもう一つの理由としてここで指摘しておかなければならないことは、企業家（entrepreneur）の役割が尊重されるようになったことである。とくに企業家たちの間の自由競争が、すべての社会悪を治療する最良の特効薬として強調されるようになった。古典派経済学の時代には、企業家の役割はそれほど重視されていなかった。経済社会は、資本家と労働者と土地所有者の3大階級によって構成されるものと考えられてきた。中産階級とともに、3大階級のいずれにも属さない企業家の役割が検討されるようになったのは、限界革命以降の近代経済学においてであった。
　現代の経営学においては、企業家は、企業の価値を最大化することを任務とすると考えられている。そして、企業の価値は、図7-1の3つの価値から構成される。
　企業家はまず、従業員価値を高めることに努めなければならない。この従

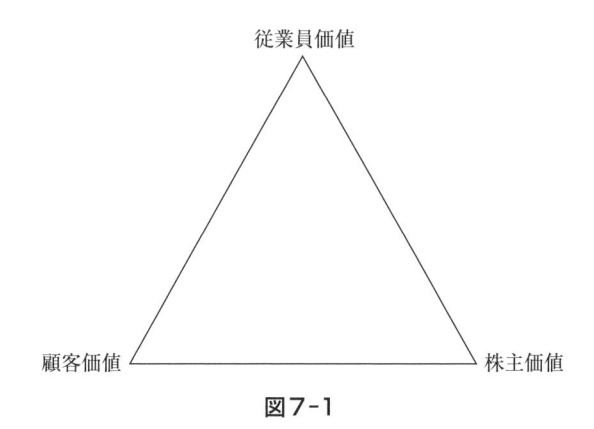

図7-1
（従業員価値・顧客価値・株主価値の三角形）

業員価値には、企業に従事する被雇用者たちの給料や賞与だけでなく、様々な福利厚生サービスも含まれる。労働価値説は、企業価値のこの側面にもっぱら注目した理論だったともいえよう。

続いて、企業家は、顧客価値をできるだけ大きくするように努めなければならない。顧客価値とは、企業の提供する商品やその他のサービスの価値を総称したものである。すなわち、企業家は、彼らが提供する商品やその他のサービスの費用を計算するだけでなく、そのようなサービスから消費者が引き出すことのできる効用についても考慮しなければならない。このような企業家の目的を考えると、効用の計算は、企業者たち自身の効用ではなく、むしろ顧客の効用に注意を向けたものであることが分かってくる。ただし顧客の効用については、自分たち自身の効用に照らして予測することができるかもしれない。また企業家は、顧客の効用を高めなければ自分たちの利益を得ることができないから、顧客の効用を予測することに注意を向けるようになる。こうして企業家の役割に注目する近代経済学は、「他人（顧客）の効用」について予測するためにも、効用の分析を中心課題とするようになった。現代経営学のマーケティング論は、企業家による消費者の効用分析と同じような目的を持つものであろう。

現代の経営学において第3の企業価値とされているのは、株主価値である。だが、この企業価値の第3の要素について注意が向けられるようになるのは、ケインズ革命以降の経済学においてであった（➡第11章）。

このように、近代経済学において消費者の効用が重要な研究課題とされるようになったのは、企業家の役割に注目し、企業価値のもう一つ重要な側面に注意が向けられた結果でもあった。企業家の役割と効用の研究とは、このように密接に結びついていたのである。

(4) 合理主義と市場均衡の主題

近代経済学の思想的基盤として、もう一つ指摘しておきたいことは、それらが合理主義的な考え方と密接に結びついて発展してきたことである。近代ヨーロッパの合理主義はいろいろな側面を持つが、それらに共通の特徴の一

つは、学問的な議論が厳密な論理学に基づいて展開されることである。また近代経済学は、最も早くから発展を遂げた物理学を合理的な科学の模範としてきた。ニュートン以来の物理学では、**均衡概念**を中心に理論が組み立てられてきた。近代経済学は、物理学の均衡概念を市場の分析へと応用しようとした。このような市場均衡の研究を最も徹底的に推し進めたのが、ワルラスの一般均衡論であった。またその他の近代経済学も、多かれ少なかれ市場均衡の分析を主要な課題にしてきた。

近代経済学が共通の主題としてきた**市場均衡**とは、要するにそれぞれの市場において需要と供給とが等しくなることである。この状態は、物理学で物体の運動が釣り合って静止する状態に似ている。つまり市場にかかわるすべての人々の効用がこれ以上大きくならなくなると、人々の経済活動はあたかも止まったような状態となり、その結果、市場において需要と供給の大きさが等しくなる。

このような均衡状態の研究において、近代経済学は、物理学と同じような科学的な厳密さを競い合うようになった。しかしその反面で、経済学が人間行動に関する研究を目指していたことが忘れられる傾向も出てきた。物理学と同じ方法を経済学に応用すると、物体の運動の研究と同じように人間を機械や物のように扱うことになりかねない。

また市場均衡の状態は、すべての経済活動が静止した状態を想定するとき、厳密に研究することができる。したがって、経済活動が人々の意欲や期待によって様々に変化するプロセスについては、これと同じ方法では分析しにくい。資本主義経済においては、人々の経済活動は、たえず変化している。経済が時間を通じて変化するこのような側面について、経済学が関心を示すようになるのは、じつはこれよりもずっと先のことであった。そして、今なおそのような研究は続いている。

4　価値論における古典と近代

古典派経済学と近代経済学との間の考え方の違いは、まず何よりもそれら

の出発点である価値論において表れた。そこで、古典派経済学と近代経済学の価値論の違いについて、その特徴を次に述べてみよう。

(1) 古典派経済学の価値論：労働価値論または費用価格論

古典派経済学においては、諸商品の価値は、すべての商品の属性として客観的に認められる共通の実体である労働の大きさによってまず測られた。そして同じ労働時間の費やされた商品同士が交換されるのが正しい交換だとされた。すなわち等価交換こそが、古典派経済学においては、交換の正義なのであった。これはスコラの経済思想の中心にあった公正価格論を引き継いだ考え方であった。

ここでは価値の客観性と同質性が尊重された。これに対して商品の使用価値は、個別的・異質なものとして価値の尺度にはならないとされた。したがって、効用の研究は、古典派経済学の時代には、ほとんど進展しなかった。

(2) 近代経済学の価値論：限界効用の大きさが価値を決定する

これに対して、近代経済学の価値論は、個々人の主観的価値の差異を尊重する。消費者の効用は、それぞれの人の嗜好や環境によって、様々に異なるから、商品の価値は個々人の間で異なる。ある人にとって効用が小さく必要度の少ない商品に関しても、他の人にとっては効用が大きく必要度が高いということがありうる。それぞれの人にとっての主観的な価値は、その人がその商品の最後の1単位を消費するときの限界効用によって決まる。その限界効用は、それぞれの人ごとに異なっている。同じ商品についてそれぞれの人の主観的価値、すなわち限界効用が異なるからこそ、それらの人々の間で交換が始まる。そしてそのような交換によって、交換するすべての当事者が利益を受けることができる。近代経済学においては、すべての交換は等価交換ではなく、「**不等価交換**」、すなわち個々人の間の**主観的価値**の違いを前提にする交換である。

以上のように、商品価値の主観性と異質性に気づくことから、近代経済学は始められたといってよい。すなわち近代経済学は、人々の効用の違い、す

第 7 章　近代経済学の誕生――限界革命　　171

なわち人々の多様な欲望に関する研究から始まったのである。

5　効用理論の歴史と近代経済学におけるその発展

(1) 効用理論の歴史

　効用理論の歴史をたどると、その起源は労働価値説よりも古く、先に掲げた限界革命の3人の騎士たちによって初めて着手されたわけではなかったことが分かってくる。すでに紀元前に、古代ギリシャのアリストテレスは、物の使用価値について言及し、個々の物の価値は、それらの効用と希少性と費用によって測られるとしていた。そして物の量が増えるとそれらの価値は小さくなることを明らかにし、**効用逓減の法則**に早くも気づいていた。

　このような古代の思想は、中世のスコラや宗教改革期の神学者たちによって引き継がれ、ブリダヌスやその他のイタリアの学者によって、アリストテレスの伝統に新しいアイディアが付け加えられた。ブリダヌスは、富裕な人は贅沢な品物により大きな価値を見出すのに対して、そうでない人は、最も緊急に必要なものだけで満足することを指摘していた。また18世紀のイタリア人ガリアニは、限界効用理論に近づいていた。フランスの重農学者チュルゴーは、これを引き継ぎ、交換の単純なモデルを使って、孤立して生産するよりも交換に依存することによって、すべての当事者たちがより大きな価値を得ることができることを明らかにしていた。

　しかし、ほぼ同じ時代にスミスの『国富論』が出版され、その中で**使用価値のパラドックス**が指摘され、その影響で効用理論は、しばらく経済学の表舞台から退くことになった。スミスによれば、水は人間の生活に不可欠なもので、その効用が高いにもかかわらず、その価値は小さいのに対して、ダイヤモンドは効用が小さいにもかかわらず、その価値は極めて大きい。スミスは、このような水とダイヤモンドの例を参考にして、効用（使用価値）による価値の説明の妥当性を否定した。

　他方で数学者ベルヌーイは、物の価値は効用と所得によって決まるが、その効用は富の大きさに逆比例することを明らかにした。しかし彼の主な関心

は、効用そのものよりもむしろリスクに置かれ、その**リスクの理論**はずっとあとになってから注目されるようになった。これに対してイギリスのベンサムは、快楽と苦痛に関する功利主義的な計算の副産物として、限界効用の持つ意味を発見していた。そして快楽と苦痛に関する彼の計算は、やがてジェヴォンズによって引き継がれることになった。

限界革命以前の効用理論の研究者として最も重要な人物は、ドイツのゴッセンであった。ゴッセンは、すべての人が彼らの生活を楽しめるような調和のとれた世界が神によって作られることを信じていた。そのうえですべての人が彼らの幸福を最大にする方法について研究した。人間の快楽の感覚は、心理的または生理的には**効用逓減の法則**に従う。一種類の食事しかとらない人は、やがてそのような食事に満足できなくなる。同じ美術品を何回もみるならば、普通の人は、やがてそのような観賞を楽しめなくなる。満足の度合いが飽和状態に近づくほど、人は倦怠感と嫌悪感とを覚えるようになる。このような不快な結論は、時間と欲求と快苦の関係から出てくる。これは、「足るを以て知る」もしくは「少欲知足」という東洋の仏教思想に類似する知見であった。

ゴッセンは、また様々な欲求ごとに異なる限界効用を均等化する法則を明らかにした。たとえば食料や衣服などを消費することによって楽しみを得るためには、財の量に関する最小限の単位を必要とする。そして、人々が最大の満足を得るためには、そのような最小限の財の単位を一つ増すごとに得られる限界効用がすべての財について等しくなることが必要である。これは、やがて家計の消費計画における**限界効用均等化の法則**として知られるようになる。

さらにゴッセンは、仕事によって得られる快楽と時間との関係について、興味深いことを明らかにしていた。仕事の楽しみは時間とともに減少する傾向があり、図7-2のように、仕事は、はじめは楽しみを生むが、ある時点からは苦痛に転ずる。

このような仕事における快楽と苦痛のバランスに関する考え方は、近代経済学者たちには採用されなかったが、労働を不効用としてしか捉えられない

```
          c
       ┌──┐
   快楽│   ──────┐
       │         b  ──────┐ d
       a ──時間──          │ 苦痛
                          │
                          e
```

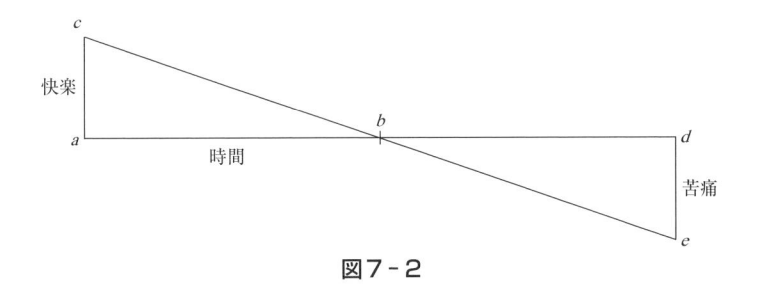

図7-2

経済学に対する批判として、今後再検討されるようになるかもしれない。

(2) 近代経済学における効用理論の始まり

　限界効用の研究に対して最も熱心に取り組んだ経済学者は、オーストリアのメンガーであった。しかしメンガーの限界効用理論は、現代の経済学にそのまま引き継がれたわけではなかった。その価値論は、次の2つの基本的な考え方から構成されていた。その一つは、あらゆる財貨には、消費者の満足のためにこれ以上分割できない最小限の単位があるという考え方である。もう一つは、そのような財貨の単位を多く消費すればするほど、最後の1単位から得られる効用、すなわち限界効用は小さくなるという考え方であった。

　メンガーによれば、人は生涯にわたって予想される福祉を大きくすることに関心を払う。そのような福祉を実現するためには、まず生理学的な欲望を満足させなければならないが、その中でも自分たちの生命を維持するための欲望を満たすことが先決である。その次に満たされるのは、自分たちの健康を維持するような欲望についてであろう。このような基本的な欲望を満たしたうえで、さらに文化的欲望をも満たさなければならない。文化的欲望は、安楽と娯楽とに分けられる。

　こうして、人々の福祉は、生命の維持、健康の管理、安楽と娯楽の追求、というような順序で満たされ、満足の度合いは、あとのものほど低くなる。人々は蓄えた富を最も高い福祉の実現のために使い、それぞれの富の大きさに従って、福祉の飽和状態に達するが、追加的な1単位によって実現される

福祉の増加によって得られるのが従属効用となる。この従属効用は、先の福祉の順序に従って、あとのものほど低くなる。この従属効用を実現する多様な財貨に関する福祉の大きさ、すなわち限界効用を等しくすることが、それぞれの家計が最大の満足を得るための条件となる（◯第10章）。

　メンガーの効用理論について、もう一つ指摘しておきたいことは、それが古典派経済学の費用概念を根本的に覆したことである。古典派においてはすべての財の価値は、それらを生産するために使用した生産要素の価値によって決められていた。メンガーはこのような古典派の費用価値論を否定する。費用は、使用した生産要素の価値の合計からなるのではなく、これとは反対に、消費者によって最終消費財に付加される限界効用価値がそれを作るために使われた生産要素の価値、すなわち生産費用を決める。極端にいえば、消費者によって評価される見通しのないような最終生産物を作る生産要素の価値は、そもそも費用として認められないのである。このような考え方は、やがてウィーザーの帰属理論の中で**機会費用**として、再論されるようになる。

　またメンガーは、資本、労働、土地などの生産要素の価値は、それらから生み出される将来の価値（限界効用）によって決められるとした点でも、先駆的な役割を果たした。すなわち、メンガーは、**時間の要素**を重視する経済学をいち早く始めていたことになる（◯第10章）。

　さてこのようなメンガーの限界効用理論と同じ考え方は、限界革命の他の2人によって、それぞれ別の用語を使って表現された。メンガーの「従属効用」は、ジェヴォンズの「最終効用度」、ワルラスの「希少度」であった。またメンガーの「具体的効用」は、ジェヴォンズの「効用度」であり、ワルラスの「強度効用」となった。これらはすべて、今日では、「限界効用」という用語によって統一的に表現されるであろう。3人の間の違いは、メンガーが価値の本質について議論したのに対して、ジェヴォンズとワルラスは価値の関数関係、すなわちそれぞれの財についての限界効用と市場価格との間の関数関係を研究したことである。そして限界効用は、微分法を使って、$\frac{du}{dx}$のように簡単に表現された。ここで、uは効用の大きさを、xは任意の種類の財の単位数を表す。**限界効用逓減の法則**は、図7-3のように描かれる。

ここで縦軸には限界効用、横軸には任意の財の単位数が示される。この図は、消費する財の単位数が増すほど、その効用の増加率（限界効用）は減少することを示している。もしメンガーが十分に数学的な知識を持つことができたならば、限界効用についてのこのような数学的表現を受け入れたであろう。このように表現される限界効用理論は、その後、近代経済学の共通の出発点となったのである。

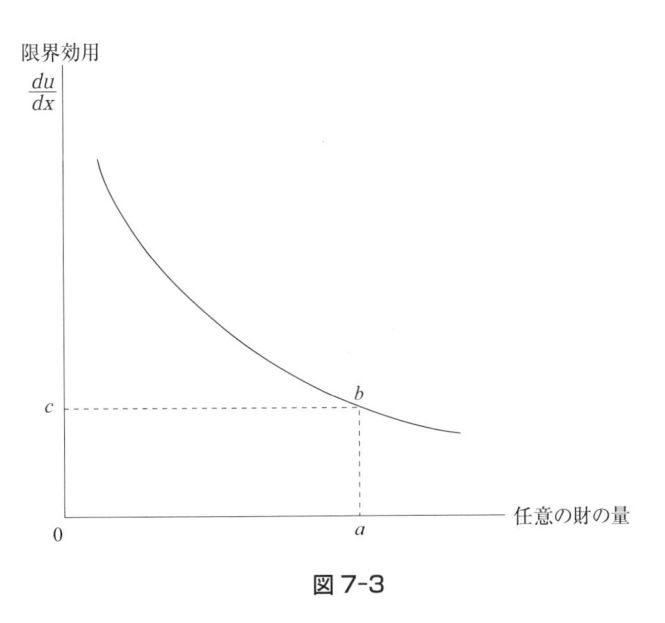

図 7-3

〈より進んだ研究のための参考文献〉

ウェーバー著、梶山力・大塚久雄訳『プロテスタンティズムの倫理と資本主義の精神』岩波文庫、1962年〈1904-05〉
カウダー著、斧田好雄訳『限界効用理論の歴史』嵯峨野書院、1979年〈1965〉
ハイエク著、嘉治元郎・鍛治佐代訳「真の個人主義と偽の個人主義」『ハイエク全集（第3巻）個人主義と経済秩序』春秋社、1990年〈1948〉
J.S.ミル著、塩沢公明・木村健康訳『自由論』岩波文庫、1971年〈1859〉
――――著、山岡洋一訳『自由論』日経BPクラシックス、2011年
――――著、斉藤悦則訳『自由論』光文社古典新訳文庫、2012年
馬場啓之助『マーシャル』勁草書房、1961年

〈問題〉

① 近代経済学が誕生した歴史的事情として、本文中で最も納得のいく説明とその理由について、考えてみよう。
② 近代経済学の思想的基盤としての個人主義と自由主義とは、どのように結びついているかについて、考えてみよう。
③ 労働を尊重する経済思想と消費者の効用を重視する経済学とでは、どのような点が違うかについて、考えてみよう。
④ 企業家と消費者の効用の予測とは、どのように関連しているのか、考えてみよう。
⑤ 3人の近代経済学の創始者の間で、誰が最も限界効用理論の研究に対して熱心であったのか、またその理由は何だったのかについて、考えてみよう。

第 8 章

ワルラス゠パレートの一般均衡理論

レオン・ワルラス
(Léon Walras: 1834–1910)

ヴィルフレド・パレート
(Vilfredo Pareto: 1848–1923)

第2部　近代経済学

〈要約〉

1　ワルラス＝パレートの経済思想とその起源……p.180
・現代のミクロ経済学や厚生経済学の基礎を築く
(1) ワルラス経済学の起源
・フランスの空想的社会主義批判——科学的社会主義の樹立へ
・土地国有化と経済的自由の両立
・サン・シモンの産業組合思想——均衡分析における数学利用
(2) パレートの思想と経済学
・トリノ工科大学で学び鉄道技師へ
・自由主義的政治活動ののちワルラスと出会い、一般均衡論研究へ
・のちに社会学者に転向

> 📖 **テキスト**
> ワルラス：『純粋経済学要論』Eléments d'économie politique pure, ou théorie de la richesse sociale, 1874.
> パレート：『経済学講義』Cour d'Economie Politique, 1896.

2　一般均衡理論の主題……p.182
(1) 一般均衡理論の問い
・個々人は、時と場所により、消費者、企業家、資源の所有者として市場に参加
・各々の市場での完全競争を実施した場合に、すべての市場における一般的な均衡は存在しうるか
・①交換、②消費財の生産、③生産要素の市場、④貨幣市場の4つの局面にわたって研究
(2) パレート改善と最適
・パレート改善：他の誰かを悪くすることなく、誰かが良くなる状態
・パレート最適：パレート改善の余地のない状態

3　ワルラス＝パレートの一般均衡理論の解答……p.184
(1) 交換の均衡
・「エッジワースの箱」による説明
・リンゴとミカンの限界代替率と相対価格が等しいこと

(2) 消費財生産の市場均衡
  ・生産の限界変形率が消費者の限界代替率と等しくなること
    ──最も効率的な生産方法と効用最大化の得られる均衡価格の条件
(3) 要素（資本財）市場の均衡
  ・生産要素（資本と労働）に関する技術的限界代替率が両要素を使用するすべての生産者にとって等しいこと
  ・利子率と賃金率の比が技術的限界代替率に等しいこと
  ・(1)(2)(3)の条件をすべて満たす一般均衡解──最適な諸財の価格、利子率、賃金率
(4) 貨幣市場の均衡
  ・セイの法則の洗練──ワルラスの法則
  ・古典的貨幣数量説の保存
(5) 一般均衡理論の結論：厚生経済学の基本定理
  ・すべての市場参加者が最適な状態に達する必要かつ十分な条件──すべての財・サービスの取引において株式取引所におけるような完全競争が行われること

> **厚生経済学の基本定理**
>   すべての競争均衡はパレート最適であり、すべてのパレート最適は競争均衡である。

4　一般均衡理論の成果と問題点……p.194
(1) 一般均衡理論の成果
  ・市場経済の自動調節機能──「見えざる手」の数学的証明
  ・第2次世界大戦後の新古典派総合──現代経済学の主流派を形成
(2) 一般均衡理論の問題点
  ・静学的仮定：完全競争、完全情報──多様な市場取引の除外
  ・労働市場の問題：不完全雇用、失業・富の不平等問題の排除
  ・時間の要素の軽視：不確実性、資本、技術革新、金融市場に関連する問題の除外

1 ワルラス=パレートの経済思想とその起源

　近代経済学は、個人主義・自由主義の思想に基づいて、消費者の限界効用について研究することから始まった。そして、①人間の欲望とその充足の研究を深めていく立場（オーストリアのメンガー）と、②企業家の活動を重視する立場（イギリスのジェヴォンズやマーシャル）と、③市場の均衡について数学的に研究する立場（フランス／スイスのワルラスやパレート）とに分かれて、それぞれの学派を形成していった。これら3つの立場を継承する学派は、互いに競い合い、あるいは、互いに影響を与え合いながら、その後発展していくことになる。まず初めに、③市場の均衡に関する数学的研究を深めていったワルラスとパレートの経済学について検討していこう。

(1) ワルラス経済学の起源

　レオン・ワルラス（Léon Walras: 1834-1910）は、フランスに生まれ、パリ国立高等鉱業学校に学び、のちにスイスのローザンヌ大学の教授を務めた。ワルラスの経済学の思想的源泉について理解するためには、父オーギュスト・ワルラスとの関係を知ることが必要である。レオン・ワルラスは工学を学び、**サン・シモン主義者**たちの影響で鉄道などの実業世界で働き始めたが、父の説得により経済学を勉強するようになった。中学校の校長を務めた教育者であった父のオーギュストは、独学で経済学を勉強し、1841年には『社会的富の研究』という著書を刊行していた。
　父の経済学の目標は、プルードンやサン・シモン（Saint-Simon: 1760-1825）らの**空想的社会主義**を批判し、それらに代わる**科学的社会主義**を樹立しようとするものであった。社会的富を3つの要素に分け、人間の人格的能力によって得られる生産物は私有され、また蓄積された労働よりなる資本についても私有することは認められるが、自然の賜物である土地については共有されることが正しいというのが、父の経済学の結論であった。
　息子のレオンは、主として市場経済における均衡の存在について、これを

数学的に研究することに専念した。だが、土地国有化と経済的自由の彼の主張の背後には、父オーギュストの影響が強く働いていた。ローザンヌ大学の教授就任の際に共産主義者だと疑われたこと、および、彼の後継者たちのほとんどが社会主義経済計算論争において、社会主義の実現可能性を弁護したことなどは、父から受け継いだレオンの社会主義思想の影響だったのかもしれない。いずれにしても、近代経済学の創始者の一人が土地国有化と経済的自由とを両立させようとした社会主義者であったことは、特筆すべきことであろう。

(2) パレートの思想と経済学

ヴィルフレド・パレート（Vilfredo Pareto: 1848-1923）は、フランスで生まれ、イタリアのトリノ工科大学で数学、物理学、建築学を修めたのち、鉄道技師となったが、父親の影響から自由主義的な立場で政治活動をするようになった。そして、ある自由主義的政治家の紹介でワルラスと知り合い、経済学研究の業績を積み、1893年にワルラスの後継者としてローザンヌ大学の経済学教授に就任した。同時に、ワルラスと共同で一般均衡理論を完成させたが、やがて専門を社会学に変更し、この分野でも業績を上げた。

ワルラスとパレートとは、市場均衡の数学的研究において、後世に残る貢献を果たし、今日までの数理経済学の先駆者となった。彼らの一般均衡理論を中心とする経済学は、ローザンヌ大学を拠点とする多くの経済学者たちによって引き継がれ、現代のミクロ経済学や厚生経済学の基礎を築いた。

📖 テキスト

ワルラス：『純粋経済学要論』*Eléments d'économie politique pure, ou théorie de la richesse sociale*, 1874.
パレート：『経済学講義』*Cour d'Economie Politique*, 1896.

2　一般均衡理論の主題

(1) 一般均衡理論の問い

　ワルラスの経済学は、他の近代経済学者たちと同じく、個人主義・自由主義の立場から出発した。彼の経済学において、個々人は特定の階級に属さず、その役割に応じて、ときには**消費者**として、または**企業者**として、さらにまた何らかの**資源の所有者**として、市場に関係する。彼らがそのような役割を果たすのは、その社会的地位や身分ではなく、その時々の状況による。したがって、一人の人がこれら3つの機能を同時に果たすこともありうる。むしろ、そのような状態のほうが普通のことである。資源の所有者として市場に関係するのは、もちろんその人が労働という資源以外には何も持たない場合にも可能である。このように想定することによって、ワルラスの経済学は、個人主義・自由主義の思想を経済学の分野に具体化していった。

　一般均衡理論の主題は、すべての市場において需要と供給とが同時に均衡することが可能かどうかを問うことにあった。また、そのような均衡は安定的であるのかどうか、ということも重要な研究課題であった。すなわち、すべての市場で需要と供給とがもし一致することがあったとしても、それは単なる偶然ではなく、いったん均衡からそれた場合にも、均衡に引き戻す力が市場で働くかどうか、ということが重要な研究課題となったのである。これを**均衡の存在問題と安定問題**という。

　しかし、すべての市場に均衡があるかどうかを一度に調べることはできない。そこで、次の順序で、市場均衡のそれぞれの局面について研究する方法がとられた。すなわち、①**交換における均衡**、②**消費財生産の均衡**、③**資本財（要素）市場の均衡**、④**貨幣市場の均衡**、という順序で研究が進められた。そして、これらのすべての局面で同時に均衡が成立することが証明できなければならないと考えた。この点が、のちに検討するマーシャルの部分均衡理論とワルラスの一般均衡理論との違いである。すなわち、部分均衡理論においては、それぞれの部分的な市場局面で均衡が成立することが確かめられれ

ばそれで良いと考えられたのに対して、一般均衡理論においては、すべての市場局面で均衡が成立することが証明されなければ、そのような研究は不完全だと考えられたのである。

(2) パレート改善と最適

一般均衡理論は、単にすべての市場で需要と供給が等しくなるという結果だけを検討したのではなかった。さらに、市場で均衡が成立するための個々人の主体的な動機についても検討していた。すなわち、市場に参加するすべての人が主体的に自分たちの状態をより良くしようとする結果として、市場の需要と供給が等しくなると考えたのである。

そのような市場均衡を達成するための主体的動機について検討するときの重要な基準とされてきたのが、「パレート最適（効率）」であった。この規準は、次のような英語または日本語の文章によって簡潔に表される。

> *Key Word* パレート改善と最適
> パレート最適または効率（Pareto efficient）の定義
> No-one can be better off without making someone worse off.
> 誰一人として、他の誰かを悪くすることなしには、良くならない状態。
> パレート改善（Pareto improvement）の定義
> Someone can be better off without making another worse off.
> 誰かが、他の誰かを悪くすることなしに、良くなれる状態。

パレート最適とパレート改善の定義は、まさに対称的である。英語の定義では、最初の 'No-one' と 'Someone' とを入れ換えることによって、文章の意味は、パレート最適からパレート改善へと変換する。そしてそれらの意味は、正反対になる。すなわち、パレート最適の状態にあれば、もはやパレート改善の余地はなく、その反対に、パレート改善の余地があれば、パレート最適な状態ではない。したがって、先の定義をもっと簡単にするならば、パレート最適とはパレート改善の状態でないこと、またパレート改善とはパレート

最適の状態でないこと、といいかえることができる。もちろん、この表現は同義反復（トートロジー）であり、これでは意味が分からないので、先の定義のほうがよい。

　市場経済においては、すべての人が自分たちの状態をより良くしようと行動している。ただ単に自分たちの状態だけを良くするためならば、他人に損害を与えることによっても状態は良くなるかもしれない。しかし、それでは彼らの行動は公共の福祉に反する。したがって、すべての人は、公共の福祉に反しない限りで、自分たちの状態をより良くしようとする。そのような行動の余地がある限り、それはパレート改善の状態である。

　そのようなパレート改善の余地がまったくなくなったとき、もはやいかなる人も他人の状態を悪くすることなしには自分たちの状態を良くできなくなる。このような状態になったとき、パレート最適（または効率）の状態に達したといえる。なぜならば、だれもがそれ以上何らかの行動をとるならば、今よりも誰かの状態を悪くするので、今の状態がすべての人にとって最善の状態だといえるからである。

　ところで、個々人がパレート改善とかパレート最適とかというとき、彼らは自分たちの効用水準を基準にして判断する。市場経済においては、人々は市場での交換を通じて、自分たちの状態をより良くしようとしている。つまり、自分たちの効用水準をより高いものにしようとしている。したがって、まず市場での交換を通じて、パレート改善やパレート最適の状態がどのように実現されるかについて検討してみなければならない。

3　ワルラス＝パレートの一般均衡理論の解答

(1) 交換の均衡

　交換の均衡については、「エッジワースの箱」と呼ばれている図8-1のような図形を用いて説明するのが便利である。フランシス・エッジワース（Francis Edgeworth: 1845-1926）は、ジェヴォンズとマーシャルに影響を受けたイギリスの経済学者であったが、パレートの均衡理論を解説するために

第8章 ワルラス＝パレートの一般均衡理論　185

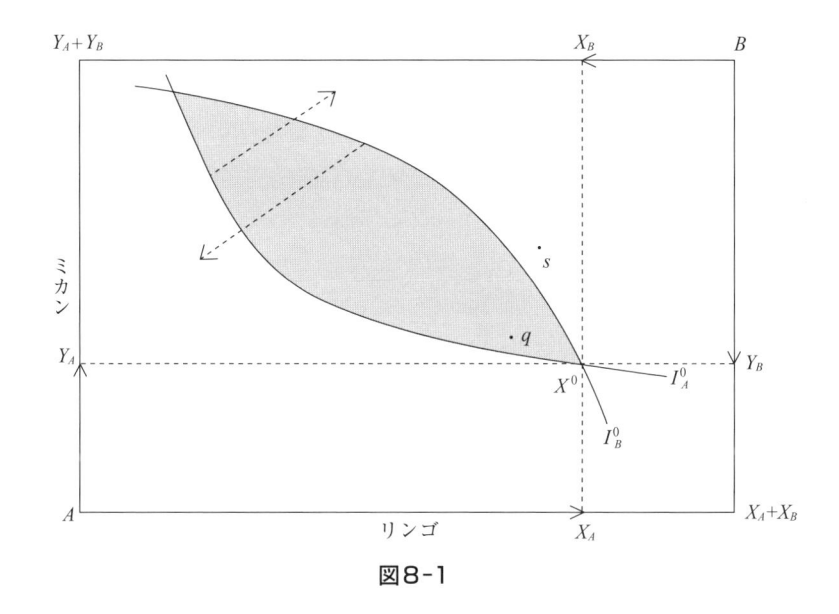

図8-1

有用な以下のようなアイディアを提案した。

　今、A と B の2人が2つの商品、たとえばリンゴとミカンを交換するものとする。図の横軸（X 軸）はリンゴの量（個数）を、縦軸（Y 軸）はミカンの量（個数）をそれぞれ測っている。A が今、保有しているリンゴとミカンの量は、左下から横軸と縦軸に沿って、それぞれ X_A、Y_A のように示されている。また B が保有しているリンゴとミカンの量は、今度は右上から横軸と縦軸に沿って、それぞれ X_B、Y_B のように示される。なおこれ以降、A の立場からは左下からすべてのことを測り、B の立場からは右上から測ることにする。

　図の X^0 点は、A と B の現在のリンゴとミカンの保有状態を示している。A はリンゴをより多く、ミカンをより少なく持っているのに対して、B はリンゴをより少なく、ミカンをより多く持っている。箱の横の長さは、2人の持つリンゴの合計（X_A+X_B）を、縦の長さは、2人の持つミカンの合計（Y_A+Y_B）を示している。つまり、今、2人は、箱の横と縦の長さで測られるリンゴとミカンの合計量を X^0 点でそれぞれ分け合っていることになる。

さて、次にAとBのリンゴとミカンに関する無差別曲線を図8-1の上に描いてみよう。**無差別曲線**とは、それぞれの人にとって同じ効用水準を達成するために必要な諸財の量の組み合わせを示す軌跡のことである。図8-1では、AとBの2人がX^0点で示されるリンゴとミカンの保有量と同じ効用を得るために必要なリンゴとミカンの量の組み合わせについて、それをすべて曲線状に描いている。

Aにとっては、I_A^0という曲線がリンゴとミカンの無差別曲線となる。この曲線が、なぜ左下に膨らんだような曲線になるかというと、それは、前章でみた**限界効用逓減の法則**による。Aは今持っているリンゴを手放すにつれて効用を減らすことになるが、その代わりにミカンを手に入れれば、効用の減少を回復することができる。初めのうちは、リンゴを減らすことによって失った効用は、ミカンを少し増やすだけで取り戻すことができるが、そのうちにミカンをより多く手に入れなければ、減らした効用を回復できなくなる。なぜならば、限界効用逓減の法則によって、一方で少なくなったリンゴを手放すことによる効用の減少は大きくなるのに対して、他方では多く保有するようになったミカンを手に入れることによって増える効用は小さくなってくるからである。その結果、Aの無差別曲線は、左のほうに行くほど、その曲がり具合がより大きくなる。その結果、Aのリンゴとミカンに関する無差別曲線は、左下に膨らんだように描かれるのである。

これに対して、Bの無差別曲線I_B^0は、右上のほうに膨らんだように描かれる。その理由は、先ほどのAの場合と同じで、Bはミカンを手放すことによって失う効用をリンゴを手に入れることによって回復することができるが、図の左に行くほど同じ効用水準を得るためにはより多くのリンゴを手に入れなければならなくなる。その結果、Bの無差別曲線は、右上に膨らんだように描かれるのである。なお、この図の中では、Aの無差別曲線が右上に移動するほど、それによって示されるAの効用水準は高いのに対して、Bの無差別曲線が左下に行くほど、Bの効用水準は高くなる。

ところで、AとBのリンゴとミカンの最初の保有状態を示すX^0点は、パレート最適点ではない。なぜならば、両者の保有状態を示す点がこのX^0

から図の中のアミ掛けで示した範囲のどの点に移っても、両者の状態は改善するからである。たとえば、両者の保有状態が q 点に移ったとしよう。この点を通る無差別曲線で示される効用水準は、A の場合にも、また B の場合にも、以前よりも高い水準になるだろう。しかし、アミ掛けの範囲を超えて点が移動した場合には、そのような改善はみられない。たとえば、s 点に移動したとすると、A の効用はより高くなるが、B の効用は以前よりも低くなる。したがって、点を移動することによって、A と B のどちらか一方を悪くすることなく、少なくともどちらか一方の状態が良くなるのは、図の中のアミ掛けで示した範囲に限られることが分かる。すなわち、このアミ掛け部分は、**パレート改善**が実現できる範囲を示していることになる。

それでは、A と B の状態は、どこまで改善することができるのであろうか。あるいは、**パレート最適点**はどこになるのであろうか。無差別曲線を次の図 8-2 のように、それぞれ I_A^e と I_B^e にまで移動させるところまで、両者の状態は改善されるであろう。そして、2つの無差別曲線の接する e 点がパレート最適点になる。

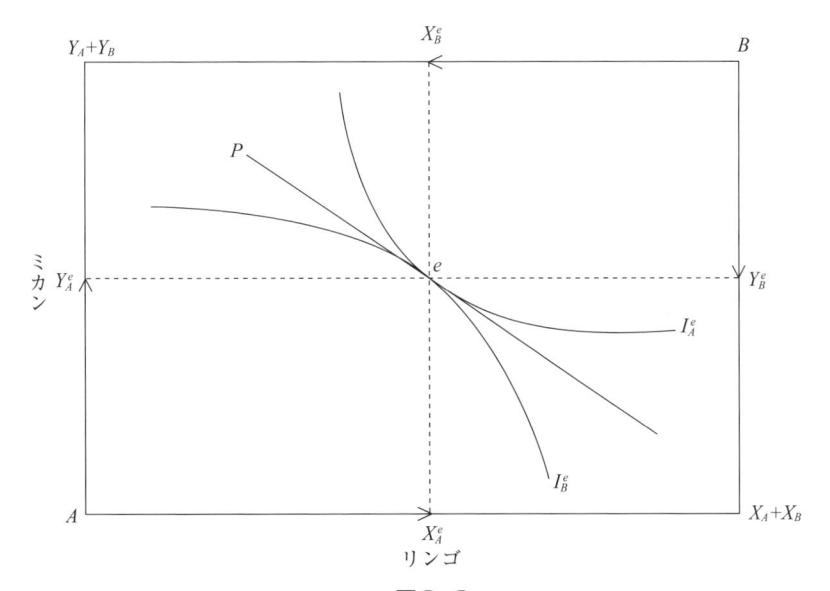

図8-2

この e 点において、2つの無差別曲線は接している。いいかえれば、両曲線は同一の接線 P を共有している。この接線 P の傾きは、リンゴとミカンの**価値＝均衡価格**またはそれらの交換比率を表わす。なぜならば、この接線の傾きは、A と B のリンゴとミカンに関する**限界代替率**（MRS）、すなわち A と B の限界効用の比に等しくなるからである。このことについて、簡単な数式で表せば、次のようになる。

$$\frac{dU_A}{dX_A} \Big/ \frac{dU_A}{dY_A} = \frac{dU_B}{dX_B} \Big/ \frac{dU_B}{dY_B} = \frac{dY_A}{dX_A} = \frac{dY_B}{dX_B} = P \quad (8-1)$$

ここで U_A、U_B は、それぞれ A と B の効用の大きさを示し、また P は、リンゴとミカンの交換比率、すなわち2種類の財の価値＝相対価格になる。このように、2つの財に関する**限界代替率**（限界効用の比）が両者にとって等しくなることが、交換の均衡が成立する条件となる。いいかえれば、限界代替率に等しい価格に基づいて取引することが、交換の均衡が成立する条件となる。

（2）消費財生産の市場均衡

次に消費財生産における市場均衡について検討してみよう。今何らかの種類の生産要素、たとえば労働から2種類の消費財、たとえばリンゴとミカンが作られるとする。次の図8-3の中の T_1-T_2 曲線は、リンゴとミカンの**生産フロンティア**を表している。すなわち、この経済システムで利用可能な労働量をすべて使ったときに生産することのできる最大限のリンゴとミカンの数量を表している。すべての労働をリンゴの生産に使った場合には、0-T_1 の長さで示されるリンゴの量を、また同じ労働量をすべてミカンの生産に使った場合には、0-T_2 のミカンの量を生産することができる。リンゴとミカンの生産に労働を適当に振り分けた場合には、T_1-T_2 の曲線上のいずれかの点で示されるリンゴとミカンを生産することができる。

生産フロンティアの曲線が右上のほうに膨らんだ形で示されているのは、リンゴとミカンの生産が収穫逓減の法則に従うからである。すなわちどちら

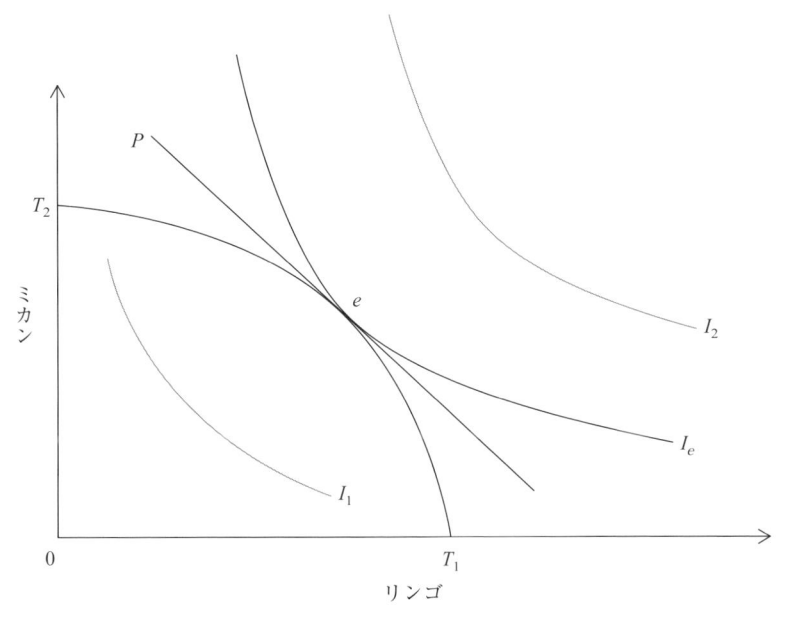

第8章　ワルラス＝パレートの一般均衡理論　189

図8-3

かの種類の財貨の生産が多くなればなるほど、労働の投入をもう1単位増やすことによって得られる生産量の増加率は小さくなる。そのために、生産フロンティアは、右上に膨らんだ形に描かれるのである。

　この曲線は、また最も**効率的な生産**を示している。なぜならば、一定の生産要素、ここでは一定の労働を使って最も多くの生産物を生産する方法を表しているからである。同じことになるが、1単位の生産物を作るのに最も費用を少なくする方法を示している。

　次にこの図に、リンゴとミカンの消費者、ここではAの無差別曲線を書き込んでみよう。無差別曲線が、$I_1 \to I_2$ というように右上に移動すればするほど、Aの効用水準は高くなる。しかし、一定の労働によって生産可能なリンゴとミカンの量は、曲線 T_1-T_2 の内側に限られている。したがって、最も効率的で最適なリンゴとミカンの生産量＝消費量は、生産フロンティアの曲線と消費者Aの無差別曲線の接する e 点になる。なぜなら、その点以

外では、A の効用は高くなるが所定の労働量によっては生産できないか、もしくは労働コストは小さいが A の効用は低くなるかのいずれかになるからである。

　この e 点においては、接線 P の傾きは、以前と同じように、A のリンゴとミカンに関する限界代替率を表しているが、それはリンゴとミカンを生産するときの**限界変形率**（MRT）にも等しくなる。ここで限界変形率とは、一定の労働をもってリンゴとミカンを最も効率的に生産するときに、リンゴとミカンを代替させる比率のことである。このような関係を数式で表せば、次のようになる。

$$\frac{dT_2}{dT_1} = \frac{dU_A}{dX_A} \bigg/ \frac{dU_A}{dY_A} = \frac{dY_A}{dX_A} = P \qquad (8-2)$$

　ここで T_1 と T_2 はリンゴとミカンの生産量、また X_A と Y_A は A によるリンゴとミカンの消費量、U_A は A の効用水準をそれぞれ表す。上の式の左辺は、リンゴとミカンの**限界変形率**、2つ目と3つ目の辺はそれらの**限界代替率**を表す。こうして、最も効率的な生産を示す限界変形率と、消費者の効用を最大化する限界代替率とが等しくなり、またそれらがリンゴとミカンの価値＝均衡価格に等しくなることが、消費財生産の市場均衡の条件になる。ここで示された均衡価格と、先の交換における均衡価格とが等しい限り、交換の分析と消費財生産の分析とは整合的である。もしそうでなければ、これまでの分析を初めからやり直さなければならない。

(3) 要素（資本財）市場の均衡

　今度は、複数の生産物が1種類の生産要素によってではなく、複数の生産要素によって生産される場合を考える。ここでは簡単化のために、リンゴとミカンが2種類の生産要素、すなわち資本と労働によって生産されるとしよう。そうすると、生産者は、資本と労働とをどのように組合わせて生産を行ったらよいのか選択することになる。この組合せについては、一方で利用可能な技術に依存するとともに、他方では資本と労働の価格、すなわち利子率と

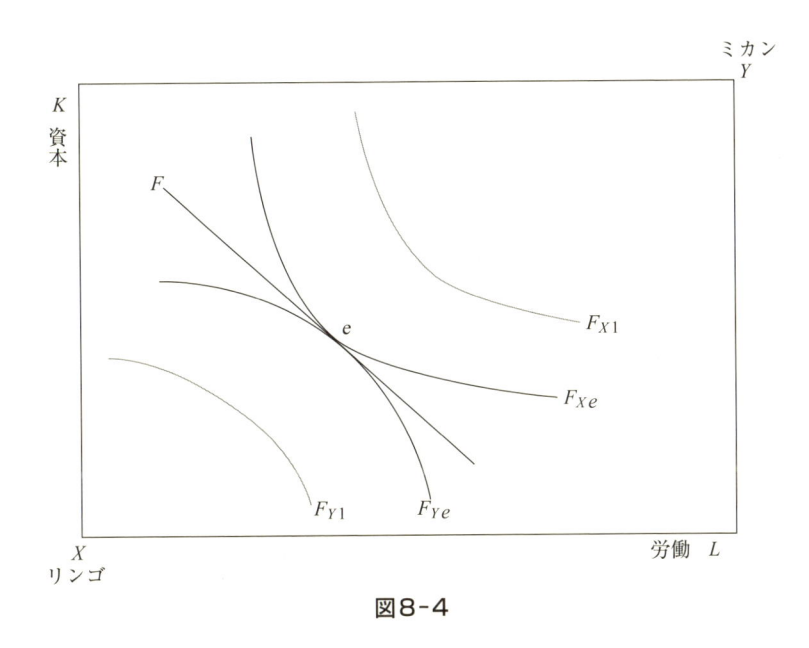

第8章　ワルラス゠パレートの一般均衡理論　　191

図8-4

賃金率との関係にも依存する。賃金率が高い場合には、労働のコストを節約するためにより多くの資本を使用することになる。こうして、資本と労働との間に代替的な交換の市場が成立する。

　図8-4は、そのような要素の交換される市場を図解している。横軸には労働の量L、縦軸には資本の量Kが測られている。また左下からは、リンゴの生産者の立場が、右上からはミカンの生産者の立場が述べられている。すなわち、一定量のリンゴを最も効率的に生産するために使われる資本と労働の代替的な組み合わせはF_{X1}のように、また一定量のミカンを最も効率的に生産するために使われる資本と労働の組み合わせはF_{Y1}のように、それぞれ曲線で表されている。このような曲線は、等量曲線と呼ばれている。すなわち、これらの曲線は、同じ種類の財に関して等しい量の生産を可能にする複数の要素の組み合わせを示している。

　同じ等量曲線の上では、同じ量のリンゴやミカンを生産するのに必要な労働と資本の様々な組み合わせが示される。リンゴの等量曲線が右上に移動するほど、リンゴの生産量は多くなるのに対して、ミカンの等量曲線が左下に

192　第2部　近代経済学

移動するほど、ミカンの生産量は大きくなる。しかし、リンゴの生産量を増やせば、ミカンの生産に使える労働と資本の量は減少するから、ミカンの生産量はそれだけ少なくなる。先の消費財生産の分析において指定された最適な量のリンゴとミカンを生産するために資本と労働を最も効率的に利用する方法は、e 点のようにリンゴとミカンの等量曲線が接するところで決まる。この点以外のところでは、いずれか一方の生産量を減らすことによって、他方の生産量を増やさなければならない。

　また e 点では、リンゴとミカンの等量曲線の接線は等しくなる。この接線 F の傾きは、2つの生産要素の**技術的限界代替率**、すなわち資本と労働の限界生産力の比、または、資本の利子率 r と労働の賃金率 w の比に等しくなる。こうして、所定の量のリンゴとミカンを生産するために使われる資本と労働との間の技術的限界代替率と、利子率 r と賃金率 w の比率とが等しくなるとき、資本と労働とは最も効率的に利用される。そのような関係を数式によって示せば次のようになる。

$$\frac{dX}{dL} / \frac{dX}{dK} = \frac{dY}{dL} / \frac{dY}{dK} = \frac{r}{w} \qquad (8-3)$$

　ここで、X はリンゴの生産量、Y はミカンの生産量、L は労働量、K は資本量をそれぞれ表し、w と r は賃金率と利子率を表す。すなわち、この式は、リンゴとミカンが最も効率的に生産されるときには、労働と資本の限界代替率と賃金率と利子率の比が等しくなることを示している。このような結論と、先に検討した交換と消費財生産における均衡条件とがすべて一致するとき、生産要素市場を含めたすべての市場において一般均衡が成立する。すなわち、交換の均衡、消費財生産の均衡、および生産要素市場の均衡を同時に成立させる消費財価格とその生産量、およびそれらを生産するために使われる資本の利子率と労働の賃金率とがすべて整合的に決定されるのである。

(4) 貨幣市場の均衡

　最後に残された課題は、貨幣市場の均衡について説明することである。これまでの説明においては、貨幣は考慮されてこなかった。そこでは、リンゴ

とミカンの交換比率のような相対価格だけが問題にされていた。貨幣を説明に加えることによって、相対価格や賃金率、利潤率などは、すべて今度は貨幣の一定量によって表現されることになる。そのために使われる貨幣の需要と供給とは、はたして等しくなるだろうか。そのような疑問はもっともであるが、その心配は無用である。必要なだけの貨幣量は、きちんと供給されるのである。

　このことを理解するためには、ワルラスの法則についてここで少し説明しておく必要がある。**ワルラスの法則**とは、総需要と総供給とが一致するというセイの法則を洗練させたものである。この社会のすべての経済主体は、労働を含む何らかの商品を売ることによって収入を確保し、その収入で必要な財貨を買って生活する。そのような予算制約があるので、労働を含む総供給と貨幣を含む総需要とは必ず一致する。そして貨幣以外の財の総供給と総需要とが一致しているならば、最後に残された貨幣の供給と需要とは必ず一致することになる。一般に、n個の商品の需要と供給の均衡条件は、$n-1$個の商品市場の条件に等しいから、最後のn番目の市場を貨幣市場とするならば、貨幣の需要と供給とは必ず等しくなる。貨幣の役割は、その他の商品の売買を仲介しながら、すべての商品の名目価格を決めることにある。その名目価格は、貨幣の数量が多ければ大きくなり、反対に貨幣の数量が少なければ小さくなる。そのような関係を示せば、次のようになる。

$$Mv = PQ \quad (8-4)$$

　ここでMは貨幣の数量、vは貨幣の流通速度、Pは物価水準、Qは商品の総取引量を表す。すなわち、この式は、**古典的な貨幣数量説**と同じことを表している。限界革命にもかかわらず、一般均衡理論においては古典的な貨幣数量説が保持されていたのである。

(5) 一般均衡理論の結論：厚生経済学の基本定理

　以上のような分析の結果、交換の均衡、消費財生産の均衡、要素市場の均衡、そして貨幣市場の均衡がすべて成立することが説明された。このような

結果は、すべての市場において完全に自由な競争が行われるという条件に基づいて達成されたものである。すなわち、完全に自由な競争が行われることがパレート最適となることの必要にして十分な条件なのであった。このような結論は、次のような厚生経済学の基本定理として、現在まで保持されてきている。

> *Key Word*　厚生経済学の基本定理
> すべての競争均衡はパレート最適であり、すべてのパレート最適は競争均衡である。

4　一般均衡理論の成果と問題点

(1) 一般均衡理論の成果

ワルラスとパレートは、市場経済において競争が完全に行われる場合に、どのような結果が得られるかについて、株式取引所のような完全競争市場を想定して分析した。そしてその結論は、すべての市場で同時に均衡に達することができる、というものであった。このような分析は、数学的に精密な形で行われ、市場経済の自動調節能力、すなわちスミスの「見えざる手」の働きを論証するものであった。その結果、一般均衡理論は、市場経済の将来に対して明るい見通しと確信とを与えた。

このようなワルラス＝パレートの一般均衡理論の成果は、第2次世界大戦後の数理経済学の世界的な発展に対して決定的な影響を与えた。とくにワルラス法則に関連して示されたいくつかの定理は、経済システムの相互依存関係に関して有意義な情報を提供した。その成果は、第2次世界大戦後、サミュエルソンなどのアメリカの経済学者たちの精力的な努力によって、新古典派総合と呼ばれる経済学体系にまとめられた。この**新古典派総合**は、ケインズ経済学から出発したマクロ経済学とともに、ミクロ経済学の古典として、現代の主流派経済学の中核部分を構成し続けてきた。

(2) 一般均衡理論の問題点

　しかし一般均衡理論には、いくつかの欠陥があることもやがて分かってきた。そのような欠陥は、理論それ自体にあるよりも、むしろ理論の前提にあった。とくに、その静学的な仮定の現実妥当性に対しては、多くの疑問が投げかけられた。

　一般均衡理論は、株式取引所のような組織された競争市場がすべての財やサービスに関して機能していることを前提にしていた。そこでは、すべての市場参加者に対して平等に完全な情報が無料で提供されていること、独占や寡占のないこと、外部性や不確実性の問題のないことなど、厳しい仮定が設けられていた。そのような厳しい条件が妥当するのは、取引所のような市場に限られており、そのような競争市場があるのは、ほんの一部の商品に限られている。魚や野菜などの消費財と、機械などの資本財や金融資産とでは、その取引のやり方は違うし、またたとえば東京と大阪、ロンドンとニューヨークでは、同じ種類の商品でも異なった値段で取引されているかもしれない。たしかにインターネット販売などが普及すれば、多くの商品について世界的な市場ができるかもしれない。しかし、労働などの生産要素の市場では、そう簡単に統一的な市場はできそうにない。

　一般均衡理論は、すべての品物について機械的に一律にそれらの価格と数量とが競争市場で決まると想定することによって、諸商品の間の質の違いや場所の違いを無視することになった。とくに人間の労働について、他の商品と同じように、価格（賃金）の変動によって、需要と供給が等しくされ、完全雇用が達成されるとしたことに対しては、のちにケインズなどによって厳しく批判されることになった。

　さらに時間に関連する問題については、それ以上に深刻な問題が提出された。一般均衡理論は、すべての市場で最適な価格と数量とが同時に決定されることを仮定している。このような同時決定の仮定は、取引所のような競争市場に関しても非現実的である。取引所における実際の売買のほとんどは、「価格優先、時間優先」の原則で行われている。つまり価格の折り合いがつけば、取引は早い者勝ちに行われている。その結果、取引価格は時間ととも

に変動し、同時に決定されることはほとんどない。

　時間を考慮するとき、われわれは一般均衡理論では扱えない諸々の問題に直面する。**市場の失敗**として一般に認められている**外部性と不確実性の問題**のうち、後者は明らかに時間と密接に関連している。すなわち不確実性の問題は、一般均衡理論の結論に対して重要な障害となるが、それは時間を考慮しなければならなくなる諸々の経済問題では、とくに無視できない。たとえば、資本の理論や企業の投資活動の分析、イノベーション（技術革新）と金融市場との関連など、現代の経済問題のほとんどは、時間の要素を無視しては解決できない。

　以上のように、ワルラス＝パレートの開拓した一般均衡理論は、現代の経済学に対して積極的な影響と消極的な影響とを同時に与えた。第2次世界大戦後の経済学は、一方で一般均衡理論を精密化する研究と、他方では、それに代わりうる新たな経済学を作り出すような研究とに、大きく2つの流れに分かれていったのである。

〈より進んだ研究のための参考文献〉

サミュエルソン著、佐藤隆三訳『経済分析の基礎』勁草書房、1986年〈1947〉

ヒックス著、安井琢磨・熊谷尚夫訳『価値と資本――経済理論の若干の基本原理に関する研究（上・下）』岩波文庫、1995年〈1939〉

ワルラス著、久武雅夫訳『純粋経済学要論――社会的富の理論』岩波書店、1983年〈1874〉

岡田純一『経済思想史』東洋経済新報社、1970年

根岸隆『ワルラス経済学入門――「純粋経済学要論」を読む』岩波セミナーブックス15、1985年

森嶋通夫『新しい一般均衡理論――資本と信用の経済学』創文社、1994年

―――『森嶋通夫著作集〈9〉ワルラスの経済学』岩波書店、2004年

〈問題〉

① パレート改善とパレート最適との関係について、その意味をもう一度確かめ、市場交換においてどのような状態がそれに当たるかを、考えてみよう。

② 市場交換において、各人の限界効用と限界代替率と相対価格の比が等しくならないとき、どのようなことが起こるかについて、考えてみよう。

③ 消費財生産と市場との関係において、生産者の限界変形率と消費者の限界効用の比が等しくないとき、どのようなことが起こるかについて、考えてみよう。

④ 生産要素の市場において、資本と労働の技術的限界代替率と、利子率と賃金率の比とが等しくないとき、どのようなことが起こるかについて、考えてみよう。

⑤ 時間の流れを考慮するとき、一般均衡理論の仮定がなぜ当てはまらなくなるのかについて、考えてみよう。

第 9 章

マーシャルの経済学

アルフレッド・マーシャル
(Alfred Marshall: 1842–1924)

〈要約〉

1　マーシャル経済学の思想的基礎……p.202
(1) 道徳哲学からの経済学の独立、人間の研究から経済生物学へ
(2) 功利主義
　①ベンサムの功利主義
　・「最大多数の最大幸福」──幸福＝快楽の最大化
　②J.S.ミルの自由主義的功利主義
　・「太った豚よりも痩せたソクラテスになれ」──快楽の等級づけ
　・自由という自然権擁護
(3) 進化論
　・ダーウィン、スペンサーの進化論──分化と統合
　・カントの道徳原理、ヘーゲルの歴史哲学──企業活動の自由
(4) マーシャルの思想的基盤：功利主義と進化論との結合

2　マーシャルと古典派経済学との関係……p.205
(1) リカード経済学の批判
　・経済は自然法則でなく進化する人間の研究の一環である
(2) 古典派経済学の擁護
　・「ハサミのたとえ」──需要サイドと供給サイドの双方を重視
　・長期における供給の論理の優越
　・ヴェブレンによる批判──新古典派経済学

3　近代経済学におけるマーシャルの特徴……p.206
　・生産費用が価値の決定に参加することを分析
　・産業組織の分析──労働、土地、資本に加えた第4の生産要素
　・部分均衡理論、移動均衡理論を展開
　　・市場観──空間的広がりと時間的広がり（一時→短期→長期）

4　『経済学原理』(1890-1920)の篇別構成……p.208

> 📖 テキスト
> 『経済学原理』*Principles of Economics*, 1890-1920.

第 1 篇　予備的考察　　第 2 篇　若干の基本的概念
第 3 篇　欲求とその満足　　第 4 篇　生産要因：土地、労働、資本および組織
第 5 篇　需要・供給および価値の一般的関係　　第 6 篇　国民所得の分配

5　企業と市場の経済学……p.208
(1) マーシャル経済学の概要
(2) 欲求の分析：消費理論
　・限界効用逓減の法則、需要価格、需要曲線、需要の弾力性など
(3) 生産要素および産業組織の分析
　・産業組織の発展――分化と統合による進化の過程
　・内部経済と外部経済、規模の経済、外部性など
　・経営組織の発展――個人企業から株式会社、公営企業、協同組合の利点と欠陥
(4) 市場の一時的均衡
　・時間の短い一時的な均衡――消費者余剰
(5) 短期の市場均衡
　・主要（変動）費用と補足（固定）費用
　・供給価格、供給曲線、限界費用曲線
　・準地代または生産者余剰
(6) 利潤と準地代（生産者余剰）との関係
　・準地代（生産者余剰）＝利潤＋固定費用
(7) 長期の均衡化について

6　分配論……p.221
(1) 限界生産力説
　・賃金：労働の需要価格＝労働の限界生産力、労働の供給価格＝労働能力の養成費
　・利子：資本の需要価格＝資本の限界生産力、資本の供給価格＝待忍の報酬
(2) 制度的要因
　・複合準地代の分配：収益分配に関する企業家の経営方針
(3) 経済進化論
　・経済生物学の序論
　・労働の報酬と資本の報酬の連続性
　・最低賃金制と標準賃金の制定、「経済騎士道」
(4) マーシャル経済学のまとめ

1 マーシャル経済学の思想的基礎

(1) 道徳哲学からの経済学の独立、人間の研究から経済生物学へ

　アルフレッド・マーシャル（Alfred Marshall: 1842-1924）は、限界革命の3人の騎士のうちのウィリアム・ジェヴォンズ（William Jevons: 1835-82）の経済学を引き継ぎ、イギリスの近代経済学の基礎を築いた。その経済学は、前章で検討したワルラスの経済学とともに市場均衡の研究を一つの大きな柱としていたが、市場における企業家の商人的活動による調整機能をとくに重視した点で、取引所の機能を想定したワルラスとは違っていた。

　またマーシャルは、経済学を道徳哲学から独立させ、科学としての純粋な経済学を確立することを目指した。しかし、経済学を人間の研究の一部として捉え、進化する人間に関する経済生物学を目指した点で、道徳的な基礎と結びついていた。

(2) 功利主義
① ベンサムの功利主義

　マーシャル経済学の道徳的基礎を知るためには、ジェレミ・ベンサム（Jeremy Bentham: 1748-1832）の功利主義思想の理解から始めなければならない。ベンサムは、ヒュームやスミスの倫理思想を発展させて、道徳や立法の規準を「快楽の最大化（苦痛の最小化）」に置く功利主義を提唱した。この思想によれば、道徳や立法に限らず、政府の役割はすべて、「**最大多数の最大幸福**（the greatest happiness of the greatest number）」を実現することに置かれた。ここで幸福とは、すなわち快楽を最大にすることであった。ベンサムの功利主義は、人間が生まれながらにして持つ基本的な権利（人権）を否定したが、明確な道徳的規準を提示したために、19世紀イギリスの社会思想の中心を占めることになった。

② J.S. ミルの自由主義的功利主義

　しかし、マーシャルが最も尊重したのは、ベンサムではなく、J.S. ミルの社会思想であった。マーシャルの経済学は、J.S. ミルの社会思想を知ることなしには理解することはできないし、また反対にミルの経済学は、マーシャルによって近代的な形に書き直されて現代にまで伝えられたといえる。

　J.S. ミルは、少年時代に父親のジェームズ・ミルの教育を受けて、ベンサムの哲学思想とリカードの経済学を身につけた。しかし成長するにつれて、とくにベンサムの功利主義に対して疑問を持つに至った。というのも、ベンサムの功利主義は、その簡明さから19世紀のイギリス社会に広く受け入れられていたが、その反面、その極端な思想に対しては反発も強かったからである。とくにイギリスの伝統的なキリスト教倫理に従えば、快楽を道徳の規準とするようなベンサムの思想は、不道徳な思想であった。またドイツのカントやフランスのコントなどのヨーロッパ大陸の思想が広く知られるようになると、ベンサムの思想には欠陥が目立つようになった。

　ミルは、主として次の2つの点でベンサムの功利主義を修正して、批判に答えた。その一つは、**快楽に等級をつけた**ことであった。ベンサムは、すべての快楽を平等に扱ったが、ミルは、人間の尊厳を大切にするならば、すべての種類の快楽を等しく満足させることを道徳の規準とすべきではないと考えた。読書や音楽鑑賞などによる高級な快楽と、食欲や性欲を満たすだけの快楽とでは、おのずから区別されなければならない。道徳の規準は、より高級な快楽を最大にすることに置かれなければならない。「満足した豚であるより、不満足な人間であるほうがよく、満足した馬鹿であるより不満足なソクラテスであるほうがよい」というミルの文章は、その後省略されて、「太った豚よりも痩せたソクラテスになれ」という格言となって、日本にも紹介された。このような快楽の等級づけは、のちにマーシャルの経済学の中で、効用の「安楽基準」と「生活基準」の区別として援用された。

　ミルの功利主義の2つ目の修正点は、「**自由の自然権**」を擁護したことであった。ベンサムは、アメリカの独立宣言の中に謳われていたような人間の生まれながらにして持つ権利、すなわち「自然権」を認めなかった。彼によ

れば、そのような自然権を認めれば、ホッブズが恐れた「万民による万民に対する戦争」とならざるを得ない。そのような戦争状態を防ぐためには、「最大多数の最大幸福」の規準を満たす立法が慎重に設計されなければならない。これに対してミルは、「最大幸福」を実現するためにも、まずすべての人に自由を保証する「自然権」が優先的に認められなければならないと考えた。このような「基本的人権」の擁護は、マーシャルの経済学を含めて、今日までの経済学における道徳的基礎となった。

(3) 進化論

　J.S. ミルによって修正された以上のような功利主義に加えて、マーシャルは、さらにドイツの歴史哲学やダーウィンの進化論の考え方を経済学に応用した。彼は、若い頃ドイツに留学し、カントやヘーゲルなどのドイツ哲学を学び、人間の良心による道徳の基礎づけや、人間の自由の発展として歴史を捉える思想の影響を受けた。ヘーゲルの「精神の自由」の歴史哲学は、「企業活動の自由」に置き換えられて、経済の歴史の解明のために応用された。

　また有機体の諸機能の「**分化（differentiation）**」と脳・神経系統による「**統合（integration）**」の2つの観点から生物の進化の過程を説明し、それを社会の進化にも応用したスペンサーの思想は、自由な企業活動の発展過程を説明するために応用された。

(4) マーシャルの思想的基盤：功利主義と進化論との結合

　こうして、ミルによって自由主義的に改良された**功利主義と進化論との結合**が、マーシャル経済学の道徳的基礎となった。マーシャルは、若い頃、ロンドンの貧民窟を調査して、貧困問題の解決を生涯の課題としたといわれている。このような彼の「温かい心と冷たい頭脳（warm heart and cool brain）」の結合が、マーシャル経済学の道徳的基礎を支えたのである。

2 マーシャルと古典派経済学との関係

マーシャルは、古典派経済学に対して、他の近代経済学の創始者たちとは少し違った立場をとっていた。一方で古典派経済学のある側面に対しては厳しく批判しながら、他の側面に対してはこれを擁護した。このことは、彼が古典派経済学の集大成者であったJ.S.ミルの社会思想を高く評価し、自らミルの後継者であることを自認していたことにも表れていた。

(1) リカード経済学の批判

マーシャルは、とくにリカードの経済学の一面を厳しく批判した。それは、リカードが経済を自然と同じように扱い、経済の動きをあたかも自然法則のように扱ったからであった。経済学は、物理学のような自然科学ではなく、あくまでも進化する人間の研究の一部である。リカードは労働を商品として取り扱い、労働者と企業家の対立状態は永久に変わらないものと想定していた。つまり人間の進化によって労働者の状態が向上することをまったく予期できなかった。

このようなリカード経済学の欠陥は、J.S.ミルの**賃金基金説**のような議論を導くことになった。この説によれば、賃金は労働者の生存を維持する低い水準に固定され、労働者を雇用するために準備される賃金基金によって雇用者数が決まるとされた。マーシャルによれば、人間の進化によって、労働の生産力が増大すれば、労働の報酬は生存水準以上に増大することができるし、またその結果、やがて労働者も努力次第で企業家と同じような能力と機能を発揮できるようになるかもしれない。

(2) 古典派経済学の擁護

しかし他方で、マーシャルは、古典派経済学の別の側面については、これを擁護した。限界革命の結果、とくにジェヴォンズの経済学では、市場の需要サイドの事情が商品の価値を一方的に決めるとされていた。しかし市場は、消費者とともに生産者からも成り立っている。したがって、経済学は、消費

者の立場からだけでなく生産者の立場からも検討されなければならない。

　紙をハサミで切るとき、ハサミの上の刃で切るのか、それとも下の刃で切るのかと聞かれたならば、誰でも両方の刃で切ると答えるだろう。それと同じように、商品の価値は需要者と供給者の両方の事情によって決められる（マーシャルの「ハサミのたとえ」）。とくにマーシャルによれば、経済の長期的な動向に関しては、需要者の事情ではなく、むしろ供給者の事情、つまり人間の活動の変化がより大きな影響を与える。したがって、供給者の論理を重視した古典派経済学の説明は、とくに経済の長期的な動向を分析するためには、尊重されなければならない。

　このようなマーシャルの古典派経済学に対する評価から、後年、アメリカの制度学派の創始者ソースティン・ヴェブレン（Thorstein Veblen: 1857-1929）は、マーシャルの経済学は古典派経済学の域を脱していない「**新古典派経済学**」だといって批判した。これが今日の「新古典派経済学」という学派の呼び名の起源となった。

3　近代経済学におけるマーシャルの特徴

　他方で、マーシャルの経済学は、その他の近代経済学の中でも、次の3つの点できわだっていた。まず第1に、その他の近代経済学と同じように限界効用が財の価値を決定するとしていたが、生産費用が価値の決定に参加することを詳しく分析していた。この点に関しては、本章第5節5項の短期の市場均衡（⊃ pp.216-217）で詳しく説明する。

　第2に、マーシャルの経済学では、生産要素の分析に力点が置かれていた。とくに、労働、土地、資本という古典派経済学の生産の3大要素に加えて、第4の生産要素として、産業組織（industrial organization）または企業家（entrepreneur）の役割を詳しく分析した。市場経済における均衡も、企業家の商人的な活動を考慮することなしには、正しく分析することはできない。そして、そのような産業組織の分析には、進化論が大きな役割を果たした。

　第3に、マーシャル経済学においては、ワルラスの一般均衡理論とは違っ

て、**部分均衡理論**、または**移動均衡理論**が展開された。この点については、マーシャル経済学の理解にとって、最も重要な点の一つなので、ここで少し説明しておこう。

マーシャルは、ワルラスと文通しており、一般均衡理論の利点をよく知っていた。すべての市場の均衡について明らかにする一般均衡理論のほうが、一部の市場の均衡だけを問題とする部分均衡理論よりも優れていると感じるのは、決して経済学の初学者だけではないであろう。それにもかかわらず、マーシャルはなぜ、一般均衡理論を研究課題にしなかったのだろうか。その答えは、**マーシャル独自の市場観**にあった。

マーシャルは市場の多様性を重視した。その多様性について、市場の空間的な広がりと時間的な広がりの2つの側面から検討した。まず市場の空間的な広がりについて述べるならば、同じ種類の商品に関しても、違う場所では、異なった価格や取引が成立している。取引所のような同じ空間に人々が集まって競争売買する商品は、株式や貴金属などの特殊な商品に限られている。その他の多くの商品については、それぞれ地域的な市場が成立している。したがって、特定の商品について、部分的な市場を想定して研究したほうが現実的であった。

さらに重要なのは、市場の時間的な広がりであった。株式取引所の競争売買においてさえ、同時に価格が決められるのは、取引の開始（「寄り付き」）と終わり（「引け」）や特定の人気銘柄に関する集団売買においてだけであり、その他の取引においては、「価格優先、時間優先」の原則に従って、随時、価格や取引数量が決められる。つまり取引は早い者勝ちに決められ、時間の経過とともに価格は変化する。同時に、すべての参加者の希望が適えられることはほとんどない。マーシャルは、このような現実を踏まえて、仮定される時間の長さに応じて変化する市場の均衡について研究した。すなわち、時間の短いほうから、市場の「**一時的な均衡**」→「**短期的な均衡**」→「**長期的な均衡**」という順序で研究した。以上の結果、マーシャルの経済学では、空間的には「部分均衡」理論、時間的には「移動均衡」理論が論じられたのであった。

4 『経済学原理』(1890-1920) の篇別構成

📖 **テキスト**
『経済学原理』 *Principles of Economics*, 1890-1920.

『経済学原理』は以下の6篇から構成されている。
- 第1篇　予備的考察
- 第2篇　若干の基本的概念
- 第3篇　欲求とその満足
- 第4篇　生産要因：土地、労働、資本および組織
- 第5篇　需要・供給および価値の一般的関係
- 第6篇　国民所得の分配

5 企業と市場の経済学

(1) マーシャル経済学の概要

　マーシャルは、『経済学原理』(1890-1920)、『貨幣、信用および商業』(1907)、『産業と商業』(1919) の3つの大著を著したが、ここでは『経済学原理』に集中して、その概要を述べよう。マーシャルは、この本を第8版まで、合計7回も書き直し、より満足な内容に仕上げていった。近代経済学の古典として、この本が最も推薦されてきた理由の一つである。

　第1篇では、まず「経済学は日常生活を営んでいる人間に関する研究である」という書き出しによって経済学の主題が宣言されていた。経済的な力は、宗教的な信念とともに、世界の歴史を形成してきた2つの主要な要因であったから、経済学は、まさに人類の歴史を理解するためのカギでもある。しかし古代ギリシャから中世期までのヨーロッパでは、奴隷制や農奴制などによって人間の尊厳が抑圧されていたので、自由な企業活動は十分に展開されなかった。したがって経済学も発展しなかった。15-16世紀に始まるルネサンスと宗教改革、新大陸やインドへの航路の開発によって、西ヨーロッパに

おける科学的知識は大いに進歩し、ここから自由な企業活動と経済学が発展する道が開かれた。

　第2篇は、経済学の基本的な概念の説明に当てられた。経済学は、自由な企業活動とともに進化する人間の研究であるから、まず企業活動を導く人間の欲求と、それを満たす活動または努力との均衡について分析しなければならない。また富のうち、そこから所得を得ることを期待できる部分が「資本」と定義された。そして経済学における時間の要素の重要さが指摘され、短期の変動に関しては価格が主導的な役割を果たすが、長期には企業家や労働者による活動が生活水準を向上させていくことが研究された。

　第3篇より先は、いよいよ経済学の本論である。マーシャルは、この篇を人間の欲求の分析、つまり**消費の理論**に当て、次の第4篇では、そのような欲求を満足させるための人間の活動または努力について、つまり**生産に関する理論**が研究された。

　そして第5篇の**市場均衡の分析**がこれに続いた。現在のミクロ経済学のテキストに引用されるマーシャルの理論のうちのほとんどが、この第5篇に由来している。最後の第6篇においては、国民所得の**分配の問題**が議論された。そして、経済学の本来のメッカである**経済生物学**がこの先に論じられる予定であったが、この計画はいまだ実現されていない。

　以下では、経済学の本論（第3篇から第6篇まで）の内容を主として紹介しよう。その内容は、企業と市場の経済学という標題がぴったりと当てはまるものであった。

(2) 欲求の分析：消費理論

　マーシャルは、近年、経済学が消費の問題に関心を高めてきた理由として、リカード学派が交換価値を規制する原理を生産費の中にだけ求めて消費の分析を怠ってきたこと、および、消費の分析に数学的思考が役立てられてきたことに求めた。しかし、それらよりももっと大きな理由は、公共の福祉を今よりも一層高めるために富を活用することに注意が払われるようになったことであった。このような問題意識は、やがてアーサー・ピグー（Arthur

Pigoe: 1877-1959）によって、経済活動を通じて人間の幸福を増進させようとする**厚生経済学**（welfare economics）へと引き継がれていくことになった。

　しかし、人類の歴史を解くカギは、欲求そのものの中にではなく、努力と活動の中にこそ求められる。欲求の形態は、より高次な社会的活動が発展するに従って変化する。たとえば、住宅に対する欲求は、より高次の社会的活動に従って拡大されるし、また文明の進化につれて欲求の種類は多様化する。したがって、欲求の理論のほうが努力の理論よりも上位に立ち、消費の理論が経済学の科学的な基礎をなす、というように考えるのは誤りである。このようなマーシャルの見解は、暗にジェヴォンズなどの初期の近代経済学者たちの考え方を批判したものであった。

　したがって、人間の欲求についても、人間の努力と活動との関連で研究されなければならない。そのように研究した場合にも、個々人の欲求には限度があり、欲望飽和の法則、もしくは効用逓減の法則があることは認められる。すなわち、ある人のある財に対する全部効用は、その財の保有量が増加すれば増加するが、保有量の増加と同じ速度では増加しない。ある人のその財に対する限界効用は、その財の保有量が増加するにつれて逓減する。このような**限界効用逓減の法則**を前提とするとき、限界効用に従う消費者の需要価格は、財の所有量に応じて逓減する。ここで、ある財の**需要価格**とは、消費者がその財をもう1単位得るために支払ってもよいと思う価格のことである。消費者は、同じ種類の財ならば、できるだけ安い値段で手に入れたいと思うはずだから、需要価格とは、それ以下の価格ならば、消費者が買うことを希望する価格である。このような需要価格とその財の所有量との関係を図示すれば、図9-1のようになる。

　この図の縦軸には、ある財の価格 P が、横軸にはその財の数量 X が測られている。D-D で示された曲線は、ある財の消費者にとっての需要価格の軌跡であり、**需要曲線**と呼ばれている。その財の需要価格は数量の増大につれて逓減するから、この需要曲線は右下がりの曲線になる。この曲線の傾きは、価格に対する需要量の変化の程度を表している。曲線の傾きが緩やかなときは、少しの価格の低落に対しても需要量が著しく増加する関係にあるか

図9-1

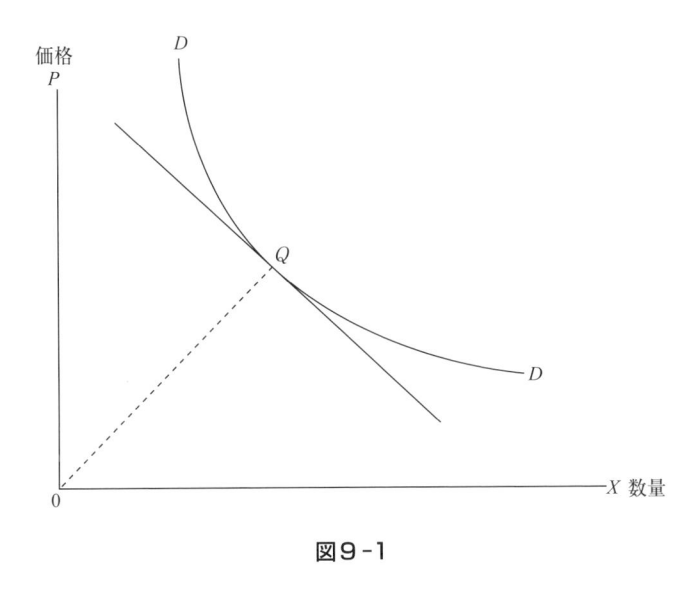

ら、この場合には価格に対する**需要の弾力性**は大きいといえる。これに対して、需要曲線の傾きが急なとき、需要量を大きくするためには価格をより大きく下げなければならないから、価格に対する需要の弾力性は小さい。もっと一般的に説明すれば、例えばある財の価格と需要量とが1：1の組み合わせを示す図のQ点で需要曲線の接線を引いたときに、その接線の傾き（価格の変化に対する需要の変化の比率：$\frac{dx}{x}/\frac{dp}{p}$）が1よりも大きいとき、需要の弾力性は大きいといい、反対に接線の傾きが1よりも小さいとき、需要の弾力性は小さいという。接線の傾きが水平となるとき、需要の弾力性は無限大になる。このような需要曲線に関する知識は、やがて短期の市場均衡を分析するときに役立つことになる。

(3) 生産要素および産業組織の分析

古典派経済学においては、生産要素は、土地と労働と資本に分類されていた。マーシャルも、これらの生産要素についてそれぞれ詳しく分析した。そして、この最後の資本の分析の中には、知識や組織の分析が含まれていた。人間の知識は、生産要素のうちで最も強力であり、組織は、そのような知識

の経済への働きかけをより有効なものにする。そして知識と組織については、それらが私有されるか、または、公有されるかの区別が重要な違いとなる。

マーシャルは、第4の生産要素としての産業組織（industrial organization）について分析する中で、知識と組織の問題を研究した。産業組織の発展は、進化論における分化と統合の原理に従う。このうちの**分化**（differentiation）の原理については、すでにスミスによって分業組織の利点として明らかにされていた。マーシャルは、これに加えて、商業信用の発達や、海陸の交通、鉄道や電信、郵便やその他の運輸通信手段の発達が、産業組織の構成部分の間の**統合**（integration）を促進する働きがあることに注目する。そして、このような産業組織の発展においても、進化論の自然淘汰の法則が競争原理として働くが、動植物界におけるのと同様に、子孫や後継者たちへの能力の伝達が「種の存続」のためには不可欠であることを強調する。すなわち、産業組織の進化のためには、その組織を担う個々人の専門能力が向上するとともに、他方では下級の階層を担う若い人たちの能力もまた向上しなければならない。個々人の自尊心だけでなく他者に対する配慮もまた、重要な進化の要因となるのである。

機械の導入によって、産業組織は著しい進歩を遂げてきた。そのような進歩は、内部経済と外部経済によって促されてきた。「**内部経済**」とは、個々の経営の内部にある資源や組織、能力などによって、産業の規模と効率が向上することであった。他方で「**外部経済**」とは、産業組織全体の発展の結果として、個々の経営組織の規模が拡大することを指す。マーシャルは、外部経済の具体例として鉄道の発展を取り上げた。鉄道の開設は、その沿線にあるその他の事業や市場を著しく拡大させる。産業組織の発展にとってより重要なのは、内部経済よりも、この外部経済の効果であった。なお、この外部経済の概念は、公害問題のような「**外部不経済**」の分析にもやがて応用されるようになった。一般に、経済の「**外部性**（externality）」とは、自分たちが選択した以外のことによって個々人の効用が影響を受けることであり、このような外部性の存在は市場の失敗の原因の一つになると、現在では考えられている。

産業組織を担う個々の**企業家の役割**は、事業の危険を「敢行」または「引き受ける」ことである。古典派の段階では、労働を指揮する雇い主の役割が尊重されていたが、そのような役割は、企業家にとって必ずしも必要なものではない。企業家の本来の役割は労働の監督や指揮にあるよりも、むしろ販売や購入に伴う主要な「危険」を負担することにある。すなわち企業家の本来の役割は、その商人的活動にある。

　ところで、個々の経営組織の形態に関しても、マーシャルは、進化論の分化と統合の原理に従って説明する。まず①**個人企業**は、個人が経営組織のすべての役割を担う経営組織であり、分化の程度は最も低い。この組織の利点は、個々人がその組織の経営に対して無限の責任を負うことであるが、組織の存続に限りがあることが欠点になる。家族や親類の中に適当な後継者がいない場合には、組織は存続できなくなるからである。この欠陥を克服するために、②**合名会社**もしくは**合資会社**（partnership）が工夫された。この経営組織の特徴は、複数の個人の資本が一つの事業に合本され、それぞれの出資者が会社の経営に対して責任を負うことにある。個人の出資分については、他の出資者の同意なしには、他人に譲渡することはできない。

　これらに対して、合本された資本が自由に他人に譲渡されるようになると、③**株式会社**（joint stock company）となる。株式会社が発展すると、経営の危険を負担する企業家（経営者）の役割と、株式に出資した株主（所有者）の役割とは分かれてくる。つまり「**所有と経営の分離**」が進む。株主は、自分たちの出資比率に応じて経営の一部の決定に参加するが、その他の大部分の経営に関しては責任を負わない（有限責任制）。過度の危険を負担することを嫌う多くの株主から出資金を集めるために、このような組織が工夫された。だがその反面で、最終的な経営の責任がはっきりしないという欠点が出てくる。マーシャルは、この経営組織が最終的な企業形態になるとは考えていなかった。

　その他にも、④公務員によって経営され、事業の危険については納税者が最終的に負担する「**公営企業**」や、⑤出資者が全員、組合員となって経営に参加する「**協同組合**」など、多様な経営組織が考案されてきた。これらの経

営形態は、すべて分化と統合の2つの観点から、それぞれの利点と欠点について吟味された。以上の経営体はすべて「**代表的企業**」として、次の市場の分析において、供給の担い手を代表することになる。

マーシャルは、以上のような経営組織の分析の結果、次のような結論を下した。すなわち、古典派の経済学者たちは、土地（自然）の生産に対する役割に注目した結果、収穫逓減の法則を明らかにした。しかし人間の経営能力に注目するならば、人間の働きは、産業組織を通じて、むしろ**収穫逓増**の傾向を生む。労働と資本の増大は、一般に組織を改善し、それを通じて仕事の能率を向上させ、収穫逓増を導く。

(4) 市場の一時的均衡

続いてマーシャルは、市場の均衡について分析する。市場の均衡についても、人間の欲求と努力とが釣り合う場面として検討された。その際に、とくに時間の要素が重視された。時間が短いほど欲求の側面が市場の働きを左右するが、時間が長くなるほど、人間の努力の側面が大きな役割を果たす。

まず最も時間の短い一時的な均衡について調べてみよう。たとえば、捕獲した魚をその日のうちにすべて売りさばかなければならない魚市場の場合を考えてみよう。魚に対する消費者の欲求、または彼らの希望を代理する仲買人の需要価格は、限界効用逓減の法則に従って、図9-2のように右下がりの曲線 $D\text{-}D$ で表される。これに対して、魚の捕獲量は、図の横軸の $0\text{-}X_0$ で示されるような量にあらかじめ決まっている。魚の供給者は、どのような値段がつけられようとも、すべての魚をその日のうちに売りさばかなくてはならないとすれば、供給曲線は、$e\text{-}X_0$ のような垂直線になる。

ここで、魚を売りさばくために競りが行われ、すべての魚について同一の価格で売買が行われるとすると、価格は需要曲線と供給曲線の交わる点 e の横軸からの高さ、すなわち P_0 に決められる。つまり短期間に売らなければならない商品の量が多い場合には、価格を低くしなければ、すべての商品は売りさばけない。このようなことは、閉店間際のスーパー・マーケットで、大幅な割引価格で品物を買うことに慣れている消費者にとっては、日常的に

図9-2

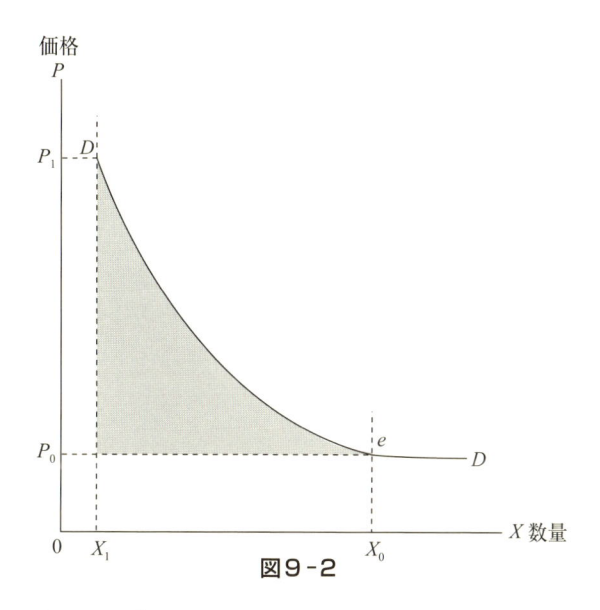

経験されることであろう。

　需要曲線は、消費者たちの希望価格、つまりそれ以下の価格ならば買ってもよいと思う価格の軌跡だから、需要価格と実際に売買される価格 P_0 との差の合計額、すなわち、図の D-e-P_0 で挟まれた領域の面積（アミ掛け部分）は、消費者余剰の大きさを表す。ここで**消費者余剰**（consumers' surplus）とは、消費者の希望価格と実際に売れた価格との差の合計のことである。消費者は、この分だけ希望価格よりも安い値段で同じ商品を手に入れることができるのだから、この分は消費者の余剰として意識される。古典派経済学とは違って、消費者にも余剰が発生するというのがマーシャル経済学の一つの特徴なのである。

　ところで、図9-2を使った説明は、短期の市場均衡、とくに競争売買のいろいろな場合に応用できる。もう一つ、今度は供給量が1単位だけの美術品などを競りにかける場合について考えてみよう。この場合には、供給曲線は、図の D-X_1 のような垂直線で表される（X_1=1）。競りは、たとえば P_0 のような低い価格で購入希望者を募ることから始まり、だんだんと価格を競り上げていき、希望者が一人だけに絞られるまで続けられる。その結果、この美術品には、P_1 のような高い価格が成立し、消費者余剰は発生しない。

このように短期にすべての取引が終了する一時的な均衡の場合には、需要者側の事情が価格の決定に対して大きな役割を果たす。

(5) 短期の市場均衡

これに対して、もう少し時間に余裕のある「短期の市場均衡」について考えてみよう。今度は、供給側の事情も考慮されなければならない。先の魚市場の売れ行きを聞いた漁師たちは、もう少し時間をかけて多くの魚を捕獲しようとするかもしれない。その場合に、彼らが配慮するのは、魚の1単位の予想価格とその費用との関係である。マーシャルは、ここで新たな費用概念を提案した。

リカードは、労働費用を中心とするすべての費用を一括して扱ったが、マーシャルは、すべての費用を大きく2つに分けて考えた。その一つは、供給量に応じて変化する**主要費用**（prime cost）であり、これは現在のミクロ経済学では、**変動費用**（variable cost）と呼ばれている。原材料費、燃料費、設備の減耗費、臨時雇いの労働者の人件費などが、この費用項目に分類される。

これに対して供給量の変化に応じて変化しない費用部分がある。工場施設や機械類を設置し維持するための費用は、供給のあるなしにかかわらず常に必要とされる。マーシャルは、この費用を**補足費用**（supplementary cost）と呼んだが、費用が固定されていることから、現在では、単に**固定費用**（fixed cost）と呼ばれている。経営を維持するための管理費や、常雇いの労働者たちに支払われる賃金なども、この部分に入れられる。これらの費用項目がいずれの分類に入るかは、それぞれの企業の経営方針に依存する。

ところで生産者は、短期の供給価格をどのように計算するのであろうか。彼らは、供給量を1単位増やすごとに増やさなければならない費用部分を少なくとも販売価格によって回収しない限り損失を出してしまうだろう。したがって、生産物を1単位増やすごとに増える主要費用（変動費用）の増加分、すなわち**限界費用**に等しい供給価格がとりあえず設定される。そのような供給価格の軌跡を描いたものが、図9-3の供給曲線 S-S になる。この供給曲線 S-S は、したがって**限界費用曲線** MC （→図9-4）でもある。

図9-3

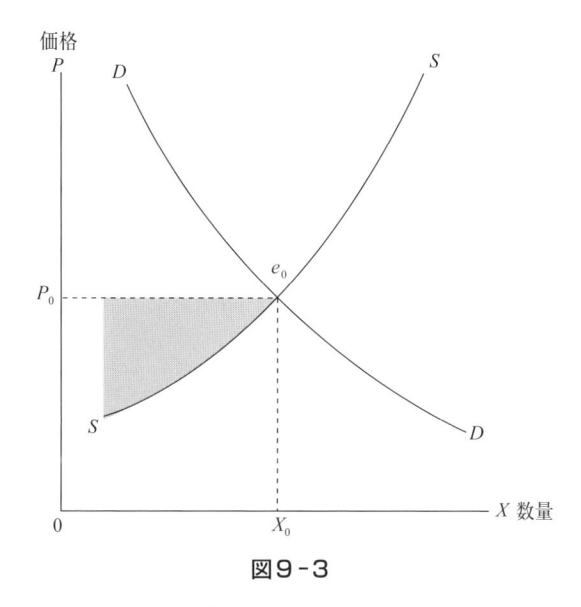

　この図の需要曲線と供給曲線の交点 e_0 の座標 P_0 と X_0 は、短期の市場均衡における販売価格と販売数量との組み合わせを表す。供給者の希望価格と数量とは、この点で需要者の希望と一致する。

　消費者の余剰については、先にみたとおりであるが、生産者についても余剰が発生する。図の P_0-e_0-S で囲まれた面積（アミ掛け部分）は、**生産者余剰**（producers' surplus）の大きさを表す。なぜならば、それは生産者の希望価格と実際に売れた価格との差の合計を示しているからである。そして、e_0 点で、消費者余剰と生産者余剰は、ともに最大となる。したがって、e_0 点は、需要者と供給者の満足をともに最大にする点である。それよりも供給量（需要量）の少ないところでは 2 人の余剰は少なくなり、また反対に、それよりも供給量（需要量）が大きくなると、2 人の余剰はともにマイナスとなり、今度は損失が発生する。

(6) 利潤と準地代（生産者余剰）との関係

　ところで、生産者にとって、生産者余剰と利潤とはどのような関係にあるのか。このことについて調べるために、もう一つ別の費用曲線を描いてみよ

う。それは、次の図9-4の AC のような**平均費用曲線**である。ここで平均費用とは、変動費用と固定費用の合計を生産量で除した費用の単純な平均のことである。平均費用曲線が、図のようなU字型の曲線となるのは、次のような事情による。生産量が少ないうちは、生産量にかかわらずつねに必要な固定費用が費用の大半を占めるので、平均費用は大きくなる。単位当たりの平均費用は、生産量が増えるにつれて次第に少なくなるが、ある点を超えると、今度は変動費用が大きくなるために平均費用は逓増する。このような事情を考慮すると、平均費用は、最初のうちは大きいが次第に減少し、やがて増加に転じていくものとすることができる。その結果、平均費用曲線は、図のように、U字型に描かれるのである。

さて、今何らかの事情で魚への嗜好が高まり、魚の需要が増大し、需要曲線が D_0-D_0 から D-D に移動したとしよう。そうすると、均衡価格と数量は、e_0 で示される大きさから e で示されるものに変化する。このことを前提にして、e 点から垂線を下ろし、X 軸と交わる点を X_1 とし、また AC 曲線との交点を R とする。また水平線 e-P_1 と R-S とを図のように引いてみよう。生産者の利潤や生産者余剰などの大きさは、以下に示すような図形の各部分と、簡単な式によって表される。

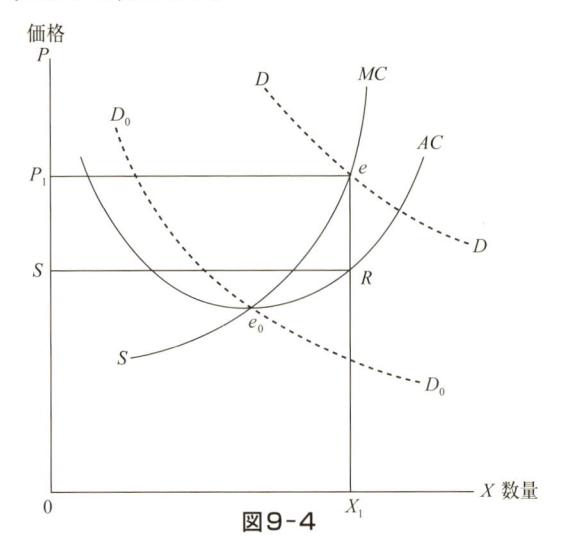

図9-4

総売上高：$P_1 0 X_1 e$ の面積	PX	(9-1)
総費用（変動費用+固定費用）：$S0X_1R$ の面積	$C_T(X) = C_p(X) + C_F$	(9-2)
総利潤（総売上高−総費用）：$P_1 SRe$ の面積	$\Pi = PX - C_p(X) - C_F$	(9-3)
生産者余剰：$P_1 eS$ で囲まれた面積	$S = PX - C_p(X) = \Pi + C_F$	(9-4)
限界費用曲線：S-MC	$P = C'_p(X) = \dfrac{dC_p}{dX}$	(9-5)

　ここで、P は価格、X は販売数量を表し、$C_T(X)$、$C_P(X)$ は、それぞれ総費用と主要費用とがともに販売量（供給量）の関数であることを表す。C_F は固定費用を表し、定数である。そして、S と Π は、生産者余剰と利潤である。(9-5) 式は、限界費用が主要費用を供給量で微分した関数になることを示している。最後に、(9-4) 式から、生産者余剰は利潤よりも、固定費用の額だけ大きくなることが分かる。このような利潤と生産者余剰との関係について、直感的に理解するためには、図の e_0 点に注目すればよい。すぐに分かるように、この点では、利潤はゼロになるが、生産者余剰はプラスになる。つまり、利潤がゼロであっても生産者余剰は発生するから、生産者余剰はつねに利潤よりも大きいことが予想できるだろう。

　以上のことをすべて考慮すると次のことが分かってくる。すなわち、代表的な企業の合理的な経営者は、供給量を1単位増すごとに増える主要費用（限界費用）に少なくとも見合う供給価格を設定して、市場の競争に臨む。もし、限界費用と少なくとも同じ価格で商品が売れるならば、その企業は、その販売価格によって主要費用だけでなく、固定費用をも回収することができる。企業家は、短期の供給価格の中に固定費用を勘定に入れなくとも、主要費用の増加分だけを計算に入れればよい。その価格で売ることによって利潤を上回る生産者余剰を受け取ることができるからである。そしてその余剰の超過分から固定費用を補い、企業経営を続けることができる。しかし、このようなことができるのは、これらの企業が新投資によって固定費用の構造を変えることのない「短期」においてだけである。

　ところで、このような生産者余剰は、いったいどのようにして生まれたのであろうか。それは、大部分の企業が経営能力や労働能力、機械設備や組織

などに関してその他の企業よりも優れているために、同じ商品をより安い費用で供給することができたからであった。最も高い費用で生産する限界的生産者の供給価格によって実際の販売価格は決まるから、より優れた能力を持つ企業にとって実際の価格は、その供給価格を上回り、その結果、余剰が生み出されたのである。これはちょうど、土地の肥沃度の違いによって生じた余剰が差額地代として土地の所有者に帰属したのと、同じような原理によるものであった。地代との違いは、そのような能力の格差が永続的なものではなく、競争によって他の企業の能力が高まれば、やがて消滅するところにある。このようなことから、マーシャルは、この生産者余剰について、これを地代に準じる「**準地代（quasi-rent）**」と呼んだのであった。

> *Column* マーシャルの短期の市場均衡における商人（企業）の役割
>
> 　図9-3で示したような短期の市場均衡における需要曲線と供給曲線は、株式取引所の競争売買のときに参考にされる買い値と売り値を示した表（「板」）を図形化したものである。この表には、買い手と売り手の希望価格と数量がリスト・アップされ、買い値と売り値が一致するところで売買が成立する。
>
> 　ワルラスの一般均衡理論では、市場参加者が同時に同じ場所に集まって、希望価格を提示し、全員の希望が一致するまで価格が調整されると想定された。その具体例は、株式取引所における集団売買であるが、そこでは取引所の仲介者（「才取人」）が提示した価格について買い手の希望数量のほうが売り手の数量よりも大きいときには、価格を引き上げ、また反対に売り手の希望数量のほうが大きいときには価格を引き下げて、需要と供給の数量を調整する。つまり**価格調整**によって市場均衡が達成されると考えられていた。
>
> 　これとはちがって、マーシャルの短期の市場均衡においては、商人の役割を果たす企業家が市場に供給する商品の数量を調整して均衡を達成すると想定された。すなわち、商人が在庫から市場に出す商品の数量に関して、買い値が売り値よりも高いときには、売りに出す数量を増やし、反対に売り値が買い値よりも高いときには売りに出す数量を減らして均衡を実現すると考え

> られていた。つまり、マーシャルの短期の市場均衡では、ストックの**数量調整**が想定されていたのである。
>
> 　商人などの市場仲介者が重要な役割を果たしていた段階では、仲介者が売り値と買い値の違いから利益を上げながら、数量を調整していた。つまり同じ商品を安く買って高く売ることによって利益を上げる商人たちの行動の結果、市場は均衡に向かっていたのである。この場合には、時間を通じて価格が変化する均衡化過程が問題とされるだろう。

（7）長期の均衡化について

　さらにもっと時間に余裕のある「長期」の均衡に関しては、欲求よりも努力の効果が現れる。先の例に従って魚の供給者の場合を考えてみよう。魚の需要が拡大することを予想した漁業者は、漁船や魚網を増やして、漁獲量をもっと増やそうとするかもしれない。そうなると、今度は固定費用の構造を改善し、費用1単位当たりの収穫量を増やし、また同じことになるが、漁獲量1単位当たりの供給価格を低くするように努力するだろう。低い価格は、さらに需要を拡大させるから、漁業の生産力はさらに増加するかもしれない。こうして、供給者が固定費用の構造を変化させる長期においては、内部経済と外部経済の効果が重なって、収穫逓増と規模の経済が実現する。経済の進化は、このように、人間の活動もしくは努力の進歩の結果として達成されるのである。

6　分配論

　「自由な人間は機械や馬、あるいは奴隷と同じ原理によって働かされるものではない」という文章で始まるマーシャルの分配論の中には、J.S.ミルの分配論の影響が強く表れていた。ミルは、生産の原理はリカードと同じくあたかも物理法則のように働くが、分配の原理には制度的・倫理的な要因が影響を与えると考えていた。マーシャルが他の近代経済学者たちと同じように、分配の問題には、倫理的な要素の入り込む余地はなく、もっぱら市場交換の

原理によって説明されると考えていたのならば、分配問題を市場均衡と独立に検討する必要はなかったはずである。しかし実際には、マーシャルは『経済学原理』の第6編において、国民所得の分配の問題を市場均衡の問題とは独立に論じていた。

(1) 限界生産力説

　マーシャルの分配論の基本は、限界生産力説であった。すべての生産要素への分配は、その要素を1単位追加したときに増える限界的な生産物の価値によって決まるというのが、その原理である。実際には、ある生産要素の限界生産力を他の要素と切り離して計算することはできないから、限界生産力説には、規範的な色彩が強く表れていた。すなわち、その説には、生産に協力したすべての人にそれぞれの貢献度に応じた分配がなされるべきであるという、公正の原理が示されていた。

　マーシャルは、このような限界生産力説と市場均衡の理論とを以下のように総合した。まず労働の賃金について、**労働の需要価格**は、労働の限界生産力によって決まる。労働者たちを雇う企業家たちは、追加的な労働によって増える純生産物の価値によって利益を得るから、そのような価値の増分を労働者たちに分配してもよいと思うはずである。これに対して、**労働の供給価格**は、労働能力を養成・訓練し、維持していく費用によって決まる。この点について現代のミクロ経済学では、労働1単位を供給することに伴う限界的不効用、もしくは、それによって断念される余暇の限界効用によって労働の供給価格が決まるとされている。ケインズによって拒否されたのは、主としてこのあとのほうの考え方であった（→第11章）。いずれにしても、このような労働の需要価格と供給価格とが一致するところに賃金率は決定される。

　これに対して、資本の報酬としての利子については、制度的・倫理的な要因がより強く働く。というのも、古代または中世から近代に至るまで、利子に対しては、イデオロギー的批判が強かったからである。アリストテレスは、貨幣の貸し付けによって利子をとることは不当な取引であるとした。また中世のキリスト教においては、利子は不道徳だとされた結果、中世のヨーロッ

パでは**利子禁止令**が布かれていた。経済学においても、利子を搾取だとするマルクスやロードベルトスの学説から、利子を成長の報酬だとするシュンペーターの学説まで、様々な利子説が登場してきた。マーシャルは、利子に対するイデオロギー的な批判は、借金を返済できなくなって没落する消費者や貴族たちに対する同情から出てきたものにすぎないと指摘した。

マーシャル自身は、ジェヴォンズの**資本の限界生産力説**を資本の需要価格の説明に使った。すなわち、資本の需要価格は、資本を借りて生産する企業家が取得する限界的な生産力によって決まる。これに対して、資本の供給価格の説明は、資本の供給者の**待忍の報酬**に求められた。つまり資本の供給者は、その資本の使用を将来に延期して、そこから得る効用を待忍することの報酬として利子を要求すると考えた。これはシーニアの「利子節欲説」を修正したもので、利子は時間を待つことに伴う犠牲の価値に等しいというものであった。このように資本への分配に関しても、供給側の事情を考慮したうえで、資本の限界生産力が利子率を決定するとされた。

ちなみに、その後ケインズの流動性選好説やベーム–バヴェルクの迂回生産説など、いくつかの種類の利子理論が提案されたが、現代の金融理論では、利子率は時間選好とリスクの2つの要因によって決まるとされている。

Column 伝統的な利子批判と『ヴェニスの商人』

中世期だけでなく現代においても、利子に対するイデオロギー的な批判は根強く残っている。それは、旧来からの共同体的な社会の倫理に対して、商人や金融業者たちの利殖活動が破壊的な効果を持つと思われていたからである。そのような事情をよく表した文学作品の一つとして、シェイクスピアの『ヴェニスの商人』があげられる。中世のキリスト教道徳では、利子をとることは悪徳の一つであったから、ユダヤ人の高利貸シャイロックが巧妙な裁判によって借金の取り立てに失敗させられる物語は、人々の拍手喝采を浴びたのであろう。日本でも、『水戸黄門』などの多くの時代劇に同じような話がある。ケインズの「利子生活者の安楽死」のヴィジョンなどもその一例といえるかもしれない。現代でも、利子取得に対する反発は根強く残っている。

(2) 制度的要因

古典派の経済学者たちは、労働には賃金、資本には利子または利潤、土地には地代が、それぞれあたかも自然法則のように分配されると考えていた。これに対してマーシャルの分配論は、2つの点で違っていた。その一つは、経営組織という生産要素に対して、独自の分配を考えたことである。もう一つは、利益の分配は、企業家の経営方針にも依存するとしたことであった。

表9-1は、生産要素と分配との関係を示している。この表にも表現されているように、マーシャルは、分配の問題の大部分は、企業家の方針によって変化すると考えていた。すなわち株式会社が普及し、資本の所有と経営とが分離すると、分配は生産要素を所有することに伴う報酬であるよりも、何らかの種類の労働もしくは活動に対する報酬であるという性格が強くなる。たとえば**経営者の純稼得**は、明らかに経営者の活動とその能力に対する報酬であるが、経営組織に与えられる「のれん代（good will）」については単なる組織に対する報酬以上の「**複合準地代**」の一部をなす。この余剰部分の解釈については議論があるが、労働者から経営者までを含む従業員全員の協力なしには、このような余剰は決して生まれないだろう。優れた企業家ならば、このような特別の余剰を生産性の高い従業員のボーナスのために使い、経営組織全体の能力を高めるように努めるだろう。マーシャルは、分配問題の大部分が、このような「収益分配制」に関する企業家の経営方針に依存することを明らかにした。

表9-1

生産要素	所　得		分配の範囲
労働	賃金		
資本	利子		
経営能力	経営者の純稼得	}経営の粗稼得	複合準地代
経営組織	のれん代その他の収入		
土地	地代		

(3) 経済進化論

マーシャルは、以上のような研究は、経済学の本来のメッカである経済生

物学の単なる序論にすぎないと考えていた。経済生物学においては、人間の進化と経済組織の進化との相互関係が明らかにされなければならない。しかし、このような研究計画は実現されなかったので、『経済学原理』の残りの部分からマーシャルの意図を推測しなければならない。

　まず経済進歩を作り出すものは、新しい欲望の形成ではなく、新しい活動の創造によることが述べられていた。そして、そのような進歩は、教育と資本蓄積によって可能になるとされた。分配問題における労働の報酬と資本の報酬との間には連続性と共通性があり、また**人格資本**（personal capital）と**物質資本**（material capital）との間にも連続性がある。企業家に対しては下層の労働者たちの潜在能力を引き出し、投機の無駄を省き、事業の秘密を公開することが求められた。また政府に対しては最低賃金や標準賃金を取り決め、労働者たちの生活水準を引き上げることが求められた。

　またこの社会には、肉体的、知性的、道徳的進歩から「取り残された人々」が存在するから、そのような人々の生活を保護することに伴う負担を進んで引き受けるような「経済騎士道」がすすめられた。しかし、経済を計画化することに対しては、マーシャルは反対であった。なぜなら、そのような計画経済には、必ず強制が伴い、自由は抑圧され、家族や社会的連帯は崩壊するからである。

　教育が著しく改善され、人々の人格が全般的に進化する将来社会においては、相互扶助の体系が可能になるかもしれないが、そのような条件が整うためには、数世紀の時間を要するだろう。したがって、人間の進化の現段階では、私有財産と市場競争とに基づく経済制度を維持し、その制度の欠陥を補うような政策が支持される。このようなマーシャルの考え方は、ミルの経済思想のエッセンスを引き継ぐものであった。

（4）マーシャル経済学のまとめ

　以上のように、マーシャルの経済学は、静学的な市場均衡の分析から、企業家の進歩的な役割や時間を通じた経済変化を重視する経済動学へと主題を転換する最初の本格的な試みであった。経済進化論の研究は、その端緒にす

ぎなかったとはいえ、このような問題は、その後のイギリスの経済学によって引き継がれることになった。この点がワルラスの一般均衡理論から出発した第2次世界大戦後のアメリカの経済学とイギリスの経済学とが、一時代に一線を画した理由であった。

〈より進んだ研究のための参考文献〉

マーシャル著、馬場啓之助訳『経済学原理（Ⅰ～Ⅵ）』東洋経済新報社、1965-67年〈1890-1920〉

井上琢磨・坂口正志編著『マーシャルと同時代の経済学』ミネルヴァ書房、1993年

西岡幹雄『マーシャル研究』晃洋書房、1997年

橋本昭一編著『マーシャル経済学』ミネルヴァ書房、1990年

馬場啓之助『マーシャル』勁草書房、1961年

〈問題〉

① マーシャルは、どのような理由からベンサムの功利主義ではなく、J.S.ミルの自由主義や進化論を道徳的基礎としたのかについて、考えてみよう。

② マーシャルは、どのような理由から、一般均衡理論ではなく、部分均衡理論や移動均衡理論を研究したのか、考えてみよう。

③ 短期の市場均衡について、需要曲線や供給曲線、平均費用曲線などを作図し、均衡価格、売上高、総費用、利潤、生産者余剰（準地代）を示す点や図形を指し示してみよう。

④ 短期の市場均衡について、価格調整と数量調整とによる過程では、それぞれ価格や消費者余剰、生産者余剰の動きについてどのような違いが出てくるのか、考えてみよう。

⑤ 限界生産力説に基づく賃金率の決定と、古典派の賃金率の決定とでは、どのような違いがあるのか、考えてみよう。

第 10 章

メンガーとオーストリア経済学

カール・メンガー
(Carl Menger: 1840-1921)

〈要約〉

1　概説……p.230
- オーストリア学派──個人主義と自由主義の主張を急進的に推進

　創始者　　→　ウィーザー、ベーム－バヴェルク、　……→現代
　メンガー　　　ウィクセル、ミーゼス、ハイエク

> 📖 **テキスト**
> カール・メンガー著、八木紀一郎・中村友太郎・中島芳郎訳『一般理論経済学（1・2）』みすず書房、1982年、1991年
> ─────著、福井孝治・吉田昇三訳『経済学の方法に関する研究』岩波文庫、1939年

2　メンガー経済学の出発点……p.233
(1) ドイツ歴史学派との関係
- リスト──保護貿易政策、経済の歴史的発展段階説
- シュモラー──歴史決定論、国家主義的傾向
- メンガーの歴史学派への批判と、ポパーの歴史法則主義批判

(2) リカード経済学との関係
- 反古典派経済学、反リカード経済学
- リカードの経済学を180度転換

3　メンガー経済学の内容……p.236
(1) 欲望の理論
- 人間の生涯にわたる欲望の研究──生命と福祉の維持・増進
- 功利主義との違い──欲望満足と道徳規準との区別

(2) 財の分類：高次財と低次財、時間と不確実性
- 高次財：財の支配から欲望満足までに長い時間を要する財、生産要素
- 低次財：欲望満足までにかかる時間の短い財、第1次財＝消費財
- 時間と不確実性：先行配慮

（3）経済理論のパラダイム転換：先行配慮の経済活動と資本理論
- 資本理論の優先的研究
- 資本——用役源泉 → 用役と所得
- 経済進歩——資本の占有、高次財の発見と利用、資本の生産性と利子
（4）価値の理論
- 価値とは財によって満たされる欲望がその人にとって持つ意義
- 主観的価値論——財の物理的属性ではなく、財と人の意識との関係
（5）高次財の価値と資本利子率
- 消費者は低次財から高次財へと順番にその価値を評価する
- 高次財の価値は将来の予想価値を時間に応じて割り引いて評価する
（6）高次財の用役価値：利子、地代、賃金

4　その後のオーストリア経済学の発展と論争……p.244
（1）ウィーザーの帰属理論と機会費用
- 古典派の費用概念——その財に過去に投じられた労働やその他の経費
- 機会費用——その財の選択により断念した他の財の将来の予想価値
（2）ベーム-バヴェルクの資本と利子の理論
- 資本利子——迂回生産の利益、生産期間が長いほど高くなる
- メンガーの資本・利子論との対立
（3）ウィクセルの不均衡累積過程
- 自然利子率 > 貸付利子率 → 物価の上昇
- 貸付利子率 > 自然利子率 → 物価の下落
（4）ハイエクの資本理論と景気変動論
- 好況期——迂回生産による資本の生産期間の延長
- 不況期——資本の生産期間の短縮、資本財産業の過剰生産
（5）ミーゼスとハイエクの社会主義批判
- 社会主義計算の不可能性
- 「隷従への道」——1990年代に新自由主義として復活

1 概説

　経済学における限界革命に関する解説の最後に、**カール・メンガー**（Carl Menger: 1840-1921）と彼の後継者たちによって展開されたオーストリア学派の経済学について検討する。この学派の特徴は、個人主義と自由主義の主張を近代経済学の中でも最も急進的に推し進めてきたことである。この学派の先鋭的な思想家は、政府による市場介入を一切拒否する理論を展開した。社会主義計画経済に対してだけでなく、経済成長を促進するための政府の役割やその他の組織的な経済運営を弁護するすべての社会理論に対しても、厳しい批判を加えた。

　ワルラスやマーシャルの経済学においても、個人主義的・自由主義的な思想は、たしかにその基礎にあった。しかし、土地の所有権を管理する政策や貧窮者たちの救済を目的とする福祉政策に関する政府の役割については、否定しなかった。これに対して、オーストリア学派は、市場における個人の自発的な経済活動やその他の社会領域における個人の自由な活動を守るためには、政府やその他の組織によるどんな種類の強制であっても、これらを一切排除することを主張した。

　しかし、オーストリア学派は、その他の経済学派のようには教条的な経済学体系を築いてこなかった。メンガーの『一般理論経済学』でさえ、この学派の標準的な教科書として使われたわけではなかった。このことは、一方でこの学派の弱点でもあったが、また他方ではその強みでもあった。その研究成果の多くは、現代のミクロ経済学の中にも取り入れられており、この学派の独自の主張とはならなかった。だが、その反面で、この学派は、方法論的個人主義と自由主義に共感する多くの経済学者を吸引し、幅の広い多才で柔軟な研究者集団を形成してきた。

　オーストリア学派がこのように幅の広い研究者集団であることは、この学派の主流と傍流とを示す図10-1のような系譜図を作ってみると、より鮮明になる。

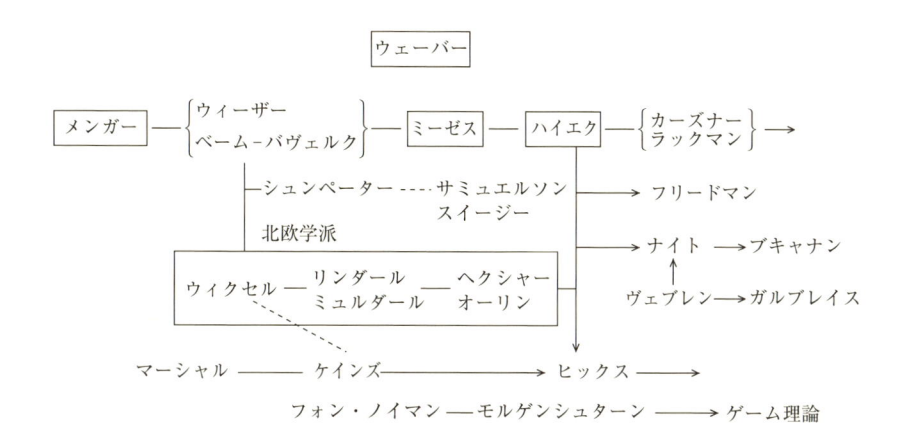

第10章　メンガーとオーストリア経済学　231

図10-1　オーストリア学派の系譜

　メンガーによって出発点の築かれた経済学は、その後、数々の後継者たちによって、世代から世代へと引き継がれていった。メンガーの直接の後継者であったウィーザー（Wieser）とベーム-バヴェルク（Böhm-Bawerk）の2人は、この学派の第2世代を形成した。ただし、この2人は、社会主義的な政権の下で大臣を務めるなど、必ずしも反社会主義的な思想を持ち合わせていなかった。現代のオーストリア学派の特徴は、むしろその次の第3世代のミーゼス（Mises）とハイエク（Hayek）によって築かれたといってよい。それぞれベーム-バヴェルクとウィーザーの指導を受けたミーゼスとハイエクの2人は、社会主義批判と貨幣・資本理論の研究において互いに協力し合った。この2人の思想は、カーズナー（Kirzner）やラックマン（Lachmann）たちに伝えられ、現代のオーストリア経済学派の主流を形成した。

　オーストリア学派のすそ野は、さらに大きく広がっている。何よりも重要な傍流は、スウェーデンのウィクセル（Wicksell）たちによって築かれた**北欧学派**であった。ウィクセルは、ワルラスの経済学とともにベーム-バヴェルクの経済学から大きな影響を受けて、貨幣理論や資本理論の領域で重要な貢献を果たした。その経済学は、リンダール（Lyndal）やミュルダール

(Myrdar)、そしてヘクシャー（Hechscher）やオーリン（Ohlin）などの北欧の経済学へと伝えられていった。さらに、ウィクセルの貨幣・資本理論は、ケインズやヒックスにも影響を与えた。ケインズ(Keynes)とヒックス(Hicks)は、マーシャル（Marshall）につながるイギリスの経済学の系譜に属したが、他方でウィクセルを通じて、オーストリア理論の影響も間接的に受けている。とくにヒックスは、ハイエクの影響を受けて、晩年にはオーストリア学派に急速に接近していった。

さらにハイエクの自由主義思想は、フリードマン（Friedman）たちの現代のマネタリズムの源流となった。またアメリカ制度学派のナイト(Knight)や、彼の弟子であったブキャナン（Buchanan）たちにも影響を与えた。ナイトは、メンガーやウェーバー（Weber）の思想をアメリカに導入することに一役買った。またブキャナンの財政学の源流はウィクセルの財政学にあった。ハーバード大学でサミュエルソン（Samuelson）やスイージー（Sweezy）などを教えたシュンペーター（Schumpeter）は、ベーム–バヴェルクの学生であったし、またゲーム理論で有名なフォン・ノイマン（von Neumann）とモルゲンシュターン（Morgenstern）も広い意味ではオーストリア学派に属する。

このようにみてくると、オーストリア学派は、その主流と傍流を集めると、現代の最大の経済学派の一つを形成しているといえる。ここでは、その経済学の始まりとその後の論争や主要な革新とについて、順を追って検討していこう。

📖 テキスト

カール・メンガー著、八木紀一郎・中村友太郎・中島芳郎訳『一般理論経済学（1・2）』みすず書房、1982年、1991年
―――著、福井孝治・吉田昇三訳『経済学の方法に関する研究』岩波文庫、1939年

2　メンガー経済学の出発点

(1) ドイツ歴史学派との関係

　オーストリア経済学の創始者であったメンガーの経済学の思想的な背景を知るためには、彼の教えたウィーン大学が属していたドイツ・オーストリア圏で教えられていた経済学の伝統を知らなければならない。それは、イギリスやフランスの経済学の伝統とはかなり違ったものであった。もちろんスミスやリカードたちのイギリスの経済学も、この頃までにはドイツ語圏に次第に浸透しつつあった。イギリスの経済学に対する批判もメンガー経済学の特徴の一つである。だが、ここでは、まず当時のドイツ語圏で支配的であった歴史学派との関係で、メンガー経済学の思想的・方法論的な特徴を明らかにしておこう。

　ドイツでは、イギリスの功利主義的な伝統とは違って、カントに代表される観念論的な哲学が普及していた。カント以降のドイツ哲学は、ヘーゲルを中心とした歴史的・進化論的な社会哲学を発展させていた。その社会哲学は、歴史を発展させる動力を「民族精神」や「時代精神」や「世界精神」などの中に求め、ドイツ・オーストリアの文化的優越性を誇示する国家主義的または集団主義的な傾向を持っていた。メンガー経済学の基礎を支えた**方法論的個人主義**には、このようなドイツ語圏に共通の国家主義的な思想に対する抵抗の意味合いもあった。

　歴史学派は、19世紀後半のドイツの社会経済史的な条件の中で育まれた経済思想を体現していた。ドイツ・オーストリアは、もともとヨーロッパの政治経済の中心の一つであったが、相次ぐ宗教戦争やナポレオン戦争などによって疲弊し、安定的な経済成長は中断し、イギリスやオランダなどに対して経済的な後れをとっていた。そこへスミスやリカードたちのイギリスの経済思想が紹介され、自由貿易主義の経済政策が外国から要請されるようになった。

　このような自由主義的な要請に対して、**フリードリッヒ・リスト**（Friedrich

List: 1789-1846）は、ドイツの置かれた歴史的な条件を前提にすれば、国内産業の発展を保護し育成するために、自由貿易ではなく**保護貿易政策**を採用する必要があると訴えた。すなわち、経済は段階的に発展するものであり、農業経済を中心とする段階から国内工業が発展し外国から農産物を自由に輸入できるようになるまでには、いくつかの異なった歴史的段階を経由しなければならない。それぞれの歴史的発展段階には、それぞれの段階にふさわしい経済政策が必要になる。ドイツの現段階では、イギリスのように自由貿易政策を採用するのではなく、国内産業を育成するための関税政策や労働者を保護するための社会政策が必要である。このような**経済の歴史的発展段階説**が、ドイツ歴史学派の主な学説となっていた。

　リストの経済学は、その後、**グスタフ・フォン・シュモラー**（Gustav von Schmoller: 1838-1917）やヴィルヘルム・ロッシャー（Wilhelm Roscher: 1817-94）やカール・クニース（Karl Knies: 1821-98）といった後継者たちによって引き継がれ、メンガーの時代までには歴史学派の経済学がドイツ語圏では優勢となっていた。貨幣は、市場経済の必要から発生するのではなく、国家によって定められたものであるといった貨幣国定説など、国家主義的な学説が唱えられた。メンガーの方法論的個人主義や自由主義は、このようなドイツ歴史学派の国家主義的な傾向に対して対抗する意味を持っていた。

　ただし、メンガーが経済の歴史的発展を研究すること自体に対して批判的な態度をとったと判断するのは早計であろう。そのことは、**カール・ポランニー**（Karl Polanyi: 1886-1964）などの経済人類学の創始者がメンガーからの影響を間接的に受けていたことや、またメンガー自身も晩年には歴史的・民族誌的な関心による研究に没頭したことからも明らかである。メンガーが批判したのは、歴史学派の教条主義的な**歴史決定論**に対してであった。メンガーの洞察によれば、歴史の発展は、誰にも予測することのできない不確実なものである。そこでは個々人の自由な選択や決断が何よりも大きな役割を果たす。それにもかかわらず、シュモラーたちの歴史学では、あたかも歴史の行く末があらかじめ決定されているかのように自分たちの歴史観を絶対視していた。この点に関しては、特殊な歴史的条件によってではなく、普遍的な理

論に基づいて経済を研究するイギリス経済学のほうがはるかに優れている。このような歴史学派に対するメンガーの批判は、**歴史法則主義**（Historicism）に対する後年の**ポパー**の批判と類似する。

なお、マルクスの経済史観はヘーゲル哲学の影響を受けており、ドイツ歴史学派と共通の集団主義的な傾向を持っていた。**マックス・ウェーバー**（Max Weber: 1864-1920）もまた、歴史学派の系譜に属したが、彼の自由主義的な歴史思想は、歴史学派やマルクスの歴史観とはまったく異なるものであった。ウェーバーの思想は、ミーゼスやハイエク、ラックマンなどのオーストリア経済学の後継者たちによって、むしろ好意的に受け入れられた。

(2) リカード経済学との関係

メンガー経済学の方法論は、このようにドイツ歴史学派よりもイギリスの経済学の方法論に近かったが、他方で、メンガーは、リカードに代表されるイギリスの古典派経済学に対して、限界革命の3人の騎士の中では最も厳しい批判を加えた。この点を理解することが、オーストリア経済学の特徴を捉えるうえでもう一つ重要なポイントになる。

リカードに代表されるイギリス経済学に対するメンガーによる批判は、オーストリア経済学の特徴をつかむためには、より本質的な論争であった。メンガーはプラハ大学とウィーン大学で法律学を学んだのちに、ウィーンの新聞社で経済記者として活躍した。そこで実際の経済について学ぶことになったのだが、イギリス経済学に対して根本的な疑問を持つようになった。というのは、彼の経験からはリカードたちの経済学は、実際の経済現象をまさに逆さまに捉えているように思えたからである。

リカードによれば、財の生産に投下された労働やその他の費用が集計されて、それぞれの財の価値が決められるとされていた。しかし、その生産に多量の労働やその他の費用が投じられたとしても、低い価格しかつかないか、あるいは場合によっては、まったく値段のつかない財もある。反対に、労働も費用もまったくかからない自然の産物に対して高い価格がつけられることも稀ではない。このようなことを考えると、労働や経費が投下されたから財

に価格がつけられるのではなく、その反対に、その財に価格がつけられるので、その財を供給しようとする人々がその財の生産のために労働やその他の経費を進んで支出しようとするとみるほうが正しいように思われる。いいかえれば、財の生産者は、その財に価格がつけられて利益が上がるのを期待して、その財の生産のために労働やその他の経費をかけようとする。個々の商品の価値を決めるのは、あくまでもそれらの商品を購入し、消費しようとする消費者たちの価値評価によるものであって、その価値評価を期待して、様々な経済活動が行われる。このように考えることによって、メンガーは**リカード経済学の考え方をまさに 180 度転換**させることになった。

それでは、消費者の価値評価は、いったい何に基づくのか。それは消費者の様々な欲望によるといってよい。こうして「あらゆる経済理論研究の出発点は、欲望を覚える人間本性である」という**メンガー経済学の出発点**が与えられた。それは、ドイツ・オーストリア圏で当時支配的であった歴史学派の経済学とも、また供給サイドの研究から出発したイギリスの古典派経済学ともはっきりと違う、まったく新しい経済学の出発であった。

3　メンガー経済学の内容

(1) 欲望の理論

メンガーの経済学は、欲望の研究から始まる。しかも、他の近代経済学者たちと違って、人間の**生涯にわたる欲望の変化**、すなわち時間を通じた欲望の変化と、それを満たそうとする人間の様々な行為の変化について一貫して研究しようとした。欲望の満足は人間の経済活動の究極の目標であり、したがって欲望の理論は、自然科学とくに生物学から、精神科学全般や経済学へと渡るかけ橋となるからである。

ところで人間の欲望は、何のためにあるのか。それは人間の「**生命と福祉**」を維持し増進するためにある。このような見方は、ベンサムの功利主義によるものとは異なっていた。メンガーによれば、欲望を満たすことと道徳の規準とは区別されなければならない。欲望満足は目的ではなく、あくまでも人

間の「生命と福祉」を維持し増進するための一手段にすぎない。

このようなメンガーの欲望理論にはアリストテレスの『政治学』の影響がみられる。アリストテレスは、人間の「生命と福祉」を増進する手段を「財（goods）」とみなした。またカントの道徳哲学の影響もみられる。奴隷や農奴など、完全に他人の支配下にある人間は、家畜と同じように、財として扱うことができるが、しかし自由人は、本人の同意なしに、あるいは、本人の同意を越えて、他人の欲望を満足させるための手段として扱われてはならない。それゆえ労働者の人格を法律によって守ることが、公権力の課題となる。

また人間の理念、至高善、愛情、友情などは、欲望の対象＝財ではなく、人格の自由な表現にすぎない。財の効用は、物に付着してあるのでなく、あくまでも物と人間との関係に依存する。そのような関係がなくなれば、財も効用も消滅する。

(2) 財の分類：高次財と低次財、時間と不確実性

経済の法則は、すべて因果の法則に従う。因果の観念は時間の観念と密接に関連する。財が人々の欲望を満たすまでには、時間が経過しなければならず、高次財を低次財に変形するための生産過程を必要とする。ここで**高次財**とは、欲望を満たすようになるまでにより長い時間のかかる財のことであり、**低次財**とは、そのような時間のより短い財のことである。

たとえば、溶鉱炉などの設備やそれを運転する労働は、それ自体では人間の欲望を満足させることはできないが、それらを使って時間をかけて鉄を作り、自動車の生産に役立てることによって、やがて欲望を満たすようになる。このような生産過程においては、途中で鉄板やタイヤなどの中間製品が作られ、それらが自動車の形になるまでには時間がかかる。この場合に、機械・設備や労働は高次財であり、鉄板やタイヤなどはより低次の財であり、最後に自動車の完成品は直接消費者の満足の得られる第1次財である。

メンガーは、欲望を満たすまでの時間の長さに従って、様々な財を第1次財、第2次財、……、というように、より低次の財から、より高次の財へと順序づけて分類した。なお第1次財は、直接に消費できる消費財のことであ

	←高次財					低次財→
価格評価	←第5次財	←第4次財	←第3次財	←第2次財	←第1次財	
生産の流れ	労働 土地 ⇨	鉄 ゴム ⇨	鉄板 タイヤ ⇨	エンジン ⇨	車体 組立 ⇨	自動車
	←長い（欲望満足までの時間）短い→					欲望満足

図 10-2

る。このような財の分類を自動車の生産に例をとって図示すれば、図10-2のようになる。

　科学技術と交通機関の進歩は、たしかに生産の期間を短縮させたが、すべての生産が時間をかけずに行われることはいまだにない。高次財を支配する人は、一定の時間を経たのちに初めて、それに対応する低次財もしくは第1次財を支配することができる。したがって、高次財の占有は、欲望の満足を期待させるが、それは一定の時間を経過したあとであり、現在の欲望を直接に満たすためではない。それによって「将来の欲望」を満たすことを期待できるにすぎない。ここに時間と密接に関連する「**不確実性の契機**」が現れる。

　人間の経済行為の基本は、将来に現れる欲望を予測し、その欲望を充足するために、あらかじめ高次財から低次財までの流れを支配し、生産や流通の過程を企画することである。メンガーは、このような人間の経済行為を「**先行配慮（Vorsorge）**」と呼び、経済学の基本概念とした。これは、後年、ハイエクやヒックスによって、「**将来志向（forward-looking）**」の企業家行動として、資本理論の基本概念とされるようになった。

　企業家の活動は、多くの人々の将来の欲望を予測し、その欲望を満たすためにあらかじめ必要な高次財を準備し、その生産や流通の過程を企画することにある。このような先行配慮の期間が長くなることは経済の進歩を意味するが、しかし、このような期間が長くなるほど、将来の欲望を満たすための財の種類やその数量に関する予測は不確実となる。また、そのような財の品質と数量に関する不確実性は、生産部門が異なるごとに大きかったり、小さかったりする。このような時間と密接に関連する不確実性に対処することが

人間の経済行為の特徴であり、また経済変動の根本的な原因となる。このような考え方は、後年ベーム－バヴェルクの迂回生産や、ハイエクの景気変動の理論を誘導した。

(3) 経済理論のパラダイム転換：先行配慮の経済活動と資本理論

　メンガー経済学の特徴として、その主観的価値の理論がふつうは指摘されている。しかしこの特徴は、じつはメンガー経済学において最も重要な特徴ではなかった。メンガー経済学の最も重要な特徴は、経済活動を**時間の中で**考察したこと、その際に、生命と福祉のために必要な将来の欲望の満足を先取りする人間の**先行配慮の活動**を重視したことである。このような見方によれば、これまでの経済学における消費、生産、分配などへの分類や順序づけは、根本的に改められなければならない。消費、生産、分配などの経済活動のすべては、将来の生命と福祉の維持・発展のために「先行配慮」する人間の経済活動の時間的に連続する過程の中に組み込まれる。すなわち、将来の欲望の変化を予測して、高次財から低次財までの配分を支配する経済活動の中に、生産や分配や消費というような経済の部分的な活動は、すべて配列されることになる。

　もちろん、このような先行配慮の活動のためには、過去から引き継がれてきた自然的、社会的、法的などの客観的な関係を考慮しなければならない。しかし、文明と経済が進歩するほど、将来に向かう人間の先行配慮の主体的な経済活動の重要性が増してくる。そして、そのような先行配慮の経済活動を理解するためには、資本の概念がまず確立されなければならない。こうして、メンガーの経済学においては、**資本の理論**が、価値の理論や交換や貨幣の理論に先立って展開されることになった。

　ところで経済財とは、その用役によって人間の何らかの欲望を満たす希少なものであるが、その用役の源泉とその用役そのものとは区別される。そして、そのうちの用役源泉が「**資本（Kapital）**」と定義される。このような資本概念はスミスの資本概念と共通するが、経済進歩の原因を分業の発展に見出すスミスとは違って、メンガーは、資本の占有そのものの中に経済進歩の

源泉を見出した。

　分業そのものは経済発展の唯一の原因ではない。**経済進歩**とは、第1次財、第2次財、……、というように、より高次の財を獲得し支配できるようになることである。高次財から低次財への変形は、時間の経過の中で行われるが、人間の先行配慮がますます先の時期にまで及ぶにつれて、より**高次の財が発見**され、支配されるようになる。そして、その結果、ますます多くの種類の財や欲望、労働などがそのような活動の中に組み込まれるようになる。このことこそが経済進歩の証である。

　人間の生命の維持・発展は、将来の段階が先行する段階によって条件づけられるような不可逆な過程である。生命の過程は一度中断すると再び復元できないし、また過去に作られた条件は、さかのぼって変更することはできない。そして、そのような生命の発展を促進する経済進歩は、将来の生活を維持し発展させるための資本をどれだけ多く支配できるかに依存する。すなわち資本を人間の生命と福祉の向上にどれだけ役立てることができるかにかかっている。現時点の欲望を満たすだけでなく、未来のために資本を占有できる範囲が福祉の向上の基準になる。こうして、経済学の最も重要な真理の一つ、「**資本の生産性**」という重要な命題を得ることができる。

　これまでの経済学は、利子を資本の所有者の節欲に対する補償として説明してきた。だが、そのような節欲だけでは財の性質を得ることはできず、したがって価値を得ることはできない。資本も決して節欲によって発生するのでなく、多くの場合、単なる占有によって発生する。したがって、利子支払いは、資本所有者の節欲に対する補償とみなされるべきでなく、資本として利用できる財と貨幣などの他の経済財との交換比率以外の何ものでもない。

Comment　メンガー経済学とマーシャル経済学の補完性

　メンガーの経済学は、「先行配慮」する人間の経済活動がより高次の財を資本として発見し支配していく過程の中に、経済進歩の基準を求めた。これに対してマーシャルの経済学では、人間の生産活動が長期

の経済進歩の源泉になるとされていた。これまで、メンガー経済学では、欲望の研究が長期の経済理論の中心となるのに対して、マーシャル経済学では、生産の研究が長期の経済理論の中心となるというように、両者は対立的に捉えられてきた。しかし、メンガー経済学の特徴を、その主観価値説にではなく、先行配慮の経済活動と、資本理論の中に見出すならば、2つの経済学はともに人間の主体的な経済活動の中に経済進歩の源泉を見出していたことになる。つまり2つの経済学は、互いに補完関係にあることになる。このような2つの経済学の潮流を統合的に捉えることが将来の経済学史研究の大きな課題となるだろう。

(4) 価値の理論

　ある財を必要とする量がその財を支配できる量を上回るとき、その財は経済財となり、その財の希少性から価値という重要な現象が発生する。**価値とは、その財によって満たされる欲望がその人にとって持つ意義**のことである。いいかえれば、価値とは、それぞれの欲望の満足によって維持・発展される生命と福祉がそれぞれの人にとって持つ意義を財によって表現したものである。したがって、財の価値は、その財の物質的な属性ではなく、その財によって満たされる欲望がその人の生命と福祉にとって持つ主観的な意義であり、人間の意識の外部には存在しない。それゆえ、それぞれの人によって異なった価値が成立する。メンガー経済学における価値論が**主観的価値論**だといわれる理由はここにある。

　それぞれの財の価値は、それによって満たされる欲望がそれぞれの人の生命と福祉に対して持つ意義が時間の中で変化するにつれて変化する。人間にとっては、生命の維持がかかっている欲望の満足が最高の意義を持つ。福祉を増進させる欲望の満足は、その次に重要な意義を持つ。安楽や娯楽の欲望が満たされるのは、優先順位からみれば生命や福祉よりもずっとあとになる。同じ程度の欲望の満足の得られる財ならば、その満足の時間が長いほど、つまり耐久的な消費財であるほど、その価値はより大きくなる。

表 10-1

I	10	9	8	7	6	5	4	3	2	1	0
II	9	8	7	6	5	4	3	2	1	0	
III	8	7	6	5	4	3	2	1	0		
IV	7	6	5	4	3	2	1	0			
V	6	5	4	3	2	1	0				
VI	5	4	3	2	1	0					
VII	4	3	2	1	0						
VIII| 3	2	1	0							
IX	2	1	0								
X	1	0									

今、われわれの生命に関連する欲望を満たす財の価値を仮に10とし、それよりも重要度の低い財の価値を9,8,7,6,……と配列してみると、表10－1のようになる。

数列Ｉは、たとえば財の数量とともに逓減する食欲の満足度を表し、数列Ｖは、衣服による満足度を表すとしよう。生命を維持するための食欲がある程度満たされるまでは、食料の価値は衣服の価値よりも大きいであろう。食欲がある程度満たされ、その財の価値がたとえば6という大きさまで減少したとき、衣服による満足度も同じ程度の大きさになる。われわれはまず最高の意義を持つ欲望を満足させ、もし余裕があればその次に重要度の高い欲望を満たしていくだろう。すべての欲望を満たすことができないとすれば、意義の小さい欲望は後回しにされる。支配可能な財の数量が与えられているとき、人々は、最小の欲望の満足度をたとえば6というように等しくさせるように行動する。このようなメンガーの分析は、**限界効用均等の法則**として後代に伝えられた。

(5) 高次財の価値と資本利子率

われわれは、消費者として、自分たちの欲望を満足させる最終消費財（第1次財）の価値をまず評価する。そして第1次財だけでは欲望を満足させる

ことのできないときに、第2次財、第3次財、……、というように、より高次の財の価値を認めていく。土地、労働、資本などの高次財は、より低次の財の産出に役立つ程度に応じて、その価値を評価される。いいかえれば、**高次財の価値**は、生命と福祉に関する重要度で示される低次財の価値に関連づけられて、間接的にその価値を評価されることになる。

ただし、ここで考慮しなければならない重要なことは、高次財は、第1次財を即座に作り出すことはできず、第1次財を生産するまでには時間がかかることである。したがって、高次財の価値評価は、第1次財が完成され供給される将来の時点まで引きのばされることになる。もし現在の時点で高次財の価値を知ろうとするならば、将来の低次財の予想価値を時間に応じて割り引かなければならない。このときに時間に応じた割引の基準になるのが、**資本利子率**、すなわち企業利潤率、減価償却率、各種の賃料率（レント）などの高次財とその用役価値との間の比率である。

(6) 高次財の用役価値：利子、地代、賃金

そこで高次財の用役価値と高次財自体の価値との関係が問題となる。ここで**用役財**とは、人間の欲望の満足のために一回限りの使用によってその価値を失うような消耗財ではなく、時間の延長の中で反復して使用することに耐える人間の欲望を満たす財のことである。なお高次財は用役財でもある。このような用役財は、それ自体に価値があるから所得を生むのではなく、その反対に、その財の時間的に限定された用役から、その財の所有者が所得を得ることができるため、その財に価値がつけられる。こうして土地の用役に対しては**地代**、資本の用役に対しては**利子**、労働用役に対しては**賃金**というような、それぞれの所得が得られ、それらの所得によって土地や資本や労働の用役価値が決められる。

ところで、ある期間に土地や資本の用役から得られる所得が、同じ期間に労働者が得る所得よりも高いことについて、人道主義的な非難がこれまでにもしばしば提出されてきた。しかし、このような事態を招いた原因は、道徳的なものではなく、土地や資本の用役に対して、労働給付に対するよりも重

要な欲望の満足が依存してきたことにある。労働給付は、それ自体に対して最低生存費などの価値があらかじめ決められているのではなく、労働用役によって満たされる欲望の重要度に応じて、その価値は変化する。したがって、労働用役に依存する欲望と、それを充足する生産過程の重要度が増すにつれて、賃金の率は高くなるに違いない。

　ここまでのメンガーの分析は、必ずしも市場経済を前提としてこなかった。その経済体制が共同体的な経済であるのか、それとも市場経済であるのかにかかわらず、人間の経済に共通の原則が述べられてきたのである。ここから先に、交換や価格、商品や貨幣などの市場経済に特有な経済現象が扱われることになる。このようなメンガーの経済学は、これまでの経済学の常識を覆すような革新的なものであった。だが多くの未解決問題が残されていた。彼の経済学を引き継いだオーストリア学派の経済学者たちは、これらの未解決問題に挑戦していった。

4　その後のオーストリア経済学の発展と論争

(1) ウィーザーの帰属理論と機会費用

　オーストリア経済学の第2世代に当たる**フリードリヒ・フォン・ウィーザー**（Friedrich von Wieser: 1851-1926）は、メンガーの経済学が残した未解決問題の一つ、高次財の価値の決定問題に取り組んだ。メンガーの経済学では、より高次の財の価値は、より低次の財の価値によって決定されるとされていたが、その決定方式については示されていなかった。ウィーザーは、この問題を**価値の帰属理論**によって解決しようとした。

　高次財を使用して作られる将来の低次財の価値は、その貢献度に応じてその高次財の価値に移転されるが、そのような価値の帰属は、将来の時間まで続けられる生産過程を通じて行われる。そのような生産過程に関連する費用は、どのように計算されるのであろうか。リカードやマーシャルの経済学では、それぞれの財の生産のために過去に投入された財や労働の価値を集計したものが、それぞれの財の費用として計算されていた。しかし、メンガーの経済

学では、過去に投入された費用は、将来の価値の形成に対して直接には関与しないとされた。そうだとすると、費用は、いったいどのように計算されたらよいのか。

この問題に関連して、ウィーザーは、オーストリア経済学にふさわしい費用概念を考案した。高次財の費用は、それを手に入れるのに過去に費やされた財や用役の価値によって決められるのではなく、その高次財によって将来に作られたであろう他の低次財の価値によって決められる。すなわち、ある高次財を使って生産できる低次財の種類がいくつかあるとき、ある特定の低次財の生産のためにその高次財を使うことを選択したとする。その場合には、その**生産をあきらめた低次財の価値**が、選ばれた低次財の生産のための費用となる。たとえば、ミシンを使って背広とスカートのどちらも生産できるとしよう。生産者が背広を作ることを選択した場合には、スカートによる利益が背広を作るための費用となる。

このような費用概念は、**機会費用**（opportunity cost）と呼ばれ、とくに金融理論の分野で頻繁に応用されている費用概念である。たとえば株式投資の費用は、もし同じ金額を預金した場合に得られたであろう利息によって測られる。このように利益と費用のどちらも、将来の予測価値によるものとすることで、過去の実績によって価値を測ることを避けようとした。こうして、ウィーザーは、メンガーの先行配慮の経済学をさらに一歩進めたのである。

(2) ベーム-バヴェルクの資本と利子の理論

オーストリア学派の第2世代のもう一人の重要な人物は、**ベーム-バヴェルク**（Eugen von Böhm-Bawerk: 1851-1914）であった。ベーム-バヴェルクは、メンガーの高次財または資本の理論を先に進め、資本の生産力は、資本の生産過程にかけられる時間の長さに依存することを発見した。ただし、彼の時間の捉え方は、メンガーやウィーザーとは反対の向きになっていた。すなわち、将来から現在を捉えるのではなく過去から現在を捉えていた。

資本主義的生産においては、高次財から低次財を産出するときに時間のかかる迂回生産が発展する。たとえば、機関車の製造に5年間という時間がか

けられるとする。そのような生産は、1年間でできる馬車の製造に比べて、より多くの資材や労働が投じられ、生産力が高いので、より多くの価値を生む。このような**迂回生産の利益**から**資本利子**が生まれる。したがって資本利子の大きさは、生産過程の時間の長さに依存することになる。このようなベーム－バヴェルクの迂回生産の理論は、ハイエクたちのオーストリア学派の資本理論として引き継がれたが、この理論に対しては、メンガーは必ずしも賛同しなかった。

> *Comment* ベーム‐バヴェルクの資本理論に対するメンガーの反対理由
>
> ベーム‐バヴェルクの迂回生産の理論に対して、メンガーが反対したことについては、シュンペーターの『経済分析の歴史』の中で明らかにされたが、その理由は、はっきりしなかった。この点については次のように理解することができる。
>
> メンガーの資本理論では、将来の欲望の満足を先行配慮する人間の経済活動によって、高次財の用役が将来にわたって人々の欲望を満足させる時間が長ければ長いほど、その高次財の資本価値は大きくなる。これに対して、ベーム‐バヴェルクの資本理論においては、生産過程の時間が長ければ長いほど、資本利子は大きくなるとされていた。これによれば、生産過程に費やされる時間の長さに応じて投入物の生産力と産出物の価値が大きくなるので、そのような迂回生産の利益から資本利子が得られることになる。
>
> このように、メンガーの資本理論が一貫して人間の欲望の満足について、これを**将来志向的**（forward-looking）に捉えたのに対して、ベーム‐バヴェルクの理論は、むしろ**過去志向的**（backward-looking）に迂回生産の利益を主張したにすぎない。生産期間が長いから利益が大きくなるのではなく、反対に利益が持続するから生産過程を長く続けることができると考えるほうが妥当であろう。このような両者の見方の対立が、資本理論の違いになって表れたといえる。

第10章　メンガーとオーストリア経済学　247

(3) ウィクセルの不均衡累積過程

クヌート・ウィクセル（Johan Knut Wicksell: 1851-1926）は、ベーム-バヴェルクの資本理論を応用して、物価や経済の変動要因を明らかにした。**資本利子（自然利子率）** は迂回生産を含む資本の生産性によって決まるが、**貨幣利子（貸付利子率）** は時間選好、すなわち人々がふつうは将来の消費よりも現在の消費のほうを好み、現在財に高い価値をつけるという法則に従って決まる。貯蓄資金を貸し付ける人は、より価値の高い現在の消費をあきらめる代償として利子を取得する。

自然利子率が貸付利子率よりも高いとき、企業家は投資を活発にするなど財の購入を増やすだろう。したがって、このような利子率の間の関係が続く限り、物価は上昇するに違いない。これとは反対に、貸付利子率が自然利子率よりも高いときには、物価は下落し続ける。このような過程は、**ウィクセルの不均衡累積過程**として、経済変動を説明するときに、オーストリア学派だけでなく、他の多くの経済学者たちによって参考にされた。

(4) ハイエクの資本理論と景気変動論

オーストリア学派の第3世代の一人、**フリードリヒ・フォン・ハイエク**（Friedrich von Hayek: 1899-1992）は、ベーム-バヴェルクの資本理論とウィクセルの経済変動論を組み合わせて、景気変動の理論を考え出した。好況期の経済の進歩は、資本の迂回生産の期間を長くすること（capital widening）によって実現されるが、そのためには以前に消費財産業に雇用されていた労働者たちが資本財産業の増産のために動員されなければならない。その結果、資本財の価格と資本財産業の労働者の賃金は上昇する。しかし、消費財産業の資本と労働が不足するようになり、今度は消費財の価格が上昇する。これによって消費財産業の拡張が刺激され、資本と労働の一部は資本財産業から消費財産業に戻ってくる。こうして生産過程の時間を長くする好況期の経済進歩は途中で滞り、今度は生産期間が短縮される（capital shortening）。経済進歩は中断され、経済は不況過程に突入する。

他方で、銀行信用は、この変動過程の振幅を大きくする。すなわち、銀行

の信用創造は、好況期の資本財産業の拡張を促進するだけでなく、その拡張を過剰なまでに大きくしてしまう。資本と労働が消費財産業へと逆流する好況末期には、銀行信用の結果として増大した資本財への投資は、資本財の過剰供給を引き起こす。資本財産業における設備の建設は中断し、多くの設備が稼働しないまま放置される。このような経済変動の振幅を小さくするためには、過剰生産を誘発するような信用創造をやめ、貨幣の働きを中立化するような政策が、経済の安定化のために必要になる。このような**ハイエクの貨幣政策**は、ケインズやシュンペーターが提案した政策とはかなり違ったものであった。

(5) ミーゼスとハイエクの社会主義批判

　ルードヴィヒ・フォン・ミーゼス（Ludwig von Mises: 1881-1973）とハイエクは、社会主義計画経済に対する批判においても、オーストリア理論の主張を貫いた。1930年代に、ローザンヌ学派の流れをくむ**オスカー・ランゲ**（Oskar Lange: 1904-65）と**アバ・ラーナー**（Abba Lerner: 1903-82）は、ワルラスの一般均衡理論の手法を用いて社会主義計画経済の可能性について研究した。その結果、完全な計画経済は、完全な市場における自由競争によるものとまったく同じ結果を実現できることを証明した。この理論によれば、社会主義計画経済は、完全に実現可能なのであった。

　これに対して、ミーゼスは、社会主義計画経済は、市場における価格情報を利用することができないから不可能であることを主張した（**社会主義計算の不可能性**）。オーストリア経済学によれば、人間の経済活動は、将来の欲望を先行配慮して、高次財から低次財までの生産の配列を企画することである。だが、そのように企画を立てたり、または軌道修正したりするためには、市場における価格情報を利用することが不可欠になる。**市場過程**（market process）は、そのような情報や知識を個々人が自発的に交換し、新しい方法を発見したり、誤りをみつけて改善したりする**試行錯誤**を可能にする過程である。このような市場過程に依存しない社会主義経済には、情報や知識を自発的に交換し合う過程が欠けている。そこにあるのは、個々人や下部の組

織から疎遠になった中央計画当局の独善的な知識だけである。このような中央管理によっては、たとえ計画が間違っていたとしても軌道修正することはできず、計画は下部組織や個々人との連携を失って、失敗する危険にさらされる。もし無理やりに誤った計画を実施しようとすれば、政府による強制によって個々人の自由な経済活動を禁止するしかない。

　ハイエクはさらに『隷従への道』において、社会主義計画経済だけでなく、中央政府による市場介入に依存するすべての経済システムが、個人の自由を抑圧する結果を招くことを主張した。このような「隷従への道」に入り込むことを防ぐためには、すべての人が普遍的な法に平等に従うことによって個人の自由を保証するような社会体制を築くことが必要である。このような自由主義的な思想は、1990年代以降の東ヨーロッパの社会主義経済の崩壊と、イギリスのサッチャー政権などによる経済の自由化政策とを導く**新自由主義思想**として復活することになった。

〈より進んだ研究のための参考文献〉

ハイエク著、西山千明訳『隷従への道』春秋社、1992年〈1944〉

ミーゼス著、村田稔雄訳『ヒューマン・アクション』春秋社、1991年（増補新版、2008年）〈1966〉

メンガー著、福井孝治・吉田昇三訳『経済学の方法に関する研究』岩波文庫、1939年〈1883〉

────著、八木紀一郎・中村友太郎・中島芳郎訳『一般理論経済学（1・2）』みすず書房、1982年、1991年〈1923〉

尾近裕幸・橋本努編著『オーストリア学派の経済学──体系的序説』日本経済評論社、2003年

〈問題〉

① メンガーは、どのような点でドイツの歴史学派の経済学を批判したのか、考えてみよう。
② メンガーは、どのような点でリカードなどのイギリスの古典派経済学を批判したのか、考えてみよう。
③ メンガーの欲望の理論は、どのような点で、他の近代経済学と違っていたのか、考えてみよう。
④ メンガー経済学における時間と不確実性の関連づけは、どのような特徴を持っていたのか、考えてみよう。
⑤ ベーム−バヴェルクやウィクセル、ハイエクの資本理論の特徴について、考えてみよう。またそれらは、メンガーの資本理論とどのような点で違っていたのか、考えてみよう。

第 11 章

ケインズの思想と経済学

ジョン・メイナード・ケインズ
(John Maynard Keynes: 1883–1946)

〈要約〉

1 歴史的背景:『平和の経済的帰結』(1919) ……p.254
(1) 大英帝国・西ヨーロッパ世界の繁栄と新古典派経済学
(2) 第1次世界大戦とヨーロッパ市民社会の危機

2 ケインズ:哲学者としての出発 ……p.255
(1) 初期の哲学研究とムーア倫理学の批判
　・ムーアの倫理学と行為の理論――ルールと慣習、頻度論的確率論
　・ムーアへの批判と確率論研究
(2) ケインズ『確率論』(1921)
　・論理的確率論――倫理命題の確からしさ
　・基数的/序数的確率と不確実性

3 ケインズ:政治経済学のヴィジョン ……p.257
(1) 近代経済学批判:「自由放任の終焉」(1926)
(2) 政府の任務:不確実性に対処する貨幣経済政策
　・投資と貯蓄の管理、情報の公開、人口問題

4 代表的著作における主題の展開 ……p.259
(1) 初期の作品
　① 『インドの通貨と金融』(1913)――金為替本位制
　② 『平和の経済的帰結』(1919)――パリ講和会議、賠償問題
(2) 貨幣に関する三部作
　① 『貨幣改革論』(1923)

〈問題点〉	〈理論〉	〈政策〉	〈帰結〉
反金本位制の貨幣改革 →	貨幣数量説と購買力平価説 →	管理通貨制/新平価金本位制 →	旧平価金本位制への復帰失敗

　② 『貨幣論』(1930)

不況の克服・国際通貨同盟 →	基本方程式 国際収支勘定 →	銀行の利子率の管理 国際通貨同盟の結成 →	IMFの設立

　③ 『雇用、利子および貨幣の一般理論』(1936)
　　・世界大恐慌後の失業問題の解決を課題とした

5 ケインズ『一般理論』(1936)の経済学……p.268
(1) 雇用の一般理論の概要

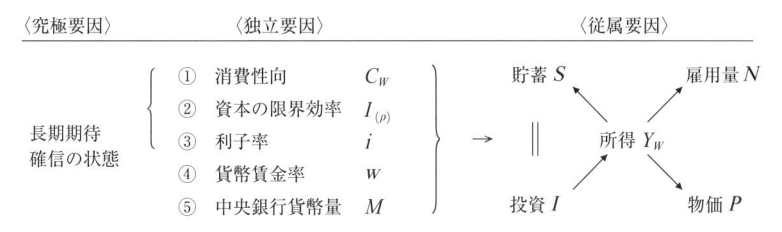

〈究極要因〉　　　〈独立要因〉　　　　　　　　　〈従属要因〉

長期期待
確信の状態
$\left\{\begin{array}{l} ① 消費性向　 C_W \\ ② 資本の限界効率　I_{(\rho)} \\ ③ 利子率　 i \\ ④ 貨幣賃金率　 w \\ ⑤ 中央銀行貨幣量　 M \end{array}\right\}$ →
貯蓄 S　　　　雇用量 N
　　　↘　　↗
　　　‖ 所得 Y_W
　　　↗　　↘
投資 I　　　　物価 P

(2) 消費性向と乗数理論
・消費関数：所得→消費、消費の増大は所得の増大による
・限界消費性向：しかし所得の増大ほど消費は大きくならない
・投資乗数：投資→所得、投資の増大はその乗数倍の所得と産出量の増大をもたらす

(3) 資本の限界効率と投資誘因
・投資の需要価格――期待利潤と資本の限界効率によって決まる
・アニマル・スピリットと株式市場の群集心理――美人投票などの例を用いて分析

(4) 利子率と貨幣政策
・貨幣の保有動機――取引動機、予備的動機、投機的動機
・貨幣の供給と需要――貨幣需要は所得と利子率によって決まる
・貨幣政策――利子率引き下げ／貨幣供給の増大→投資の拡大→雇用量の増大

(5) 貨幣賃金、雇用と物価
・労働の需要価格――労働の限界生産力
・労働の供給価格――不完全雇用下での賃金の硬直性
・不完全雇用下――所得（産出量）→雇用増大
・完全雇用下――所得（産出量）→物価の上昇

6 ケインズ政策とその帰結……p.275
(1) 雇用の一般理論の要点とケインズ政策
・投資→所得（産出量）→雇用量――投資促進策、財政政策
・貨幣量→利子率→投資――低金利政策、貨幣政策

(2) 『一般理論』から導かれる社会哲学
・資本主義的市場経済の欠陥――富と所得の不平等、不完全雇用、不確実性
・利子生活者の安楽死――資本の希少性の克服、企業家と労働者による「新体制」

(3) ケインズ政策とその帰結

1　歴史的背景：『平和の経済的帰結』（1919）

（1）大英帝国・西ヨーロッパ世界の繁栄と新古典派経済学

　ジョン・メイナード・ケインズ（John Maynard Keynes: 1883-1946）の思想と経済学を育てた歴史的背景については、ケインズ自身の『平和の経済的帰結』の序論の中によく描かれている。19世紀の西ヨーロッパ世界に住む多くの人は、表面的な繁栄に幻惑されていた。世界の工場として、他のヨーロッパ諸国を政治経済的にリードしていた大英帝国は、多くの問題を抱えながらも、人口と食料供給や、労働と産業技術、金の供給と物価の関係などが一時的な均衡を保つことによって、外観上は安定的な経済成長を享受していた。このような経済的安定は、じつは、いくつかの例外的な好条件に恵まれてかろうじて成立していたにすぎなかったが、多くの人は、そのような状態があたかも永久に続くかのような楽観的な見通しを立てていた。

　近代経済学の発展もその例外ではなかった。マーシャルの経済学に代表されるような新古典派経済学は、以上のような西ヨーロッパ経済の表面的な繁栄を暗黙の前提として展開されていた。企業活動の自由な発展によって市場の均衡が達成されるという楽観的な見通しなしには、近代経済学のほとんどの命題は、説得力を持つことはできなかった。これに比べれば、マルサスやリカードたちの古典派経済学のヴィジョンはより悲観的であった。少なくともそこでは、人口と食料供給の関係や機械化による失業の問題などのいくつかの不安定要因が検討されていた。彼らにとって、新古典派経済学の描く世界は、完全雇用均衡という別世界のお伽話のようにみえたであろう。

（2）第1次世界大戦とヨーロッパ市民社会の危機

　このような西ヨーロッパ世界の幻想を最終的に打ち砕いたのは、1914年にボスニアの首都サラエヴォの町で起こったオーストリア皇太子暗殺事件をきっかけとして勃発した、第1次世界大戦であった。ヨーロッパ全土は、その後4年以上にわたって、残忍な戦争に巻き込まれることになった。この第

1次世界大戦は、西ヨーロッパ世界の繁栄の夢を打ち砕き、経済学を初めとする多くの分野でこれまでの考え方を反省させる機会を与えた。

さらに1917年10月にはロシアで革命が起こり、社会主義経済が現実のものとなった。また1929年10月のニューヨーク証券取引所における株式価格の大暴落をきっかけとして1933年まで続く世界大恐慌が起こった。このような一連の事件によって、完全雇用均衡などの近代経済学の理論的な想定と政治経済の現実とが、いかに矛盾するかということが明らかとなり、経済学は再び大きな転換を促されることになった。

こうして、第1次世界大戦後の経済混乱、社会主義革命の勃発、1929-33年の世界大恐慌の三大事件が、近代経済学に対する歴史的な反証を提供した。ちなみに社会主義経済理論に関しては、ハイエクやミーゼスなどによる批判を経て、1980年代末の東欧社会主義経済の崩壊によって反証が与えられた。近代経済学に代わる新しい経済学の探求は、以上のような歴史的な諸条件に触発されて始まった。経済学は、「近代経済学（modern economics）」の時代から「現代経済学（contemporary economics）」の時代へと移行していった。

2　ケインズ：哲学者としての出発

（1）初期の哲学研究とムーア倫理学の批判

ケインズは、まず経済学者としてではなく、哲学者として出発した。ケインズ自身の「若き日の信条」によれば、彼の学生時代に受けた哲学者ジョージ・ムーア（George Moore: 1873-1958）からの影響は、その後の彼の人生にとって決定的な意味を持った。また、バートランド・ラッセル（Bertrand Russell: 1872-1970）やルートヴィヒ・ウィトゲンシュタイン（Ludwig Wittgenstein: 1889-1951）などの哲学者との交流は、その後長く続いた。

ムーアは、『倫理学原理』（1903）において、善（good）の定義が不可能なことを前提として、それまでの支配的な倫理学であったイギリスの功利主義やドイツの観念論などを徹底的に批判した。ムーアによれば、「最高に善いとは何か」という倫理学の根本問題に答えることは不可能であった（「善の定義不可

能性」)。なぜなら、アリストテレス以来、「最高に善いこと」が探求されてきたが、それは個々の人間の心の状態であって、それ以外の自然的な属性やその他の事物や言葉によって定義することはできないからである。ムーア自身の「心の状態」をあえて一言でいうとすれば、彼自身にとって「最高に善いこと」とは「**人格的な愛情と芸術や自然の美の鑑賞**」であった。ケインズは、これらに「**真理と知識の探求**」を加えて、彼自身の「生涯の信条」とした。

　さらにムーアの倫理学は、ケインズが功利主義に対して根本的な批判を加えるときの重要な参考にされた。ムーアによれば、功利主義は、「最高に善いこと」を心の状態の外部にある快楽という自然的な属性に依存して定義する「**自然主義的な誤謬**(naturalistic fallacy)」に陥っていた。ケインズは、このムーアの批判をさらに拡張して、「ベンサム主義の伝統こそ、近代文明の内部をむしばみ、その現在の道徳的荒廃に対して責めを負うべき蛆虫(うじむし)である」とまで非難し、功利主義に対する批判を生涯の課題とした。マーシャル経済学の道徳的基礎の一つの系譜が、ベンサムの功利主義であったから、ケインズによる新古典派経済学に対する批判は、より根本的なものであったことが分かる。

　しかし、ケインズにとって、ムーアの倫理学の中には、ただ一つ気に入らないところがあった。それは、これまで広く受け入れられてきた「**慣習やルールに従う**」という道徳規範をムーアが無批判に弁護していたことであった。そして、そのような結論を導くためにムーアが用いた確率論の方法に対しても疑問を抱いた。ケインズが若い頃に確率論の研究に一時没頭したのは、このような理由からであった。

　ムーアは、**頻度論的な確率論**(統計的確率論)を用いて、道徳理論を導き出した。すなわち人々は、自分たちが選択した行為がどの程度の確率で、より良い結果を生み出すかを考えて、その行為が正しいかどうかを判断する。しかし、遠い将来までの確率を正確に判断できる人は、まずいないだろう。したがって、そのような確率判断によってではなく、むしろ慣習やルールに従って行為の正しさを判断することが弁護されたのであった。

(2) ケインズ『確率論』(1921)

　これに対してケインズは、頻度論的な確率論によってではなく、**論理的な確率論**に従って人々の行為の正しさを判断することが正しい、と主張した。すなわち、その行為が生み出す結果によってではなく、その行為が準拠する命題の論理的な確からしさ（probability）を基準として、行為の正しさを判断することを考えた。たとえば、人間が人を殺すことを拒否するのは、殺人の結果について判断するからではなく、「汝殺すなかれ」という道徳的命題の論理的な確からしさを判断するからである。ただし、このような論理的確率は、**基数的**にも、また**序数的**にも、確定的な数値によって表現することは難しい。すなわち、出来事の発生する頻度のように、特定の数値（頻度の割合）によって表すことのできない「**不確実性**（uncertainty）」の問題を探究しなければならない。

　以上のような問題は、経済学とは無縁のことのようにみえるが、決してそうではない。近代経済学の基礎となった功利主義に代表される近代ヨーロッパの道徳規範が根本的に見直される時代にケインズも生きていたことが、これによってよく分かる。またケインズは、のちに人々の経済行為を究極的に律するものとして「長期期待（long-term expectation）の状態」を取り上げるが、そのような心理状態の研究は、「不確実性」の研究と切り離すことができないのである。

3　ケインズ：政治経済学のヴィジョン

(1) 近代経済学批判：「自由放任の終焉」(1926)

　ケインズは、近代経済学に対して根本的な批判を加えた。それは主として次の3つの点に関連していた。第1に、効用最大化を目的とする近代経済学の主題が第1次世界大戦後の政治経済的な現実に適応しなくなってきたことがあげられる。市場の均衡ではなく不確実性の下での**経済変動の原因**を明らかにしようとするケインズ経済学の主題は、このような近代経済学に対する批判から出てきた。

第2に、自由放任の経済政策に対して、**政府の役割を重視する**「**政治経済学**（political economy）」の復興を図った。イギリスでは、スミス以来、自由主義政策が尊重され、政府の市場介入が避けられる傾向が強かった。だが他方で、豊かな教養と教育を身につけ、倫理的にも公共の利益のために奉仕する地位にあるエリートたちが、政府の経済政策をリードすることも期待されていた。ケインズ自身が、ケンブリッジの「ハーヴェー通り」に住んでいたことから、このようなエリートたちによる経済政策に対する期待は、「ハーヴェー通りの前提」と呼ばれた。ケインズは、政府が市場経済に対して何も干渉しないことが良いのではなく、政府の無為無策こそ経済混乱の主要な原因であると考えて、政府の課題（Agenda）を探求する経済学を目指した。またそのような政府の課題を遂行するための組織形態を民主主義の下で研究することが政治学の課題であると考えた。

第3に、ケインズは、貨幣経済と実物経済とを一体と考える経済学を探究した。それまでの経済学においては、古典派以来の伝統として、実物経済と貨幣経済とを別々に分けて研究する「二分法」という方法が採用されてきた。そして、貨幣経済は実物経済の真理を隠す「ヴェール」であるとされた。ケインズはこのような二分法を克服し、貨幣経済と実物経済とは一体のものであり、両者を切り離して研究することはできないと考えた。ケインズの研究のほとんどが、貨幣や金融に関する分析に焦点を当てたのは、このような考え方によるものであった。ケインズは、現在の**貨幣的経済学**（monetary economics）の開拓者の一人であった。

(2) 政府の任務：不確実性に対処する貨幣経済政策

こうして政府の経済的役割に関するケインズの研究は、貨幣経済と実物経済との相互関係から生み出される市場経済の変動要因と、政府によるその制御に関する研究となった。この問題を解くときのキーワードになるのが「**不確実性**」という概念であった。すなわち、現代の経済悪の多くは危険と不確実性と無知の所産であるが、これらに対しては、私的個人は有効に対処できない。富の甚だしい不平等や失業や貧困の問題が起こるのは、境遇と能力に

恵まれた特定の個人が人々の無知や不確実性に乗じて利益を独り占めにしようとするからである。このような経済悪に対する治療法の一つは、中央機関による**通貨と信用の慎重な管理**に求められる。また企業に関する情報を法律によって公開させること（情報開示）も必要になる。

これらに加えて、**投資と貯蓄に関連する政策**も重要である。現代の金融的変動や不況の主な原因は、貯蓄と投資がうまく調整されていないことにある。このような問題は、私的判断と営利活動に任せておけば、すべてうまく解決されるわけではない。また適切な人口の規模と構成を保つことも政府の役割である。この人口問題に関して、ケインズは本格的に取り組むことはしなかったが、人間資本の問題とともに、この問題は今日の政府の重要な政策課題となってきている。

4　代表的著作における主題の展開

ケインズの経済学が現在でもなおその重要性を維持し続けているのは、ケインズの経済政策が第2次世界大戦以降の現代の政治経済に対しても示唆を与え続けているからである。また、ケインズの経済学研究のやり方が序章で検討したポパーの科学論の基準にかなりよく当てはまるからでもあった。ケインズは、以下でみるように、その経済学研究において、マーシャルのように一つの理論体系を精錬していくというよりも、むしろその時々の経済問題に対して、次々に異なった理論的な枠組みを設けて政策を提案していくという方法をとった。そして、その政策がうまくいかなくなると、その誤りを正し、理論を作りなおして、再び新たな対策を練っていった。このような研究方法は、はからずも序章でみたポパーの試行錯誤法と反証による科学的研究方法を先取りしたものであった。それはまた、失敗に学びながら不確実性に対処していく方法でもあった。ケインズの経済学は、このように、経済学を科学として発展させるためにも、後代の模範となったのである。

(1) 初期の作品
① 『インドの通貨と金融』(1913)

　ケインズは、ケンブリッジ大学卒業後にインド省に勤め、インドの通貨問題に関する研究をまとめた。当時のインドは、金本位制に移行し、大英帝国の通貨政策に従うようになっていたが、なかなか政策の効果が現れなかった。インドの富裕な人々は、金貨を退蔵する習慣があり、通貨当局が貨幣量を調節しようとしても、その効果がうまく働かなかったのである。この問題に対してケインズは、金貨を流通させるのではなく、金の保有を通貨流通の準備金とするような**金為替本位制**を採用するように提言した。

② 『平和の経済的帰結』(1919)

　ケインズは、イギリスの大蔵大臣の代理として、第1次世界大戦後の賠償問題などを取り決めるためにパリで開かれた講和会議に出席した。『平和の経済的帰結』は、その会議の中で提案された賠償問題の解決案を批判し、彼自身の解決策を示して、当時のベストセラーとなった本であった。

　ケインズによれば、**パリ講和会議**の目的は、戦争被害の実情からみて妥当な賠償金額を算定して、戦後のヨーロッパの国際協調体制を再建することにあった。しかし、実際の会議の目的は、フランスのクレマンソー首相の影響によって、戦勝国が敗戦国に対して報復することに置き換えられた。その結果、フランスがドイツに対して請求した53億6,000万ポンド (1,340億フラン) の賠償金額は、ケインズによる算定額20億ポンドの2.5倍以上に膨れ上がってしまった。このような提案が、もしそのまま実施されたならば、国際秩序の再建はおろか、再び世界戦争の危険がやってくるだろう、とケインズは警告した。この警告は、誰にも聞き入れられないにもかかわらず現実の災いとなって現れる「カッサンドラーの予言」として、第2次世界大戦に至る過程で不幸にも現実のものとなってしまった。

　賠償問題は、政治的な解決によってではなく、敗戦国の支払い能力をも考慮して決められなければならないだけでなく、戦勝国の金融的な援助によって解決されなければならない、というのがケインズの提案であった。このよ

うな提案は、アメリカのドーズ公債やヤング公債の発行による資金がドイツに貸与され、ドイツの支払い能力を補充し、イギリスやフランスのアメリカに対する借金の返済をも可能にするような仕組みとして、部分的に実現された。しかし、ケインズの提案に沿った国際秩序の再建が実現されるのは、ようやく第2次世界大戦後のことであった。

(2) 貨幣に関する三部作

ケインズは、その後次々と変わる経済問題に対して、理論を進化させながら数々の経済政策を提案していった。以下では、そのようなケインズの研究の変遷について、(a) その問題の性格の変化、(b) 問題解決のために考案された理論の進化、(c) その理論から導かれた政策の変化、(d) それらの政策の効果または帰結の4点にわたって要約していこう。なお、この4点は、序章で説明したポパー科学論の試行錯誤の4つの過程に対応している（◐序章 p.7）。

① 『貨幣改革論』（1923）

まず『貨幣改革論』の問題は、当時の支配的な論調であった**金本位制への復帰論に代わる貨幣制度改革案**を提示することであった。第1次世界大戦の勃発以降、世界各国の貨幣価値は、不安定になっていた。戦争中の財政膨張と物不足から、物価は著しく上昇し、インフレーションが発生した。たとえば戦後のドイツでは、賠償金の支払いに伴う財政膨張と紙幣の乱発から、リヤカー一杯に札束を積んでも日用品も買えないほどのハイパー・インフレーションが引き起こされた。この結果、各国の貨幣制度は混乱し、通貨の国際価値（為替レート）は不安定になった。この混乱に対して、第1次世界大戦によってその機能を停止していた国際金本位制を復活させれば、貨幣価値は安定するという見解が支配的となり、イギリスもアメリカやフランスについで国際金本位制に復帰する計画が立てられていた。

これに対してケインズは、金本位制はもはや時代遅れの制度になったと考え、これに代わる貨幣制度の改革について研究した。その際に参考にした理

論が、古典派やマーシャルから引き継いだ貨幣数量説と購買力平価説であった。まず**貨幣数量説**によれば、物価水準（貨幣価値）は貨幣の流通量に比例して変化するということが明らかにされていた。ケインズはこの学説を次のような式によって表した。

$$n = p(k + rk') \quad (11\text{-}1)$$

ここで、n は流通する貨幣量、p は消費者物価指数、k は現金で保有する消費財の購買力、k' は銀行預金で保有する消費財の購買力、r は銀行の預金準備率をそれぞれ表している。もし k, k', r が一定ならば、貨幣数量説が教えるように、物価水準 p は流通貨幣量 n に比例して変動する。すなわち、流通貨幣量 n が多くなれば、それに比例して物価水準 p は上昇し、反対に流通貨幣量 n が少なくなれば、物価水準 p は下落する。したがって、消費者物価水準 p を安定させるためには、他の条件に変わりなければ、流通する貨幣量 n を一定に保てばよいことになる。

公衆が購買力を現金で保有する比率と銀行預金で保有する比率は、大部分は慣習に依存し、ある時代にはあまり変化しない。またそれらの比率が変化したとしても、その変化は銀行の準備率を変えることで相殺することができる。ここで、(11-1)式の右辺は公衆が保有する現金と、銀行が現金または中央銀行預金で持つ準備金の合計に等しく、現在ではベースマネー（ハイパワードマネー、マネタリーベース）と呼ばれている。

購買力平価説は、各国通貨の対外価値、すなわち為替レートは、長期的には各国の物価の比（通貨の購買力の比の逆数）に等しくなるという学説である。これは、最初にリカードによって明らかにされ、スウェーデンのカール・グスタフ・カッセル（Karl Gustav Cassel: 1866-1945）によって近代的な形で再説された学説であった。今国内の物価水準を p、外国通貨建ての外国の物価水準を p^*、外国通貨で測られた自国通貨の価値、すなわち為替レートを λ で表すと、それらの間には次のような関係が成り立つ。

$$\lambda = \frac{p}{p^*} \quad (11\text{-}2)$$

たとえば日本の円とアメリカのドルとの関係では、マクドナルドのハンバーガーが日本で100円、アメリカで1ドルで買えるならば、均衡為替レートは、100円／1ドルになる。より一般的には、均衡為替レートは、各国の消費者物価指数（CPI）の比に等しくなる。ケインズは、このほかに外国為替レートの変動に対しては、為替の先物市場を通じて自国の利子率と外国の利子率の変動が影響を与えると考えた（**金利平価説**）。しかし、長期的には購買力平価が通貨の対外価値を決めることには変わりがなかった。

これらの理論に基づいて、ケインズは、金本位制に代わる貨幣制度の改革を提案した。金本位制は、金の価格が安定していることを根拠にこれまで推奨されてきたが、金の価格は、大戦後には不安定になっていた。またイギリス政府は、国際金本位制の宗主国の威信にかけて債権国としての利益を守るために、戦前の旧平価で金本位制に復帰することにこだわっていた。しかし大戦後にイギリスのポンドの価値は下がっていたから、その価値を旧平価に戻すためには、通貨価値をかなり引き上げなければならなかった。通貨価値を引き上げるためには、物価と賃金を引き下げる「デフレ政策」が必要になる。このようなデフレ政策は、旧対外債権の価値に依存する利子生活者には利益になるが、企業家や労働者には大きな損害を与える。

他方で、通貨価値の安定のためには、金本位制に頼らなくても、貨幣数量を安定させればよいことが貨幣数量説によって明らかにされている。また通貨の対外価値も、外国の物価が安定しているならば、貨幣数量の調整によって国内の物価を安定させれば、自動的に安定する。したがって、金本位制を廃止し、流通する貨幣量を科学的に管理する**管理通貨制**に移行することが望ましい。ただし、金本位制に執着する国民感情を考慮すれば、しばらくは金本位制を続けてもよいが、その場合には、旧平価で復帰するのではなく、市場実勢を尊重する新平価で復帰することが望ましい。以上がケインズの貨幣改革に向けた提案であった。

このようなケインズの分析は、遠く離れた日本の**石橋湛山**たちのグループによって支持され、彼らの新平価金本位制復帰論や金本位制廃止論の参考にされた。しかし、イギリス本国やその他の欧米諸国では、ケインズの提案は

採用されなかった。すなわち、ケインズの提案にもかかわらず、イギリスは、1925年に旧平価で金本位制に復帰したが、折からの不況と重なって、1931年には再び金本位制の廃止を決断せざるを得なくなった。ケインズは、こうして再び「カッサンドラーの予言者」となったのである。ちなみに、現代のマネタリストは、このケインズの貨幣数量の管理政策を高く評価している。

② 『貨幣論』(1930)

　ケインズは、貨幣に関する理論をさらに深めていった。『貨幣論』の課題は、貨幣理論を革新し、1920年代のイギリスの慢性的な不況を克服するための政策を提案することであった。すなわち、貨幣的要因によって引き起こされる景気変動のメカニズムを解明し、その変動を平準化するための政策を考案すること、および、金本位制に代わる国際的通貨同盟を提案することが『貨幣論』の課題であった。

　これらの問題を解決するための理論については、これまでの古典的な理論では不十分であった。なぜならば、古典的な貨幣理論では、貨幣経済は実物経済の真理を隠すヴェールにすぎないとされていたからである(古典派の「貨幣ヴェール観」)。ケインズは、貨幣経済の分析こそ実物経済の変動を明らかにする前提であると考えて、貨幣経済の変動要因について研究した。その際に参考にされたのが、ウィクセルの信用理論であった。

　ウィクセルは、前章でみたように、貨幣数量説を批判して、**不均衡累積過程**を分析した。すなわち、経済のほとんどが現金取引ではなく信用取引に移行する「信用経済」では、貨幣数量の変化は、物価や景気変動の要因とはならない。このような信用経済では、信用の需要と供給を調整する自然利子率と貨幣利子率の差が経済変動の要因となる。ケインズは、ウィクセルのこのような仮説を、マーシャルの国民所得の概念によって再考した。その結果、次のような有名な基本方程式が導かれた。

$$P_c = \frac{E}{O} + \frac{I'-S}{R} = W_1 + \frac{I'-S}{R} \qquad (11\text{-}3)$$

$$P = \frac{E}{O} + \frac{I-S}{O} \quad (11\text{-}4)$$

ここで、P_C は消費者物価指数、P は総合物価指数、O は産出量、E は消費可能な貨幣所得、I は投資、I' は新投資、R は消費財の産出量、W_1 は産出量に対する貨幣所得の能率収入率、S は貯蓄を表す。(11-3) 式は、**第1基本方程式**と呼ばれ、消費者物価指数は、産出量で表した貨幣所得の比率、すなわち能率収入率と、消費財の産出量で測られた新投資と貯蓄の差（消費財産業の利潤率）とによって変動することを示している。また (11-4) 式は、第2基本方程式で、これは総合物価指数が産出量で測られた貨幣所得と、産出量で測られた投資と貯蓄の差によって決まることを示している。

第2基本方程式のほうが簡単なので、こちらのほうで説明すれば、物価は、貨幣所得が産出量に比べて大きくなったり小さくなったりする度合いに応じて変動するとともに、投資と貯蓄の差によっても変動する。いいかえれば、物価は、貨幣所得が大きくなり消費が大きくなるにつれて上昇するとともに、投資が貯蓄を上回るにつれて上昇する。要するに、信用経済における物価は、貨幣量によってではなく、消費と投資の変化によって変動することが述べられていた。

なお**『貨幣論』のケインズの所得概念**は、やや特殊なもので、賃金や正常な利潤は所得に入るが、それらを超える**意外の利潤**は所得には入らずに、すべて投資に回されると仮定されていた。したがって投資概念も通常の概念とは違っていた。ケインズによれば、投資は企業家が将来の利益を期待して大きくなるのに対して、貯蓄は家計が消費を繰り延べることによって大きくなり、投資と貯蓄とは別々の判断基準によるため、つねに等しくなるとは限らない。投資と貯蓄との恒常的な均衡を前提とする古典派の理論は、ここで根本的に革新された。

ところで消費は、物価水準に依存するのに対して、投資と貯蓄とのバランスは利子率によって変動する。物価を安定させるためには消費と投資が安定しなければならないが、消費の大きさを所得政策などによって制限することは自由主義経済では難しい。そこで、国内の物価を安定させ、それによって

景気変動を安定させるための経済政策として**銀行の利子率を管理する政策**が推奨された。すなわち、自然利子率 i_n と貨幣利子率 i_m とを等しくし、投資と貯蓄を均衡させるような利子率政策が推奨されたのである。

貨幣の対外価値（為替レート）の安定のために必要な国際通貨制度の改革に関しては、これまでの購買力平価説に代わって、**国際収支の均衡式**が設定された。国際収支は、経常収支と資本収支と金の純輸出入（現在では外貨準備の増減）の3つの項目からなるが、経常収支と資本収支とが均衡していれば、金（外貨準備）の保有には変化がない。すなわち、経常収支の帳尻（財・サービスの輸出－輸入）を B、資本収支の帳尻（外国への貸付－借入）を L、外貨準備の増減を g とするならば、この3つの項目の間には、次のような関係が成立する。

$$B(p^*, p) - L(i^*, i) = g \quad (11-5)$$

ここで、p は国内物価、p^* は外国物価、i は自国利子率、i^* は外国利子率を表す。すなわち、(11-5) 式は、経常収支 B と資本収支 L の差が外貨（または金）の受け払い g によって決済される関係を示している。経常収支と資本収支とが等しければ、外貨（または金）の受け払いはなく（$g=0$）、為替レートは安定する。経常収支 B は国内物価 p が外国物価 p^* に比べて安くなれば黒字になる方向で増え、反対に国内物価が高くなれば赤字になる方向で減少する。これに対して、資本収支 L は、自国利子率 i が外国利子率 i^* に比べて低くなれば外国への貸し付けが増える結果、プラスの方向で増え、反対に自国利子率 i が高くなれば外国からの借り入れが増え、マイナスの方向に減ることになる。為替レート λ は、外貨準備の増減につれて変化するが、外貨（金）準備に変化がなければ変化しない。

このような関係がある中で、国際収支を安定させ、為替レート（貨幣の対外価値）を安定させるためには、どのような政策が必要になるのか。経常収支 B を変化させるためには、国内物価 p を変化させなければならないし、また資本収支 L を変化させるためには、外国利子率 i^* と自国利子率 i との関係を変化させなければならない。このような政策は、先に検討した国内の物価水準と景気変動を安定させるための政策と矛盾なく、良い結果を生むのであろ

うか。

　ケインズは、国内経済を安定させ、同時に国際収支を均衡させる政策は、大変難しいと判断した。とりわけ経常収支が赤字の諸国（その当時のイギリスや日本など）では、この困難は甚だしくなる。なぜならば、経常収支の赤字（B がマイナス）になる国は、外国からの借り入れを増やして（L をマイナスにして）国際収支の不均衡を改善しなければならないが、そのためには自国利子率 i を外国利子率 i^* に対して引き上げる必要がある。このような利子率の引き上げ政策は、国内の投資を抑制し、国内の不況を長引かせることになる。国際収支の赤字国が外国への支払い超過と国内の不況によってしばしば苦境に立たされるのは、このような理由からである。

　以上のような困難から脱け出すためには、国際収支の不均衡に関しては赤字国だけでなく、国際収支の黒字国も協力して国際的な通貨同盟を作る必要がある。ケインズは、この段階では、このために超国家的な銀行を設立し、**世界共通通貨**（SBM）を発行して国際収支の赤字国に融資する政策を提案した。このような**国際通貨同盟**ができれば、各国の通貨当局は国内経済の安定のための利子率政策に集中することができる。要するに、『貨幣論』におけるケインズの提案は、**国内経済安定のための利子率政策**と、**国際通貨同盟の結成**の2点に要約することができる。

　以上のようなケインズの『貨幣論』における政策提言は、すぐには採用されなかった。しかしこの提案は、やがて国際決済同盟（ICU）の設立に向けた提案に発展し、第2次世界大戦後の**国際通貨基金**（IMF）の設立によって部分的に実現した。ケインズは、『貨幣論』において再び「カッサンドラーの予言者」になることを心配したが、その予言はやがて半ば聞き入れられることになったのである。

③　『雇用、利子および貨幣の一般理論』（1936）

　ケインズは、『貨幣論』出版の6年後の1936年に、主著『雇用、利子および貨幣の一般理論』（以下『一般理論』）（*General Theory of Employment, Interest and Money*）を出版した。この本の主要な課題は、1929–33年の**世界大恐慌**

後の失業問題の解決であった。1929年10月のニューヨーク証券取引所における株価の大暴落に始まる世界大恐慌は、世界各国の経済を長期の不況に追い込み、深刻な失業と貧困の問題を引き起こした。1920年代に永遠の経済繁栄を謳歌するかに思われたアメリカでも、失業率は25％以上の高さを記録した。このような世界的な失業問題を解決することが『一般理論』のケインズに課せられた課題であった。これに対する理論的な研究と政策およびその帰結については、節を改めて検討しよう。

5　ケインズ『一般理論』(1936) の経済学

(1) 雇用の一般理論の概要

ケインズは、次のようなフローチャートで示される雇用の一般理論を設定して、雇用がどのような要因によって増えるかについて研究した。

表11-1　雇用の一般理論

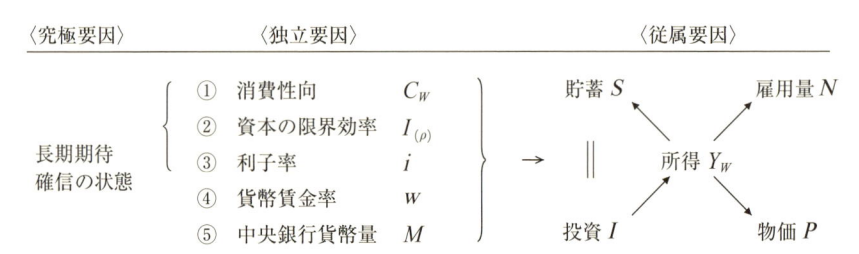

〈究極要因〉	〈独立要因〉		〈従属要因〉	
長期期待確信の状態	① 消費性向 ② 資本の限界効率 ③ 利子率 ④ 貨幣賃金率 ⑤ 中央銀行貨幣量	C_W $I_{(\rho)}$ i w M	→ ∥	貯蓄 S　　雇用量 N 所得 Y_W 投資 I　　物価 P

まず雇用の大きさに影響を与える要因について、究極要因、独立要因、従属要因の3つに分けて考えた。**究極要因**とは、雇用の大きさに最終的に影響を与える根本的な要因であるが、ただ長期的にのみ変化するため、当面は不変のものと仮定することができる。ただしケインズは、ここで究極要因とされた長期期待または確信の状態について、のちに投資要因を分析するときに詳しく検討していた。

次に**独立要因**とは、人々の心理状態や慣習、もしくは政策によって短期的に変化する要因で、このすぐあとで検討する方程式の中で独立変数として扱

われる。この独立要因としてまず取り上げられるのは、消費性向 $\frac{C_W}{Y_W}$（または限界消費性向 $\frac{dC_W}{dY_W}$）と資本の限界効率 ρ と利子率 i の3つの要因である。これらは雇用に影響を与える3つの主要な心理要因である。これらに加えて、貨幣賃金率 w と中央銀行貨幣量 M の2つが、雇用の大きさに影響を与える要因として付け加えられ、合計5つの独立要因が考えられた。

　次に**従属要因**とは、それ自身で独立には変化しないが、独立要因の変化に従属して変化する要因である。5つの独立要因の変化に従って、まず投資 I の大きさが変化する。投資は、その乗数倍の所得 Y を生み、そこから貯蓄と消費が増え、再び投資の増加を導くというように、フィードバック機能が働き、投資と貯蓄が等しくなるまで産出量と所得が大きくなる。そして、産出量と所得の変化は、最終的には雇用量 N または物価 P に影響を与える。

　『貨幣論』では、これらの独立要因と従属要因とは区別されておらず、また完全雇用を前提として産出量を一定としたまま、物価が変化する要因について検討されていた。これに対して、『一般理論』では、失業者のいる不完全雇用状態を前提として、物価を一定としたときに、一定の期間内にどれだけ雇用が増えるかについて分析された。問題の焦点が物価の変動から雇用量の変化へと転換していたのである。

(2) 消費性向と乗数理論

　つづいてケインズは、以上のいくつかの独立要因がどのような関係に従って、投資や貯蓄や所得の大きさを変え、最終的には雇用の大きさを変えるかについて詳しく分析した。

　まず消費性向について分析した。雇用は、経済全体の規模が大きくなるにつれて大きくなるが、まずそのためには消費が増えなければならない。ところで消費はどのような要因によって大きくなるのか。ケインズは、その主観的な要因と客観的な要因について分析した。いずれの場合にも、所得が大きくなるにつれて消費も大きくなるという関係がある。ただし、所得1単位当たりの消費の増加率は、次第に小さくなっていく。

　今、貨幣賃金率 w で測った実質所得を Y_w とし、同じように実質消費額を

C_w とすれば、所得と消費との関係は、次の (11-6) 式のように示される。また所得に対する**限界消費性向** $\dfrac{dC_w}{dY_w}$ については、(11-7) に示すような関係がある。

$$C_w = x(Y_w) \qquad (11\text{-}6)$$

$$0 < \frac{dC_w}{dY_w} < 1, \quad d\left(\frac{dC_w}{dY_w}\right)/dY_w < 0 \qquad (11\text{-}7)$$

すなわち消費の大きさは、所得が増加するにつれて大きくなるが、所得の全部を消費に回すわけではないので、消費の増加率は所得の増加率に比べて減っていく。したがって、高所得層よりも低所得層の所得が増加すれば、消費の増加率は高くなるといえる。だから低所得層の所得を増加させるような政策が有効需要を大きくするためには効果的になる。

このような限界消費性向の法則は、投資の所得に対する**乗数理論**に応用された。実質所得 Y_w と実質消費額 C_w と投資額 I_w の間には次のような関係が成立する。

$$\Delta Y_w = \Delta C_w + \Delta I_w$$

$$\Delta Y_w = k\,\Delta I_w$$

$$k = \frac{1}{1 - \dfrac{dC_w}{dY_w}} \qquad (11\text{-}8)$$

ここで k は、投資の増加がどれだけの所得の増加をもたらすかを示す投資乗数である。限界消費性向 $\dfrac{dC_w}{dY_w}$ が 0 よりも大きいが 1 よりも小さいという先の (11-7) 式の関係を (11-8) 式に代入すれば、投資乗数 k は、つねに 1 よりも大きくなる。すなわち、投資のわずかな増加は、その乗数倍の所得の増加をもたらすことになる。また限界消費性向が大きいほど、投資乗数は大きくなる。ここからも、限界消費性向が高く所得水準の低い社会では、投資の増加が所得の増加に与える効果は大きいことが分かる。

(3) 資本の限界効率と投資誘因

それでは、投資の大きさはどのように決定されるのであろうか。ケインズ

は、将来に関する**期待利潤と資本の限界効率**によって投資の大きさが決定されると考えた。すなわち投資財の再取得価格によって決まる投資の供給価格 I' を所与とすれば、投資の需要価格 I は、購入した投資財から将来期待される利益を資本の限界効率 ρ によって割り引いた現在価値の合計として次のように表される。

$$I' = I = \sum_{t=1}^{n} Q_t / (1+\rho)^t \qquad (11-9)$$

ここで、投資の需要価格 I は、1期から n 期までに期待される利益 $Q_t(t=1\sim n)$ を資本の限界効率 ρ によって割り引いた価値の合計となる。それは、期待される利益が大きく、しかも利益を期待できる期間が長ければ長いほど大きくなるが、他方で資本の限界効率 ρ が低いほど大きくなる。資本の限界効率 ρ は、あとで検討するように、利子率 i と均衡においては等しくなる。

ここでケインズは、投資の規模に影響を与える期待利潤は企業家の長期期待または確信の状態に依存すると考えた。だがそのような企業家の長期期待は不確実に変動する。投機家の心理が強気（bull）と弱気（bear）との間を激しく揺れ動くことについては、『貨幣論』でも指摘されていたが、『一般理論』では、もう少し別の側面について検討された。

企業家は、過去の経験や、類似の資本資産に関する現在の収益、有効需要の変化などについて慎重に予測する。また損失の危険についても検討する。しかし、このような慎重な予測に基づいて、つねに投資が決定されるとは限らない。企業家の投資判断は、通常は市場の慣行に従い、ときには、一か八かやってみる動物的衝動、すなわち「**アニマル・スピリット**（animal spirit）」に強く左右される。ケインズは、「血気が鈍り、アニマル・スピリットがくじけ、数学的期待値以外に頼るべきものがなくなれば、企業は衰え、死滅するであろう」と指摘していた。

さらに所有と経営が分離される現代の株式会社制度の下では、企業家の心理は株式市場の変動に強く左右される。またその株式市場の変動は、企業や投資物件からの利益の予想によるよりも市場の群集心理に依存する。ケイン

ズは、株式市場の心理的な変動要因について、「トランプのババ抜き」や「椅子取りゲーム」、あるいは**「美人投票」の例**を用いて、巧妙に分析した。

　投機家の行動は、一般投資家の人気が集中して値上がりしそうな株式をみつけて、先に買い占めておく点で、「美人投票」のやり方に似ている。また、株価が天井を打って下がる前に、その株式を売りさばいて利益を上げようとする点では、「トランプのババ抜き」や「椅子取りゲーム」に近い行動をとる。このような投機家の行動によって影響を受ける株式市場は、とても合理的な判断に従って変動しているとはいえない。それは、むしろ「賭博場（カジノ）」に近いといったほうが当たっている。このような株式市場の投機的変動が企業家の心理に影響を与え、彼らの投資行動を左右するようになると、資本主義経済はきわめて不安定になる。

(4) 利子率と貨幣政策

　つづいて、第3の主要な要因としての利子率 i は、どのようにして決まるかについて検討しよう。この点に関してケインズは、『貨幣論』におけるように利子率を投資と貯蓄とを均衡させる共通の要因としてではなく、人々の貨幣保有の動機と結びつけて分析した。古典派の利子理論では、利子を時間選好と結びつけ、消費を将来まで延期して「待忍(たいにん)」することの代価として説明していた。しかし、これによっては、利子のつかない貨幣をなぜ人々が保有するかについて説明できない。

　人々がなぜ貨幣を保有するかについては、取引動機、予備的動機、投機的動機の3つの動機が考えられる。このうち取引動機と予備的動機については、市場で取引するときに人々が貨幣を使い、また価格変動などに備えて貨幣を準備するので、容易に説明がつく。また、この2つの動機で保有される貨幣の量は、所得が大きくなり取引が多くなれば、大きくなる。

　これらに対して、投機的動機については、不確実性と関連させて考えなければならない。すなわち、他の収益資産に投資することに伴う損失の危険を避けるために、人々は貨幣を保有する。貨幣を持っていても、証券やその他の収益資産のようには利子は得られないが、短期間に大きな損失を出す危険

なしに一般的な購買力に変えることができる。このような動機から貨幣を保有する人々の心理について、ケインズは「**流動性選好**」と名づけた。このような貨幣の保有は、将来に対する不確実性や不信のバロメーターであり、富を確実に将来に伝えるための手段である。これに対して、証券やその他の収益資産を持つことから得られる利子は、すぐに一般的な購買力に転換できる貨幣を保有することをあきらめる対価として理解される。

今、貨幣の供給量を M で示し、貨幣の需要量を L とすると、貨幣市場における均衡は、次のような式で表される。

$$M = L_1(Y) + L_2(i) \qquad (11-10)$$

ここで L_1 は、所得が大きくなるとともに増大する取引動機と予備的動機による貨幣の需要量を、また L_2 は、利子率 i と反対の方向に変動する投機的動機による貨幣の需要量を表す。貨幣の需要量 L_1 を一定としたときに、利子率 i が低くなれば貨幣の需要量 L_2 は増大する。また、貨幣の供給量が増えれば、利子率 i は低下する。先にみたように、投資は資本の限界効率 ρ が低いほど増大する傾向にあり、それは利子率 i と最終的には等しくなるから、投資を増加させるためには、利子率 i を下げるか、貨幣の供給量 M を増やすか、またはその両方を実行することが必要になる。ここから投資増大のための低金利政策や貨幣政策が支持されてくる。

(5) 貨幣賃金、雇用と物価

最後に、貨幣賃金率 w は、どのようにして雇用や物価に影響を与えるのか。この点に関してケインズは、新古典派の賃金理論の一部を修正した。すなわち、労働の需要価格は労働の限界生産力に従うという法則（古典派の第1公準）については、これを肯定したが、労働の供給価格は労働の限界不効用に従うという供給側の法則（古典派の第2公準）に関しては認めなかった。失業者のいる不完全雇用の下では、労働者は現行の賃金水準でいくらでも働きたいと思っている。しかし、労働需要がないので、非自発的に（自分たちの意思に反して）失業せざるを得ない。貨幣賃金が労働の供給とともに上昇するの

図11-1

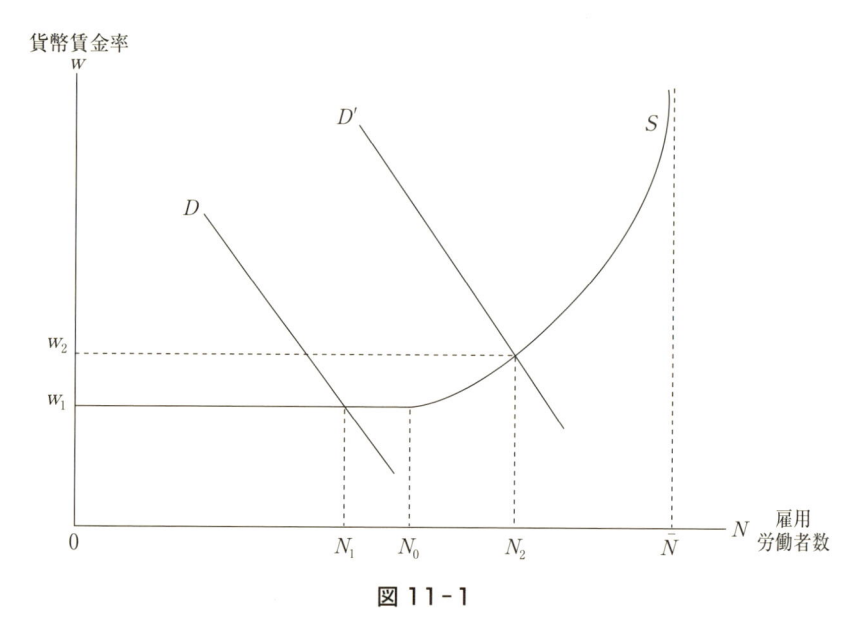

は、失業者がほとんどいなくなる完全雇用状態に近づくときだけである。このような労働雇用市場の関係を示せば、図11-1のようになる。

この図で、縦軸は貨幣賃金率w、横軸は雇用労働者数Nを表す。労働の需要曲線は、Dのように右下がりに描かれるが、労働の供給曲線は、雇用者数がたとえばN_0人のように、一定の量を超えるまでは固定的な水準を維持する。それを超える労働需要に対しては、賃金は伸縮的に上昇するので、労働の供給曲線は右上がりに描かれる。

このような関係があることを前提にしたとき、固定的な貨幣賃金の下では、労働需要N_dは所得（産出量）Y_wが増えるに従って増大する。労働雇用がその水準を超えて増えるときには、貨幣賃金率wが上昇するので、雇用量Nは、所得（産出量）が増えるわりには増大しない。『貨幣論』の分析は、所得（産出量）一定の下で物価が変動する理由について主として分析した。これに対して、『一般理論』では、貨幣賃金や価格を一定として所得が雇用量とともに変化する場合について検討された。

6　ケインズ政策とその帰結

(1) 雇用の一般理論の要点とケインズ政策

　以上のような『一般理論』の分析は、やや複雑で、すぐには分かりにくいので、ここでその要点についてまとめておこう。そのためには、いったん最初の問題に戻ってみることが役に立つ。そもそも、『一般理論』は、世界大恐慌後の不況と失業問題を解決するための政策を見出す目的で書かれた。株式市場の大暴落に始まる金融恐慌が経済活動を沈滞させ、投資と雇用の減退を生んだのだから、経済活動を回復させるための方策を案出すればよいことになる。

　ところで、雇用の大きさに究極的に影響を与える「長期期待」の状態をすぐに変化させることは難しいとすれば、次に考えられることは、独立要因のいずれかを変化させることである。その第1候補は、実物経済の活動に対して最も強い影響力を与える投資要因 I を刺激することである。なぜならば、投資の増大はその乗数倍の所得と産出量の増加を呼び、それに伴って雇用量が増加するからである。そのような因果関係を示せば次のようになる。

$$I_w(\rho) \to Y_w(I_w, k) \to wN, \quad ただし \quad k = \frac{1}{1 - \frac{dC_w}{dY_w}} \quad (11\text{-}11)$$

　これは、先の (11-7) と (11-8) とを関連させた因果関係を示している。これによって、雇用を増大させる最も有効な政策は、投資を刺激し、所得（産出量）を増やす政策であることが分かる。そのためには政府の**財政政策**によって、公共投資を増やすなど、民間経済の投資を刺激する政策が推薦される。

　他方で、投資を活発にするためには、金融面での政策が必要である。なぜならば、不況下では企業が自分たちの利益の中から投資のために必要な資金をすべて賄うことは難しいので、銀行や債券市場から資金を借り入れる必要が出てくるからである。ところで、企業が銀行や債券市場から資金を調達することを容易にするためには、金融市場の利子率をなるべく低くする必要が

ある。またそのためには、貨幣の供給量を増やすことが役に立つ。そのような因果関連を示せば次のようになる。

$$M \rightarrow L(i) \rightarrow I_w(\rho) \qquad (11-12)$$

これは、先の（11-9）と（11-10）とを関連させた因果関係を示している。貨幣の供給を増やせば利子率が低くなり、その結果、資本の限界効率と利子率の差によって投資が刺激される。企業の投資は、この利子率の差がなくなるまで拡大する。こうして、投資を活発にするためには、利子率をできるだけ低くする**低金利政策**や貨幣の供給を増やす**貨幣政策**が望ましいことが分かる。

以上の結果、経済を不況から脱出させるためには、政府による財政政策と低金利政策または貨幣政策が必要になることが分かった。また、そのためには、金本位制の廃止と国際通貨同盟の設立が依然として前提とされる。以上が古典派の自由貿易主義と金本位制に代わるケインズ政策の要点であった。

(2)『一般理論』から導かれる社会哲学

ケインズは、以上のような短期の経済政策とともに、もう少し長期にわたる経済展望（ヴィジョン）を導く社会哲学についても明らかにしていた。すなわち、資本主義経済の欠陥を修正し、社会主義に対抗できる新しい経済体制への展望を示したのであった。

ケインズによれば、資本主義的市場経済は、人類がこれまで試みてきたうちで、最も自由で効率的な経済制度であるが、いくつかの重大な欠陥を持っていた。その欠陥は、①富や所得の分配が著しく不平等であること、②完全雇用を実現できていないこと、③不確実性下で経済権力を悪用する人があとを絶たないこと、などであった。

これまで検討してきた経済政策は、長期的にもこのような市場経済の欠陥をある程度改善するために役立てることができる。富の不平等については、一部の人々に累進税を課すことによって、ある程度是正することができる。また低所得層を優遇するようなその他の財政政策もまた、同様の目的にかなうものである。

そして何よりも低金利政策による投資促進策は、この制度の最大の欠陥である利子生活者たちの政治経済支配を終わらせるために役に立つ。利子生活者は、資本が希少であることに基づいて、金本位制を支持し、高い利子率によって得られる贅沢な生活をこれまで享受してきた。しかし、低金利政策は、このような利子生活者の支配体制を終わらせ（利子生活者の安楽死）、企業家と労働者たちが自由にその能力を発揮することのできる「**新体制**（New System）」への移行を準備する。

(3) ケインズ政策とその帰結

ケインズは、以上のような経済政策を提案し、その実現に努力することによって、現代の**モラリスト×エキスパート**の代表者の一人となった。現代のモラリストとは、決して聖職者などの旧来からの道徳家ではなく、現代社会の実際的問題の解決のために、公共的な立場から実行可能な方策を提案し実行できる人たちのことである。そのためには、同時に、必要な知識や技術や能力を備えるエキスパートでなければならない。

ケインズは、多くの講演の最後に、経済学者は、自分たちの世代のためばかりでなく、つねに「将来の文明の可能性の受託者として」次の世代の人々のために役立たなくてはならない、と述べていた。これこそ、今日の経済学者が引き継がなくてはならない**ケインズ・スピリット**であろう。またケインズは、決して自分たちの価値観にのみ固執することなく、多様な価値観を許容する自由人であり、自らの誤りから学び、その提案を修正していくことにやぶさかではなかった。序章で検討したポパーの科学者精神は、こうして経済政策の担当者や企業家たちにも適用されるようになった。

第2次世界大戦後、ケインズは、国際通貨同盟の結成に向けて、国際通貨基金（IMF）の設立に協力した。その直後の1946年に亡くなったあとにも、後継者たちによって、ケインズの完全雇用政策は、先進国の経済成長の助けとなった。1970年代末のスタグフレーションと変動相場制への移行によって、ケインズ理論は多くの批判にさらされることになったが、先に述べたようなケインズ・スピリットは、なお今日まで生き続けている。

〈より進んだ研究のための参考文献〉

ケインズ著、則武保夫・片山貞雄訳『インドの通貨と金融（ケインズ全集　第1巻)』東洋経済新報社、1977年〈1913〉

―――著、早坂忠訳『平和の経済的帰結（ケインズ全集　第2巻)』東洋経済新報社、1977年〈1919〉

―――著、佐藤隆三訳『確率論（ケインズ全集　第8巻)』東洋経済新報社、2010年〈1921〉

―――著、中内恒夫訳『貨幣改革論（ケインズ全集　第4巻)』東洋経済新報社、1978年〈1923〉

―――著、宮崎義一・中内恒夫訳『貨幣改革論　若き日の信条』中公クラシックス、2005年〈1923〉

―――著、山田文雄訳『自由放任の終焉』社会思想研究会出版部、1953年〈1926〉

―――著、小泉明・長澤惟恭訳『貨幣論（Ⅰ・Ⅱ）（ケインズ全集　第5・6巻)』東洋経済新報社、1979-80年〈1930〉

―――著、塩野谷祐一訳『雇用・利子および貨幣の一般理論（ケインズ全集　第7巻)』東洋経済新報社、1983年〈1936〉

ムーア著、泉谷周三郎・寺中平治・星野勉訳『倫理学原理――付録：内在的価値の概念／自由意志』三和書籍、2010年〈1903〉

平井俊顕『ケインズの理論』東京大学出版会、2003年

小畑二郎『ケインズの思想――不確実性の倫理と資本政策』慶應義塾大学出版会、2007年

〈問題〉

① ケインズの政治経済学のヴィジョンはどのようなものであったか、初期の確率論研究との関係はどのようなものであったかについて、考えてみよう。

② 貨幣に関する三部作の(a)課題、(b)理論、(c)政策、(d)帰結について、整

理して考えてみよう。
③ 『貨幣論』と『一般理論』との共通点と相違点について、考えてみよう。
④ 『一般理論』の消費理論と乗数理論との関係、およびそこから出てくる政策提案との関係について、考えてみよう。
⑤ 『一般理論』の流動性選好説は、古典派の利子理論とどこが違っているのかについて、考えてみよう。

第 12 章

ヒックスの経済学と現代

ジョン・ヒックス
(John Hicks: 1904–89)

〈要約〉

1　序論……p.284
(1) 第2次世界大戦後の近代経済学の発展とヒックスの研究
  ・ケインズ経済学の動学化の試みとヒックスの研究
  ・「新古典派総合」とヒックスの『価値と資本』の先駆性
(2) ヒックス経済学の科学的方法
  ・ポパーの科学的方法──自己批判的方法とヒックスの研究
(3) 近代経済学の20世紀の批判的集大成者としてのヒックス
  ①ワルラス＝パレートの一般均衡理論
  ②マーシャルの移動均衡理論──ケインズの貨幣的経済学
  ③オーストリア学派の動学的市場過程論

2　ケインズ経済学の普及とIS-LM理論……p.285
(1) ケインズ経済学とIS-LM理論
  ・ヒックスによる『一般理論』の書評──ケインズ雇用の一般理論の図式化
(2) IS-LM理論とマクロ経済政策
  ・実物市場の均衡──投資と貯蓄の均衡　I=S
  ・金融市場の均衡──貨幣供給と貨幣需要の均衡　L=M
  ・IS-LM図式とケインズ・マクロ経済政策の普及

3　ヒックス：経済学研究の出発点……p.289
(1)『賃金の理論』(1932)
  ・マーシャルの分配に関する限界生産力理論の適用
  ・技術体系の分類──労働節約的な技術、資本節約的な技術、中立的な技術
  ・代替の弾力性──資本と労働への分配率の変化
(2)『価値と資本』(1939)
  ・パレートの厚生経済学──効用の計測可能性の否定と序数的効用
  ・スルツキー原理──所得効果と代替効果
  ・リンダール、ミュルダール──資本理論の展開

4　後期ヒックスの研究の特徴とその歴史的背景……p.294
(1) 後期ヒックスの経済学研究の特徴
(2) 後期ヒックス経済学の歴史的背景

第 12 章　ヒックスの経済学と現代　　283

5　貨幣理論の研究……p.297
(1)　ヒックス貨幣理論の出発点：「貨幣理論の単純化のための提案」(1935)
 ・貨幣と債券の選択から流動性のスペクトルへ
 ・経常勘定（フロー）の均衡から貸借対照表上（ストック）の均衡へ
 ・投資家の分類――リスク愛好的／回避的投資家の機能
(2)　『貨幣理論』(1967)
 ・現代ポートフォリオ理論の先駆――貨幣の保有動機から資産の保有動機へ
 ・流動性の積極理論――産業革命（工業化）における技術革新の促進
 ・金融政策の有効性――変動相場制下のマンデル＝フレミング定理
 ・多時限的金融政策――短期の流動性管理、中期の長短金利スプレッドの操作、長期の制度改革

6　資本理論の研究……p.300
(1)　資本理論の歴史研究：『資本と成長』(1965)
 ・スミス：資本＝諸所得の源泉――諸国民の富の源としての労働
 ・リカード、J.S. ミル：賃金基金、その他の流動資本の理論、機械による労働排除
 ・マルクス：資本の流通形式、搾取に対する労働者の反乱と恐慌
 ・ワルラス：生産関数（所与の動産的固定資本と労働投入）、固定資本の理論
 ・オーストリア学派：ベーム−バヴェルクの迂回生産と時間選好、信用創造
 ・ケインズ：既存の固定資本と追加投資――固定賃金成長経路
 ・ヒックス：垂直的に統合された生産の時間構造――伸縮賃金成長経路
(2)　『資本と時間』(1973)
 ・「資本」：オートメーションなどの統合された生産過程に関する社会会計報告
 ・前向きの資本化価値の会計報告
 ・後ろ向きの資本化価値の会計報告
 ・両資本化価値の一致：動学的均衡、期待利潤（率）と実現利潤（率）の合致
 ・変動要因：自発的発明の衝撃――伸縮賃金または資源価格の変化による誘発的発明
 ・資源節約的な技術と労働一般の質的向上――「新産業主義」への展望
 ・人間資本の重視

7　経済史の理論……p.305
 ・マクロ経済の部門分割と経済史における相互作用
 ・市場経済発展の要因――商業／金融部門と産業技術革新との結合

1　序論

(1) 第2次世界大戦後の近代経済学の発展とヒックスの研究

　このテキストの最後に、ジョン・ヒックス（John Richard Hicks: 1904-89）の経済学について取り上げる。その理由の一つは、ヒックスの研究が、ケインズ以降の現代経済学の発展とともに歩んできたことによる。ケインズの死後、ロイ・ハロッド（Roy Harrod: 1900-78）やジョーン・ロビンソン（Joan Robinson: 1903-83）らによって**ケインズ経済学の動学化**が試みられ、経済成長に関する議論が展開された。ヒックスの研究は、この動学理論や成長理論の分野で中心的な役割を果たした。

　他方で、ケインズ経済学をそれまでの新古典派経済学と融合させようとする研究が、戦後のアメリカにおいて、ポール・サミュエルソン（Paul Samuelson: 1915-2009）たちを中心に進められた。ヒックスの『価値と資本』（1939）は、このような「**新古典派総合**」の研究に対しても先駆的な役割を果たした。ただし、ヒックスは、この「新古典派総合」の考え方には批判的であった。

(2) ヒックス経済学の科学的方法

　ヒックスの経済学を取り上げるもう一つの理由は、彼の研究方法が序章でみたポパー以来の科学的方法のもう一つの模範となるからである。ポパーは、科学者が自らの理論に固執することなく、自由な批判的討論と自己批判とを通じて、絶えず理論を進化させていくことを勧めた。ヒックスの研究方法は、ポパーの推奨するこのような科学的方法の規準にとてもよく適合していた。

　ヒックスは、1930年代に『賃金の理論』をはじめ、『価値と資本』などの重要な著作を次々に発表し、新進気鋭の経済理論家として注目を集めた。しかしその後、自分自身の理論の不十分さに気づき、第2次世界大戦後に、絶え間ない自己批判を通じて、次々に理論を塗り替えていった。その結果、彼の初期の仕事を評価する人たちの多くは、それまでとはまったく違ったヒックスの研究に出くわして、しばしば当惑することになった。このような批判

的な研究方法は、ポパーが推奨した科学的方法の重要な一つの側面であった。経済学は、昔も今も、多様な学説が互いに論争し合い、またそれぞれの政策を競い合いながら絶えず進化してきている。ヒックスの経済学研究は、このような中で経済学が今後とも科学的に発展していくための手本になるだろう。

(3) 近代経済学の20世紀の批判的集大成者としてのヒックス

最後にヒックスの経済学を取り上げる理由をもう一つ付け加えておこう。それは、ヒックスが限界革命以降の近代経済学の3つの系統の理論体系、すなわち、ワルラス＝パレートの一般均衡理論、マーシャルの移動均衡理論、オーストリア学派の動学的市場過程論の3つの系統の理論体系を総合するような研究を進めたことである。またケインジアンとハイエクやマネタリストとの間で交わされた現代の経済論争についても批判的に検討した。しかも、スミス以来の経済学の歴史を踏まえて、将来の経済学が進むべき方向についても示唆していた。そのような意味で、ヒックスの経済学研究について検討することは、これまでの経済学の歴史を締めくくり、将来の経済学へと橋渡しする助けになる。

2 ケインズ経済学の普及とIS-LM理論

(1) ケインズ経済学とIS-LM理論

現代の経済学に対するヒックスの貢献として、最初に取り上げなければならないのは、ヒックスのIS-LM理論である。この理論は、ヒックス独自の研究からではなく、ケインズの『一般理論』の書評論文の中で述べられたヒックスのケインズ解釈から生まれた。なお、このIS-LM理論は、現代のマクロ経済学の中核部分を今日まで構成し続けている。

ケインズの雇用の一般理論は、前章でみたように、雇用量の変動を呼び起こすまでのかなり複雑な因果関係を扱っていた。これに対して、ヒックスのIS-LM理論は、この複雑な関係を、投資と貯蓄の均衡条件と、貨幣市場の均衡条件とを同時に満たす理論に整理していた。この整理によって、一般均

衡理論に対するケインズの批判については曖昧にされるきらいはあったものの、ケインズ経済学の理解が容易になった。ケインズ理論は、『一般理論』によるよりも、むしろこのIS-LM理論によって、世界中に知れ渡るようになった。

(2) IS-LM理論とマクロ経済政策

それでは、IS-LM理論とは、どのような理論であったか。ヒックスは、経済全体の市場を、①実物財一般の市場、②債券（証券）市場と、③貨幣市場の3つに分類し、ワルラスの法則に従って、3つの市場の均衡条件を、①実物財市場と、③貨幣市場の2つの市場の均衡条件によって示そうとした。

実物財市場の均衡については、投資Iと貯蓄Sとの均衡条件によって示すことができる。財市場における供給は、消費される財の供給C_sと消費されずに貯蓄される財Sの2つに分けられる。他方で、財の需要は、消費財需要C_dと投資財需要Iの2つからなる。このうち消費財の需要と供給については、消費財価格の変動によって調整される。したがって、あとは貯蓄Sと投資Iが等しくなればよいことになる。

ところで投資財の需要Iは、将来の利益に対する期待Q_tと資本の限界効率ρによって変化する（⇒第11章p.271）。このうち期待が変わらないとすれば、資本の限界効率は投資の規模が大きくなるほど小さくなる。そして投資の規模は、資本の限界効率が利子率に等しくなる（$\rho = i$）まで増加する。したがって、投資需要の大きさは、結局は利子率iによって決まるといってよい。他方で貯蓄Sは、所得のうちで消費されなかった額に等しいから、所得の大きさYによって決まる。以上の関係を考慮すれば、実物財市場の均衡条件については、次の式で簡単に示すことができる。

$$I\ (i) = S\ (Y) \quad (12\text{-}1)$$

ここで投資Iは、利子率iが低いほど大きくなるのに対して、貯蓄Sは、所得Yが大きくなるほど大きくなる。投資と貯蓄の均衡は、このように所得の大きさと利子率の水準の変化を通じて実現される。

他方で、貨幣市場の均衡についても、実物財市場の均衡と同じように、所得と利子率との関係によって説明される。貨幣の供給は、通貨当局（中央銀行／日本銀行）の政策によって決められるが、貨幣の需要は、所得 Y と利子率 i の関数として示すことができる。すなわち、貨幣の需要のうち、ケインズの取引需要と予備的需要については、所得が大きくなれば増えるのに対して、投機的需要は利子率が低いほど大きくなる。そのような関係を考慮すれば、貨幣市場の均衡については次のように示すことができる。

$$M = L(Y, i) \quad (12\text{-}2)$$

以上のように、実物財市場の均衡条件についても、また貨幣市場の均衡条件についても、共通の変数、すなわち所得 Y と利子率 i によって示すことができた。この2つの市場の均衡条件を同じ図の中で示せば、図12-1のように描かれる。

これがヒックスの有名な **IS-LM 図式**である。横軸には所得 Y、縦軸には利子率 i の大きさが測られている。この図の IS 曲線には、投資 I と貯蓄 S

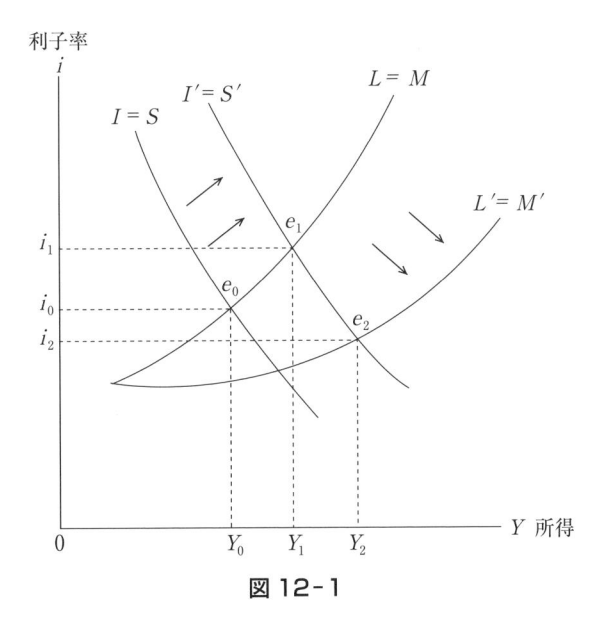

図 12-1

とを等しくさせる所得 Y と利子率 i の組み合わせの軌跡が描かれている。利子率を変えないまま所得が大きくなれば、貯蓄は投資を上回るようになる。この状態から、貯蓄と投資を再び等しくするためには、利子率を引き下げて投資を大きくしなければならない。このような関係があるので、IS 曲線は右下がりに描かれる。

　他方で、LM 曲線は、貨幣供給と貨幣需要とを等しくさせる所得 Y と利子率 i の組み合わせの軌跡となる。この曲線を前提にして、利子率を変えないまま所得が大きくなれば、貨幣需要が増大し、貨幣供給を上回るようになる。この状態から再び貨幣市場の均衡を取り戻すためには、利子率 i を引き上げて、貨幣の投機的需要を減らさなければならない。このような関係があるので、LM 曲線は右上がりになる。

　そして、IS 曲線と LM 曲線の交わる点 e_0 の座標は、実物市場と貨幣市場の均衡を同時に達成するための所得 Y_0 と利子率 i_0 を示している。しかし、この状態で完全雇用の条件が満たされるとは限らない。一般的には、この点で示される所得に基づく雇用量は、完全雇用水準以下になる。

　この状態から、完全雇用水準に近づけるためには、2 つの方法が考えられる。その一つは、政府の財政投資 G を追加または増加して、IS 曲線を図のように右上に移動させる方法である（$e_0 \to e_1$）。もう一つは、貨幣の供給量を増やすか、もしくは利子率を引き下げて、LM 曲線を右下のほうに移動させる方法である（$e_1 \to e_2$）。こうして、IS-LM 理論は、ケインズ経済学の要点を図示するとともに、**ケインズのマクロ経済政策**、すなわち財政・投資政策と低金利・貨幣政策とを簡略に示唆していたのである。

> *Comment*　IS-LM 理論の問題点と貨幣・資本理論の研究
>
> 　ヒックスの IS-LM 理論は、1950 年代から 1970 年代初めまでは、多くの先進国の経済政策の参考にされたが、1970 年代末以降にケインズ政策とともに批判にさらされるようになった。その理由は、この理論によっては物価と実質賃金の変動の効果について分析できなかったこと、また IS 曲線が一定期間の投資と貯蓄のフロー量の変化を示すのに

対して、LM曲線がある時点での貨幣のストック量を示し、同じ時間の次元では扱えないことなどにあった。このため、IS-LM理論に対しては、いくつかの修正が加えられることになった。

しかし、IS-LM理論のより重大な欠陥は、ヒックス自身も認めたように、この理論によっては、貸借対照表の資本勘定の均衡を問題としなければならない長期の経済変化を扱うことができない点にあった。ヒックスは、貨幣・資本の長期理論を含む彼自身の本来の研究を進めることによって、IS-LM理論のこの欠陥を克服していった（⊃本章5節「貨幣理論の研究」、6節「資本理論の研究」）。

3　ヒックス：経済学研究の出発点

(1)『賃金の理論』(1932)

ヒックス自身の経済学研究は、IS-LM理論に先立って、すでに賃金理論の研究から始められていた。この研究の要点は、第9章で説明したマーシャルの分配に関する**限界生産力説**（⊃第9章 p.222）を複数の要素の間の分配に関する分析に適用し、それを技術進歩の問題と関連させたことであった。ケインズは、雇用の大きさをもっぱら産出量とだけ関連させた。しかし、雇用や賃金の大きさは、労働をより多く使うか少なく使うかという生産方法の違いによっても影響を受ける。またケインズは固定的な貨幣賃金を仮定した。しかし、賃金は、資本と労働との競争によって伸縮的に変化し、その結果、賃金率の変化によっても雇用量は影響を受ける。

ヒックスは、オックスフォード大学でコール（G.D.H. Cole: 1889-1959）教授に学び、建設業と機械工業の労働者の賃金に関する実証的な研究を進めるうちに、自分自身の経済理論家としての特性に気づき、またその後ロンドン校（LSE）でライオネル・ロビンズ（Lionel Robbins: 1898-1984）やフリードリヒ・ハイエク（Friedrich Hayek: 1899-1992）の影響を受けて賃金や価値に関する市場理論の研究を進めた。雇用や賃金が生産方法の違いにも依存する

ことについては、ハイエク・セミナーにおけるオーストリア理論を通じて知ることになった。その成果として発表された『賃金の理論』(1932)の研究は、やがて世界の経済学者の注目を集めるようになった。

その要点を述べれば、以下のようになる。賃金が労働の限界生産物の価値に等しくなることについては、マーシャルの経済学においても明らかにされていた。ヒックスは、この理論を資本と労働への分配法則に適用した。資本の利子と労働の賃金は、それぞれの限界生産力によって決まるため、利子と賃金に対する相対的な分配は、両者の限界生産力の比である限界代替率に依存することになる。ここで**限界代替率**とは、同じ量の生産物を作るために必要な資本と労働の限界的な単位数の比のことである（⇒第8章 p.188）。この理論によれば、賃金率は、単に労働の限界生産力によってだけではなく、資本の限界生産力や利子率にも依存し、また資本と労働を使用する生産方法にも依存する。

今、特定の生産物、たとえば衣服を作るために資本（ミシン）と労働（手仕事）の2種類の生産要素を使う技術が何種類かあったとしよう。ある技術の下ではより多くの資本を使うが、他の技術の下ではより多くの労働を使う。ヒックスは、前者を「**労働節約的な**」技術と呼び、後者を「**資本節約的な**」**技術**と呼んだ。資本と労働とが同じ単位で測られるとして、これらのうちのどちらでもない技術が「**中立的な**」技術である。これらは、第6章でみたマルクスの資本構成の違いと同じことを問題としていた（⇒第6章 pp.147-149）。

このような生産方法（技術）の分類は、先に述べた限界代替率が変化する状態、すなわち「**代替の弾力性**」によって表すことができる。今、同じ量の衣服を作るために必要な資本と労働の組み合わせの変化を、図12-2の等量曲線（⇒第8章 p.191）に表してみよう。

ここで縦軸には資本（たとえばミシン）の使用に支払われる利子の大きさが、横軸には労働（手仕事）に支払われる賃金額が示されている。この図の等量曲線 Q は、衣服の同じ量を生産するための異なった生産方法に使われる資本と労働の組み合わせを表している。この曲線上を左上に行くほど労働節約的な技術が示され、右下に行くほど資本節約的な技術が示される。等量曲線

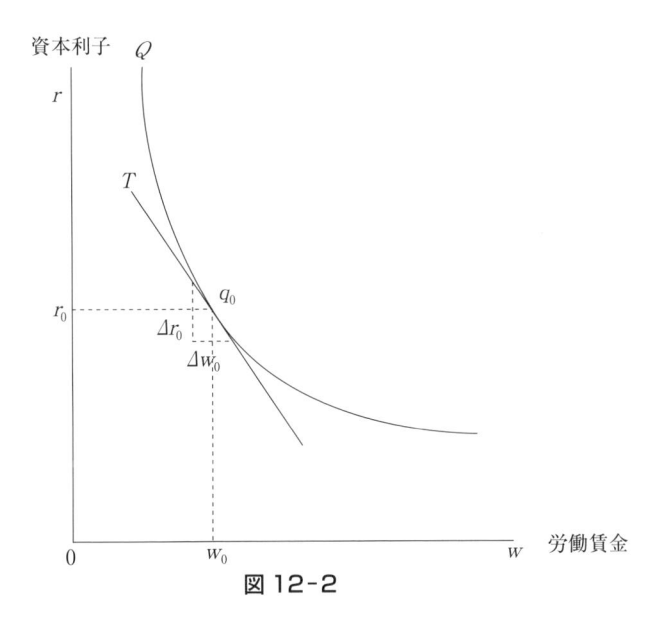

第12章　ヒックスの経済学と現代　291

図 12-2

が下に膨らんでいるのは、資本と労働の限界生産力がともに逓減すると仮定されているからである。限界生産力が一定のときには、この曲線は直線になる。

今、この図で、q_0 点は、同じ衣服を作るのに最適な生産方法を示している。すなわち、q_0 点で示される資本と労働に支払われる費用は、同じ量の衣服を作るための生産方法のうちで最も小さくなる。この点を通る接線 T の傾き $\frac{dw}{dr}$ は、資本と労働の限界代替率を表し、また、q_0 点の座標 (w_0, r_0) は、このときに使用した労働と資本に支払われる賃金と利子を表している。ここで「**代替の弾力性**」は、接線 T の傾斜によって、あるいはより正確には、$\frac{dw}{dr} \cdot \frac{r}{w}$ によって示される。この値が1よりも大きくなれば、これよりも資本節約的な生産方法が、また1よりも小さくなれば、労働節約的な生産方法が用いられることになる。代替の弾力性が1に等しければ、中立的な生産方法が採用される。そして、代替の弾力性が1よりも大きな生産方法を採用すれば、労働の賃金に対する分配は相対的に大きくなる。そのことを代数的に示せば、次のようになる。

$$\frac{dw}{dr} \cdot \frac{r}{w} > 1$$
$$\frac{dw}{w} > \frac{dr}{r} \qquad (w, r \geq 0) \qquad (12-3)$$

すなわち、代替の弾力性が1よりも大きくなるとき、賃金の増加率 $\frac{dw}{w}$ は、利子の増加率 $\frac{dr}{r}$ よりも大きくなる。この代替の弾力性という概念を用いて分配問題を分析すると、これまではっきりしなかった多くのことが分かってくる。賃金や雇用の大きさは、単に産出量によってだけでなく、生産方法（技術）の違いによっても影響を受ける。ここで、代替の弾力性が1よりも小さくなる労働節約的な生産方法が採用されると、労働の雇用量や賃金への分配は相対的にはむしろ減少する。かつてリカードやマルクスが機械の導入によって、労働者の雇用や賃金が相対的に減少することを指摘していたが、そのことがここで確認される。ただし、賃金率が減少したとしても、生産量が増大すれば、賃金総額や雇用者数は増加することについても、同時に確認される。

ヒックスは、さらに生産技術の発明が経済進歩や賃金に対して与える影響についても分析した。資本と労働に関する代替の弾力性によって、労働節約的発明と資本節約的発明と中立的発明とが区別される。また経済要因とは独立に進められる「**自発的発明**」と、賃金率やその他の経済変数の変化に誘発されて進められる「**誘発的発明**」とが区別され、それぞれの雇用や賃金に対する影響についても分析された。このような一連の研究は、単に賃金に関する研究にとどまらず、経済成長の研究へとつながっていった。

しかしヒックスは、『賃金の理論』の分析に満足できなかった。その理由は、当時の大恐慌下の経験やケインズの雇用理論に照らして、自分の理論が時代遅れになっているように思われたからである。また、賃金の決定に利子率が影響を与えていることが明らかにされたにもかかわらず、この理論には貨幣理論が欠けていた。さらに G. ショーヴ（Gerald Shove: 1887-1947）によって批判されたように、労働の搾取に関する分析や資本理論が不十分であった。これらの欠陥は、第2次世界大戦後、貨幣と資本の研究によって克服されていった。

図12-3

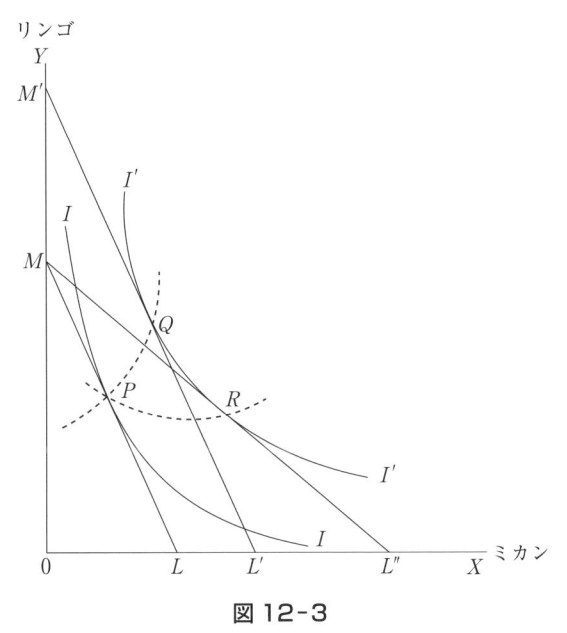

(ヒックス『価値と資本』安井・熊谷訳、I、p.40 より作成)

(2) 『価値と資本』(1939)

　ヒックスは、さらに賃金の理論を価値の一般理論へと広げていった。この研究の手掛かりになったのは、パレートの厚生経済学であった。価値論へのパレートの貢献の一つは、効用の測定可能性を否定して、選好の順序を示す序数的効用が複数の財の間の相対的価値を決定することを明らかにしたことである。今、複数の財、たとえばリンゴとミカンがあったとしよう。リンゴとミカンの選好の順序については、図12-3の無差別曲線 I-I によって表すことができる。

　この図の**無差別曲線**（⊃第8章 p.186）I-I は、同じ効用水準を得るためのリンゴ Y とミカン X の組み合わせを示している。また直線 M-L は、この人の予算制約、すなわち予算の範囲内でリンゴまたはミカンのいずれか、もしくはその両方を手に入れることのできる限度を示している。それは同時に無差別曲線 I-I の接線にもなっている。そして、その接点 P の座標は、この条件の下での最適な選択の状態を表している。

この状態から、何らかの事情でリンゴとミカンの相対価格が直線$M-L''$の傾きによって示される比率に変化したとしよう。この人の最適な選択の状態は、点Pから点Rへと移動するが、そのような選択の変更は、理論的には2つの段階に分けて考えることができる。これはエヴゲニー・スルツキー（Evgenii Sultsky: 1880-1948）によって明らかにされた原理であるが、ミカンの価格が下がる結果、この人の予算の相対的な購買力は大きくなる。ミカンで表したこの人の所得は、直線$M-L$で示される水準から$M'-L'$の水準に移動する（所得効果$P→Q$）。そして、ミカンのリンゴに対する相対価格が安くなった効果については、2つの財の間の限界代替率が直線$M'-L'$で示される比率から$M-L''$に変わることによって示される（代替効果$Q→R$）。つまり、価格の変化に伴う消費者の選択の変更については、所得効果と代替効果の合成効果として説明されるのである。

このような分析によって、ヒックスは、消費者選択の分析から出発して、主観的価値の理論を人々の選択行為に関する一般理論へと広げようとした。これは、オーストリア学派のミーゼスが「人間行為の理論（praxiology）」で展開したのと軌を一にする試みであった。

この構想は、この本の後半に展開された経済動学の中で活かされていた。ヒックスは、エリック・リンダール（Eric Lyndal: 1891-1960）やグンナー・ミュルダール（Gunnar Myrdar: 1898-1987）からヒントを得て、時間の中で人々の消費や生産が変化する過程について分析した。各人が週の初めに予想や計画を立てて、市場で必要な財を購入する。そして、その次の週に予想や計画を修正して、再び市場で取引するという動学的過程に関するモデルを設定した。ただし、このような動学理論に関する本格的な研究は、第2次世界大戦後に持ち越された。

4 後期ヒックスの研究の特徴とその歴史的背景

(1) 後期ヒックスの経済学研究の特徴

後期ヒックスの経済学研究の目標を一言で表現すれば、それは「時間の中

で(in time)」経済学の主要な理論を再構築することであった。このような問題意識は、ジョーン・ロビンソンの資本理論と軌を一にするものであったが、ヒックスは、これを市場経済の将来に関する彼自身のヴィジョンと、ケインズ経済学と新古典派経済学の両方に対する批判へと結びつけていった。

まずケインズ経済学は、短期の理論に集中しすぎた結果、第2次世界大戦後の世界経済の長期的な変化、とくに1970年代以降の変化をうまく捉えることができなくなっていた。ヒックスは、貨幣理論と成長理論の新しい成果を取り入れることによって、ケインズ理論のこのような欠陥を修正していった。貨幣理論においては、**流動性の積極理論**や独自の**資産選択理論**を開拓していった。資本と成長の理論に関しては、生産の時間構造を重視したオーストリア理論を取り入れることによって、より長期の理論を構成していった。

また、新古典派の市場経済理論に対しては、**伸縮価格**と**固定価格**の両方の働きによって調整される複合的な市場モデルを設定することで、一般均衡理論の欠陥を克服しようとした。一般均衡理論は、株式取引所のように、標準化された同質の商品を同時に同じ場所に集まって競争的に売買するような市場に関しては、有効な理論であったが、品質の違う多様な商品を異なった時間に異なった場所で売買し、市場参加者たちの状態を漸次的に改善していくような市場に関しては、あまり適合しなかった。

生鮮食料品など、在庫を持ち越すことのできない商品に関しては、伸縮価格によって需要と供給が調整されるのに対して、商人や企業が在庫ストックを持ち越すことのできる耐久消費財や資本財などに関しては、固定価格が維持される。価格が高いために供給に比べて需要がなかなか大きくならない場合でも、固定価格を維持することで顧客の信用を獲得し、長期的には需要が増えてくることが期待できるからである。

また金融機関など、絶えず資産構成を最適な状態にしておく必要のある機関が売買の大半を占め、証券取引所のような競争市場が組織されている金融市場では、伸縮価格によって需要と供給とが調整される。これに対して、労働組合や家族やその他の団体からの援助がある労働市場では、たとえ供給が多すぎて失業が生じてしまうときでも、固定賃金(下方硬直的な賃金)がし

ばらくは維持されるだろう。このように時間の広がりを考えると、多様な商品に関して多様な方法で市場が調整されることが分かってくる。ヒックスは、市場の変化に対して人々が即座に反応する伸縮価格市場と、一定の時間の遅れを伴って対応する固定価格市場とを区別することによって、市場理論の改善を図ろうとした。このような研究に関しては、マーシャルの移動均衡理論やリカード＝スラッファの費用価格理論、オーストリア学派の市場過程理論などの一般均衡理論以外の先行理論が役に立った。

(2) 後期ヒックス経済学の歴史的背景

　このような後期ヒックスの研究の変化については、単に理論的な発展によってだけでなく、また戦後経済の歴史的発展をも考慮して理解する必要がある。20世紀の第2四半期（1926-50）が「ヒットラーの時代」であったのに対して、20世紀の第3四半期（1951-75）は「**ケインズの時代**」であったと将来の歴史家は総括するであろうと、ヒックスは述べていた。第2次世界大戦後の先進国経済は、主として冷戦下の暫定的な政治的安定と技術革新とによって支えられながら、戦前の経済停滞を脱して成長を始めていたが、この時期までの経済発展はケインズ政策と両立していた。

　しかし、1970年代末からの先進国におけるスタグフレーション（インフレと失業の同時進行）の発生によって、ケインズ政策やケインズ理論に対する批判が強くなってきた。マイルドなインフレーションの効果を認めるケインズ政策に対しては、もともとハイエクやミルトン・フリードマン（Milton Friedman: 1912-2006）たちによる批判が加えられていたが、そのような批判が説得力を増してきたのである。

　そして1980年代以降には、貨幣量の調整による反インフレ政策や、公共事業の民営化などによる**新自由主義政策**が多くの先進国で採用されていった（**マネタリストの時代**）。また、1970年代末の石油危機によって、資源多消費型の経済成長や大規模生産に対して批判が強くなり、公害、環境、エネルギー問題などの発生によって、経済学を初めとする社会科学全般に対する理論的な問い直しを迫る声が強くなってきた。さらに、1990年代には、**ヨーロッ**

パの社会主義経済が次々に崩壊し、市場経済へと移行していった。他方でバブル経済の崩壊やリーマン・ショックなど、市場経済の行く末に対しても疑問が投げかけられるようになっていった。

これらの経済変動や経済学批判に関して、ヒックスはすべてを見通せたわけではなかったが、引き続き労働者の状態の改善に関心を払いつつ、あくまでも市場経済の発展に期待する立場をとりながら、これまでの近代経済学の欠陥を修正するような研究を推し進めていった。財政政策に重点を置いてきたケインジアンの経済学に対しては、ケインズ理論本来の金融政策を重視する貨幣理論の革新に努めるとともに、市場経済の価格調整能力を過大に評価する新古典派経済学に対しては、生産や市場のプロセスにおける資本ストックの調整を重視する資本理論の研究を進めていった。

5 貨幣理論の研究

(1) ヒックス貨幣理論の出発点:「貨幣理論の単純化のための提案」(1935)

ヒックスは、賃金や価値の理論に貨幣の理論が欠けていたことに対する反省から、貨幣理論の研究を始めたが、そのような研究の成果は、早くも1935年の「貨幣理論の単純化のための提案」という論文に表されていた。この論文は、ケインズの貨幣理論と共通の考え方に立っており、そのことがケインズの『一般理論』の書評を依頼され、先にみたIS-LM理論が生まれる機縁となった。しかし、ヒックスの貨幣理論は、以下の3つの点で、ケインズの貨幣理論とは違っていた。

第1に、ケインズ『一般理論』の貨幣理論は、貨幣と債券（公債）との2種類の金融資産の間の選択を扱っていたのに対して、ヒックスの貨幣理論では、より多くの種類の金融資産を含む「**流動性のスペクトル**」の間の選択を扱っていた。現金貨幣という最も流動的な資産から、銀行預金や財務省短期証券（TB）などの短期証券、債券や株式、在庫商品などの多様な資産が、多かれ少なかれ流動性のある資産として扱われていた。

第2に、より長期の不確実性の下では、経常勘定（フロー）の選択ではなく、

貸借対照表上（ストック）の選択について研究されなければならない。この点に関してケインズは、既存のストックを前提としたフローの投資の選択を問題としていた。ヒックスは、また貨幣数量説やケインズの基本方程式では貨幣に関する価値論がないことを問題とした。この問題は、のちに資産選択におけるリターンとリスクに関する選好の研究へと発展していく。

　第3に、金融市場における投資家のタイプをリスク愛好的な投機家（fluid investors）とリスク回避的な投資家（solid investors）に分け、前者が支配的になると金融市場が不安定になることを明らかにした。同じ投資家でも景気循環の特定の局面では、多かれ少なかれリスク愛好的になりうるから、この分析は、ハイマン・ミンスキー（Hyman Minsky: 1919-96）の「**金融不安定仮説**」と共通の問題を扱っていたことになる。

(2)『貨幣理論』(1967)

　ヒックスは、第2次世界大戦後に、以上のような貨幣理論の構想をさらに発展させていった。まず「**流動性のスペクトル**」については、ケインズの貨幣保有の予備的動機を拡張することによって、金融（または実物）の準備資産が稼働資産や投資資産に対して適切な比率で保有されることが、経済の不確実性に対処する最も有効な政策であることが指摘された。

　また貸借対照表上の均衡について、現代の**ポートフォリオ理論**の先駆的な理論を展開した。しかし、投資信託などの機関投資家は、最適なポートフォリオを実現するために絶えず資産構成を変えるが、それ以外の投資家にとっては取引費用と不確実性が障害となるので、資産構成を頻繁に変えることは難しい。そこで、その代わりに流動性の保有状況を変えることによって、その他の資産保有を変えることなく資産構成全体の流動性を変えることができる。各経済主体は、また金融機関に対してクレジットラインを設定しておくことによっても、流動性を準備できる。

　流動性の保有は、また技術革新に対しても積極的な役割を果たす（**流動性の積極理論**）。イギリスの産業革命は、技術革新と商業とが結びついた工業化の過程として理解されるが、流動性の豊富な供給なしには進展できなかっ

た。利子率の低下は、その結果であった。

　さらにヒックスは、金融政策の現代経済における積極的な役割についても検討した。ケインジアンは、長期金利を政策的に引き下げることが難しいことや流動性の罠があることなどから、金融政策よりも財政政策のほうが不況からの脱出にとって有効だとした。これに対してヒックスは、財政政策は機動性に欠け、大きな政府に対する批判を招きやすい。また、**マネタリスト**が**クラウド・アウト**（増税や国債による民間投資の締め出し）効果があることを批判したことにこたえて、金融政策こそが、現代の経済において有効な政策であることを指摘した。このようなヒックスの主張は、変動相場制下の金融政策の有効性に関する**マンデル＝フレミングの定理**によって支持される。

　そして、金融政策を短期と中期と長期の政策に分けて、それぞれに適切な金融政策が必要であることに注意を喚起した。まず短期の政策は、貨幣や信用の量や在庫保有を含めた流動性を適切に管理する。その目的は、通貨の内外の価値を安定させることである。国内の消費者物価の安定だけでなく、変動相場制下では、為替レートの安定もその重要な要素となる。

　その次に必要になるのは、おおよそ10年を周期とする設備投資循環の変動に対処する中期の金融政策である。長期金利と短期金利のスプレッドを適切な比率に保つことによって、金融機関の期待利益やリスク選好を調節し、投資と雇用との安定を図る。

　しかし長期の経済停滞に対しては、金融システム全体の効率を向上させるような制度改革が必要になる。これは、30年から50年の周期で必要になるレジームの改革である。ヨーゼフ・シュンペーター（Joseph Schumpeter: 1883-1950）の「技術革新の群生化」に対応する信用創造能力の向上が制度改革の目的となるかもしれない。以上のようにヒックスは、**多時限的で多様な金融政策**の必要性を指摘した。

　さらにヒックスは、貨幣理論が歴史的に変化してきた過程を明らかにした。経済の歴史的転換点で新しい金融のフロンティアが形成され、それに応じて金融理論の革新が遂げられてきた。ただし、金融のフロンティアの形成によって、旧来からの金融システムが消滅するわけではなく、その役割を変容させ

つつ残されていく。歴史的には、金本位制の確立に寄与したリカードの貨幣理論、信用制度の拡張に対応したJ.S.ミルの信用理論、重工業化時代の設備投資金融に対応したウィクセルやケインズの貨幣理論、そして工業のオートメーション化や情報産業の技術革新に対応したヒックスの資産選択理論、または、株式金融の新たな役割に対応した**トービンのQ理論**などが世代から世代へと伝えられてきた。

6　資本理論の研究

(1) 資本理論の歴史研究：『資本と成長』(1965)

　貨幣理論だけでなく、資本理論についても、歴史的進化の過程をみることができる。**資本**とは企業の資産（と負債）を合理的に管理するために工夫され、発展を遂げてきた会計概念である。このような会計概念が経済学において重要になるのは、それなしには、企業経済とそれによって支えられる市場過程が合理的に運営されていくことが難しくなるからである。

　ヒックスは、『資本と成長』(1965)において、これまでの主要な資本理論について、社会会計の概念を用いて以下のように整理した。まずアダム・スミスは、さまざまな所得が生み出される源として、資本について一般的に定義した。しかし具体的には、労働の賃金に対する年初の前貸し金がその年の終わりに増殖されて、次の年の事業の資本になる過程が分析されていた。この考え方を引き継いで、リカードやJ.S.ミルは、主として**賃金基金**や原料ストックなどに投じられる**流動資本の理論**を組み立てた。この資本理論には、短期の商業信用と銀行信用による在庫金融が適合していた。他方で、労働との関係では、生存賃金で雇用される労働が人口増加と人口移動によって補充されていく「**完全操業成長経路（Full-Performance Path）**」が分析された。このような資本蓄積は、最終的には土地の収穫逓減と地代の高騰によって限界づけられると考えられた。ただし、マルクスはこのような古典派経済学の展望を批判して、労働の搾取に対する労働者の反乱と恐慌が資本蓄積の障害となるとして、社会主義経済への移行を予言した。

限界革命以降の資本理論は、大きく2つに分かれた。一つは、固定資本を中心に組み立てられた**ワルラスの資本理論**である。この理論においては、所与の動産的固定資本と労働投入を変数とする**生産関数**$(PX=F(K, L))$によって、資本の蓄積過程が分析された。もう一つは、生産過程の延長、すなわち迂回生産の発展を中心に理論を組み立てたベーム-バヴェルクを中心とする**オーストリア学派の資本理論**であった。この理論によれば、資本の利子は、迂回生産の生産力によって可能となり、また将来財と現在財との間の交換比率（時間選好）によって変化する。固定資本の規模が大きくなり、投資から最終消費財の生産までの時間が長くなる鉄道業や鉱工業の生産過程が、この理論には反映されていた。

これらに対して、ケインズ理論には、重化学工業化時代の生産構造が反映されていた。すでに工業の発展が成熟段階に達し、固定資本設備やインフラストラクチャーが整備されていたが、規模の経済と有効需要との対立によって、経済成長が停滞しつつあった時代に、追加投資と産出量と雇用量との間の関係が分析された。このような産業構造を前提とするとき、それを支える金融システムは、商業信用よりも長期の設備金融に重点を置くことになる。そこでは長期信用に基づく危険や不確実性が大きな問題となる。他方で、労働との関係では、失業者や労働組合の圧力によって賃金率が固定されたまま行われる資本の蓄積過程、すなわち「**固定賃金成長経路（Fix-Wage Path）**」が問題とされた。財政政策と低金利政策による有効需要の拡大政策が、この過程の停滞局面を抜け出す政策として提案された。

最後に、ヒックス自身の資本理論は、垂直的に統合された生産の時間構造と「**伸縮賃金成長経路（Flex-Wage Path）**」とを仮定していたが、これについては節を改めて検討する。

(2) 『**資本と時間**』(1973)

ヒックスは、この一連の研究の最後に「新オーストリア資本理論」を展開した。この理論は、もともとはメンガーの考え方をベーム-バヴェルクが引き継ぎ、さらにウィクセルやハイエク、ミーゼスが洗練させたものであった。

ヒックスはこの理論を一般化し、さらに初期の賃金理論や技術革新に関する理論と統合して、現代の資本理論の決定版を提供した。

ベーム-バヴェルクは、迂回生産の理論と時間選好の理論を総合して、資本と利子の理論を作り上げた。しかし、彼が問題とした生産構造は、たとえば機関車製造のような多時点・多品目投入→一時点一品目産出という特殊なものに限られていた。またハイエクは、ウィクセルの不均衡累積過程の理論を、資本財生産と消費財生産とがそれらの比重を交替させる景気循環論へと発展させた。しかし実際の景気循環は、必ずしもハイエクの想定したようにはならなかった。ヒックスによれば、ハイエクの理論は、景気循環の理論としてではなく、むしろ長期的な経済成長の理論として再構築したほうがよかった。

これらに対して、ヒックスは、自動車製造工程の流れ作業のような多時点・多品目投入→多時点・多品目産出という最も一般的な生産モデルを設定した。そして、生産計画の立案される0期から生産の終了するn期までの生産過程全体の時間的な構造を研究した。資本の大きさは、将来に期待される利益をすべて資本化して合計する前向きの資本化価値と、生産開始からそれまでの純利益を複利合計する後ろ向きの資本化価値との、2つの異なった方法によって計算される。

まず、生産過程の**前向き**（forward-looking）**の資本化価値**は、次のように計算される。

$$K_t = q_t + q_{t+1}R^{-1} + q_{t+2}R^{-2} + \cdots\cdots + q_n R^{-(n-t)} \qquad (12\text{-}4)$$

ここでtは、一定の会計期間を示し、t期における多品目の投入額をa_t、多品目の産出額をb_tとしたときのt期の純産出額をq_t（$q_t = b_t - a_t$）で表す。ここで、固定資本については、前の期間に生産された固定資本財が償却分を減じられて一期遅れて生産に再び投入されると仮定された。K_tはt期の資本化価値、Rは利子因子（$R=1+r$、rは利子率）をそれぞれ表す。すなわち、この生産期間中の任意のt期の前向きの資本化価値は、純産出額をそれぞれの期間における利子因子で割り引いた合計額になる。

他方で、この生産過程の**後ろ向き**（backward-looking）**の資本化価値**は、次のように計算される。

$$C_t = (-q_0)R^t + (-q_1)R^{t-1} + \cdots + (-q_{t-1})R \qquad (12\text{-}5)$$

すなわち、t 期の後ろ向きの資本化価値 C_t は、0 期から $t-1$ 期までの純産出額を複利合計した額になる。そして、この前向きの資本化価値と後ろ向きの資本化価値が任意の t 期においてともに正であり、これら２つの資本化価値が等しくなるとき、ヒックスの動学的均衡が成立する。その均衡条件は、0 期の資本化価値をゼロとする次の式によって表される。

$$K_0 = \sum_{t=0}^{n} q_t R^{-t} = 0 \qquad (12\text{-}6)$$

この条件が成立するとき、任意の t 期の後ろ向きの資本化価値は、前向きの資本化価値と等しくなる。この条件についての詳しい説明はここでは省略するが（ヒックス『資本と時間』）、この生産過程に固有の利子率（利潤率）と資本市場の利子率とが等しくなるときに、または期待利潤率と実現された利潤率とが等しくなるときに、この均衡条件は成立する。すなわち、企業家が将来の利益を予想して計算した資本化価値と、今までの利益を複利合計した資本化価値が等しくなるならば、生産過程は予想したとおりの利益を上げており、しかも、その利潤率は、資本市場の利子率に等しくなる。したがって、企業家は当初の生産計画を変更することなく続行することができる。これが**ヒックスの動学的均衡**であった。

ヒックスは、このような均衡状態から出発して、技術革新の衝撃によっていったん均衡が攪乱され、導入された新しい技術体系に対応して利潤率と賃金率が変化する中で、経済が新たな均衡状態に移行していく過程（**伸縮賃金成長経路**）を分析した。ハイエクは、主として貨幣的要因による経済変化について分析したが、ヒックスは生産技術の革新による衝撃を重視した。

ヒックスが生産技術の革新の効果に関する研究に強い関心を払うようになったのは、賃金の研究を通じて、技術の選択が賃金や雇用などを変化させて、労働者の状態に大きな影響を与えることを知ったからであった。リカー

ドは、機械の導入によって労働者の状態が一時的には悪くなることをすでに指摘していた。しかしヒックスは、機械の導入が短期的には失業を生むことを認めたが、技術の革新によって、労働者の過酷な肉体労働は軽減され、雇用者数が一般的には増大するなど、労働者の状態は長期的には良くなることを確信していた。このようなヒックスの見通しは、現代の資本理論や成長理論の研究によって、さらに強化された。

　企業家は自発的発明による技術体系を生産技法に応用することによって、そこから高い利潤率が得られることを期待する。その期待は実現されることもあるし、また裏切られることもある。この過程は、ポパーの科学的方法と同じく、不確実性下の試行錯誤の過程でもある。もし計画どおり高い利潤率が得られた場合でも、完全雇用状態に近づき賃金率が労働生産性に対応して引き上げられると、計画を見直し、今度は労働節約的な誘発的発明による技術革新を採用するようになる。

　また石油などの地域的に偏在し再生不能なエネルギー資源のコストが上昇すると、それらのコストを節約するために誘発的発明が刺激される。現代の技術革新の大半は、このような誘発的発明によるものといってよい。このような資源節約的な技術は、高度な科学技術の応用と質の高い労働によって支えられなければならない。こうして、ひとたび熟練労働を節約し、労働コストを削減するために始まった誘発的な技術革新は、今度は反対に、質の高い労働に依存する技術革新へと進化していくことになる。

　戦後の実質賃金率の上昇と資源価格の上昇とは、一方でケインズ的な成長過程を終わらせることになったが、他方では経済が固定賃金労働と物的資源を大量に使用する「旧産業主義」から脱け出して、専門的な技術労働と質の高い人間労働一般からなる人間資本（Human Capital）のスペクトルを尊重する「新産業主義」へと移行する展望を与えることになった。このようなヒックスの展望は、希少な自然資源を多く持たないイギリスや日本の将来の経済発展を考えるうえで、とくに参考にされるであろう。

7　経済史の理論

　資本理論の研究においてヒックスは、経済法則が時間的な継起の中で変化する過程を捉えようとしたが、その研究の総仕上げとして**超長期の歴史理論**に挑戦した。世代を超えて時間が経過すると、市場経済は、その他の社会領域との間に相互作用を引き起こす。その他の社会領域を、マクロ経済学の部門分割にならって、①家族（または共同体）、②産業企業、③政府、④市場を仲介する商業・金融組織、に分けてみると、市場経済は、主として②と④の相互作用によって発展するとみてよい。ただし、家族や政府との間の関係の変化も長期的には無視できない。なお、ここでは省略されたが、外国部門との関係もグローバル化の進む現代では重要になってきている。

　市場経済は、かなり古くから存在してきたが、16世紀以降の西ヨーロッパにおける近代資本主義経済の発展とともに急速に拡大し、その後、世界中に広がっていった。この時代以降の商業（および金融業）と科学技術の産業利用とが結びついて、市場経済の規模は飛躍的に拡大してきた。科学技術の産業利用は、商業との間に相互促進的な作用を引き起こし、市場経済の拡大のための新しい商品の開発や生産力の拡大、コストの削減を促してきた。他方で産業技術の革新のために必要な流動資金の供給も、市場経済の発展に寄与してきた。そして、発展途上国の貧困問題も、産業革命と市場経済の拡大による雇用の増大によって、長期的には解決されていくものと期待された。

　しかし、このような市場経済の発展に対して障害が出てくる可能性もある。それは、一方で社会主義国を初めとする多くの国々で国家主義的傾向が強まり、他方では工業化に伴って地理的に偏在するエネルギーなどの産業資源の獲得をめぐって、国家や民族の間で紛争が発生することである。このような国家主義的傾向や戦争は、自由な市場経済の発展に対する最大の障害となる。ヒックスは、これらの問題に対しても、地理的に偏在する資源の利用を節約し、高度な技術の利用を促進しつつ自然との調和を図る多才な人間資本を雇用する「新産業主義」の台頭によって、その解決の道が切り開かれることを

示唆した。資本主義経済の将来を展望しつつ、経済理論をさらに進化させていくためには、ヒックスのこのような未完の経済史の理論をさらに発展させることが必要になるだろう。

〈より進んだ研究のための参考文献〉

ヒックス著、内田忠寿訳『賃金の理論（第2版）』東洋経済新報社、1965年〈1932〉

―――著、安井琢磨・熊谷尚夫訳『価値と資本（Ⅰ・Ⅱ）』岩波書店、1951年〈1939〉

―――著、安井琢磨・福岡正夫訳『資本と成長（Ⅰ・Ⅱ）』岩波書店、1970年〈1965〉

―――著、鬼木甫訳『貨幣理論』オックスフォード大学出版局、1969年〈1967〉

―――著、新保博・渡辺文夫訳『経済史の理論』講談社学術文庫、1995年〈1969〉

―――著、根岸隆訳『資本と時間――新オーストリア理論』東洋経済新報社、1974年〈1973〉

―――著、貝塚啓明訳『経済学の思考法――貨幣と成長についての再論』岩波書店、1985年〈1977〉

森嶋通夫『無資源国の経済学――新しい経済学入門』岩波書店、1984年

小畑二郎『ヒックスと時間――貨幣・資本理論と歴史理論の総合』慶應義塾大学出版会、2011年

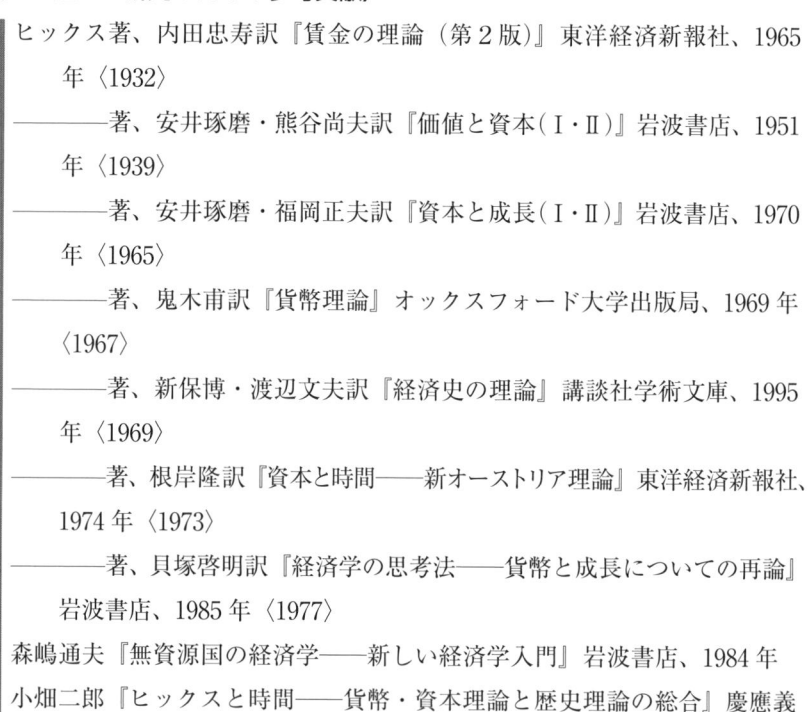

〈例題〉

① ヒックスのIS-LM理論の組み立てと、現代経済におけるその欠陥とがどのように結びついているかについて、考えてみよう。
② ヒックスの賃金の理論における「限界代替率」や「代替の弾力性」を定義し、それらの概念が賃金への分配において果たす役割について、考えてみよう。
③ 貨幣理論における「流動性のスペクトル」や「貸借対照表上の均衡」、「流動性の積極理論」がなぜ大切な考え方なのかについて、考えてみよう。
④ 「完全操業成長経路」、「固定賃金成長経路」、「伸縮賃金成長経路」の経済成長を遂げる資本蓄積のパターンの違いについて、考えてみよう。
⑤ ヒックスの動学的均衡とは何か、それは技術革新の衝撃に対してどのような役割を果たすかについて、考えてみよう。

索引

あ
IS-LM 図式　287
IS-LM 理論　285, 286
アニマル・スピリット　271

い
イエズス会派　25
意外の利潤　265
一時的な均衡　207
一般均衡理論　182
移動均衡理論　207
イングランド銀行　42
印刷技術　20

う
迂回生産の利益　246
後ろ向きの資本家価値　303

え
エッジワースの箱　184

お
オーストリア学派　230
　　――の資本理論　301
　　――の動学的市場過程論　285

か
階級闘争の歴史　130
蓋然論者　25
外部（不）経済　212
外部性　195, 196, 212
快楽の等級づけ　203
科学
　　――技術　20
　　――的社会主義　180
　　――的側面　6
価格調整　220
過去志向的　246
家族と私有財産の弁護　22

価値
　　――＝均衡価格　188
　　――の運動体としての資本　146
　　――の帰属理論　244
　　――の理論　241
株式会社　213
株主価値　167
貨幣
　　――市場の均衡　182, 192
　　――・信用理論　68
　　――数量式　111
　　――数量説　111, 193, 262
　　――政策　276
　　――賃金　273
　　――的経済学　258
　　――と信用　65
　　――の起源　49
　　――の体系　41
　　――利子（貸付利子率）　247
慣習やルールに従う　256
完全操業成長経路　300

き
機会費用　174, 244, 245
機械論　122
企業家（者）　167, 182
技術　305
　　労働節約的な――　290
　　資本節約的な――　290
　　中立的な――　290
　　――的限界代替率　192
基数的　257
規制の体系　42
帰属理論　244
期待　286
　　――利潤　271
基本的人権　164
究極要因　268
救貧法　94
窮乏化　123, 148

供給サイドの経済学　114
協同組合　213
金為替本位制　260
均衡の存在問題と安定問題　182
均衡理論　182, 207, 285
近代経済学　11, 12, 160, 255
勤勉と節約　33
金本位制　109, 114
金融不安定仮説　298
金利平価説　263

──効用逓減の法則　174, 186, 210
──消費性向　270
──生産力（説）　96, 222, 289
──代替率　188, 290
──地　87
──費用　216
──変形率　190
源泉（fund）　44, 66
現代経済学　255
権力の体系　41

く

空想的社会主義　180
クラウド・アウト　299
軍事費　75

け

経営者の純稼得　224
景気変動論　247
経済
　　──学の区分　13
　　──学の多様性　4
　　──進化論　224
　　──進歩　240
　　──政策　77
　　──成長と定常状態の再評価　121
　　──生物学　209
　　──的な秩序　33
　　──の歴史的発展段階説　234
　　──表　43
　　──変動の原因　257
ケインズ
　　──経済学　11, 285
　　──経済学の動学化　284
　　──・スピリット　277
　　──の時代　296
　　──のマクロ経済政策　288
決疑論者　25
限界
　　──（効用）革命　160, 166
　　──効用　161, 170
　　──効用曲線　217
　　──効用均等（化）の法則　172, 242

こ

公営企業　213
航海条例　73
交換価値　49
交換における均衡　182
公共事業費　76
合資会社　213
高次財　237, 240
　　──価値　243
厚生経済学　210
　　──の基本定理　193, 194
購買力平価説　106, 262
公平無私の見物人　31
合名会社　213
効用逓減の法則　171, 172
効用理論の歴史　171
功利主義　202
合理主義　168
効率的な生産　189
顧客価値　167
国際収支の均衡式　266
国際通貨基金　267
国際通貨同盟　267
国際法学　26
国民資本　68
国民所得　68
個々人の選択　162
個人企業　213
個人主義　163
固定価格　295
固定資本　67
　　──財　67

310

　——の影響　86
　固定賃金成長経路　301
　固定費用　216
　古典派経済学　12, 205
　雇用と物価　273
　雇用の一般理論　268

さ

財貨　66
財産とは盗みである　136
財政学　75
再生産表式　43
財政政策　275
最大多数の最大幸福　202
差額地代の法則　89
搾取　138, 142
産業革命　20
産業組織　211
産業連関表　43
サン・シモン主義者　180
3大階級　63

し

時間（の要素）　174, 239
自給自足・自然経済　22
資金循環表　43
資源の所有者　182
試行錯誤　7, 248
自己労働に基づく所有権　29
資産選択理論　295
市場
　——価格　60, 90
　——過程　248
　——均衡の分析　209
　——経済　20
　——と消費者の効用の再発見　162
　——の一時均衡　214
　——の経済学　59, 77
　——の失敗　196
自然　90
　——価格論　59
　——主義的な誤謬　256
　——状態　28

　——的な自由の体系　58
　——利子率　246, 247
慈善の徳　32
思想　46
地代　63, 243
　——の上昇傾向　95
実質賃金　51
実証　7
地主階級　63
支配労働価値説　50
自発的発明　292
慈悲の徳　32
司法費　76
資本　66, 239
　——基本説　66, 146
　——構成　147
　——財（要素）市場の均衡　182
　——主義　132
　——主義の自動崩壊説　150
　——節約的な技術　290
　——蓄積　65
　——蓄積論　145
　——の限界効率　271, 286
　——の限界生産力説　223
　——の生産性　240
　——の利潤　62
　——の流通によって増殖する市場経済　132
　——利子　246, 247
　——利子率　243
　——理論　239, 247
社会会計　140
社会契約　27
社会主義　151, 152
　——計算の不可能性　248
社会の空費　69
収穫逓減の法則　89, 95, 188
従業員価値　167
宗教改革　24
重金主義　41
　——批判　72
自由
　——主義　163
　——主義的功利主義　203

——の自然権　203
　　——貿易　114
　　——放任（レセ・フェール）思想　44
　　——放任の終焉　257
重商主義　20, 40, 72
従属要因　269
重農主義　43, 74
主観的価値（論）　170, 241
需要
　　——価格　210
　　——曲線　210
　　——サイドの論理　118
　　——の弾力性　211
主要費用　216
純粋経済学要論　181
準地代　217, 220
使用価値　49
　　——のパラドックス　171
商業の体系　42
乗数理論　269, 270
消費
　　——財　67
　　——財生産の均衡　182
　　——財生産の市場均衡　188
　　——者選択　160, 182
　　——者余剰　215
　　——性向　269
　　——理論　209
上部構造　130
情報開示　259
剰余価値（論）　136-138
　　絶対的——　138
　　相対的——　139
　　特別——　139
将来志向（的）　238, 246
奨励金　73
初期マルクス　128
植民地経営　74
序数的　257
所得効果　284
所有と経営の分離　213
人格資本　225
進化論　204

新古典派経済学　206
新古典派総合　194, 284
新産業主義　304
新自由主義思想　249
新自由主義政策　296
伸縮価格　295
伸縮賃金成長経路　301, 303
新体制　277
信用制度　69
真理と知識の探求　256
慎慮の徳　33

す

数量調整　221
スコラ　21
スミス問題　58

せ

静学的経済学　116
正義の徳　32
生産
　　——価格　144
　　——関数　301
　　——者余剰　217
　　——的労働　43, 70
　　——フロンティア　105, 106, 134, 188
　　——要素　211
　　——理論　209
政治経済学　31, 71, 258
生存競争　119
生存賃金説　61, 92, 137
成長賃金説　62, 92
セイの法則　110
生命と福祉　236
世界共通通貨　267
世界大恐慌　267
節約は社会の味方　70
先行配慮　238
選択の理論　162
善の定義不可能性　255

そ

相対的過剰人口　123, 149

た

第一基本方程式　265
第1次世界大戦　254
貸借対照表上（ストック）の選択　298
代替効果　294
代替の弾力性　290-292
第二基本方程式　265
待忍の報酬　223
代表的企業　214
多時限的で多様な金融政策　299
短期
　——的な均衡　207
　——の市場均衡　216
弾力性　211, 290, 291

ち

知識　20
地中海商業　20
中央集権国家　41
中産階級　160
中立的な技術　290
長期
　——的な均衡　207
　——動態　92, 116
　——の均衡化　221
超長期の歴史理論　305
賃金　243
　——基金　300
　——の法則　92

つ

通貨と信用の慎重な管理　259

て

低金利政策　276
抵抗権　29
低次財　237
　——の価値　245
定常状態　92, 95, 97, 116
転形問題　144

と

ドイツ歴史学派　233
投下労働価値説　50, 85, 133
統合　204, 212
投資と貯蓄に関する政策　259
統治の経済学　59
道徳
　——的規制　119
　——的秩序　31
　——哲学　10
　——問題の捨象　117
等量曲線　191
トービンのQ理論　300
独立要因　268
土台　130
徒弟条例　73
富の制限　22
取引コスト　49

な

内部経済　212

に

西ヨーロッパ社会の文化的な成熟　161
2部門2財の成長モデル　146
人間
　——資本　67, 305
　——の自然状態　27
　——の本性　47

は

ハード・コア　9
ハイエクの貨幣政策　248
博愛心　47
ハサミのたとえ　206
バブル経済の崩壊　297
パラダイム転換　8
パリ講和会議　260
パレート改善／最適　183, 187
反証　7
　——可能　8
万民の万民に対する戦争　27

ひ

比較優位　73
　　——な産業　104
　　——の法則　104
東インド会社　42
「美人投票」の例　272
微積分法　161
ヒックス経済学　12
ヒックスの動学的均衡　303
微分法　174
ピューリタン革命　26
費用価格（論）　90, 170
貧困問題　305
頻度論的な確率論　256

ふ

不確実性　195, 196, 257, 258
　　——の契機　238
不均衡累積過程　264
複合準地代　224
不公正な分配　143
不生産的労働　70
物価・正貨のフローメカニズム　109
物質資本　225
部分均衡理論　182, 207
不変資本　137
プロテクティブ・ベルト　9
プロテスタンティズムの倫理　165
プロテスタント　24
分化　204, 212
分業　46
分配
　　——の道徳的・制度的決定　121
　　——の問題　209
　　——論　221

へ

平均費用曲線　218
ベンサム流の功利主義　165, 202
弁証法　129, 130
変動費用　216

ほ

方法論的個人主義　233
ポートフォリオ理論　298
保護貿易政策　234
補足費用　216
ポパーの批判　235
本源的生産需要　134

ま

マーシャル独自の市場観　207
マーシャルの移動均衡理論　285
前向きの資本化価値　302
マクロ経済学　4
マクロ経済政策　286
マネタリスト　299
　　——の時代　296
マルクス
　　——経済学　4
　　——の基本定理　143
　　——の労働搾取説　53
マンデル・フレミングの定理　299

み

見えざる手　58, 73
ミクロ経済学　4

む

無差別曲線　186, 293

め

名目賃金　51
メンガー経済学　236

も

モラリスト×エキスパート　6, 277
モラル・サイエンス（道徳科学）　12

や

雇い主（資本家）階級　64

ゆ

唯物史観　130, 131

誘発的発明　292
輸出入規制　72

よ

用役財　243
要素（資本財）市場の均衡　190
欲望の理論　236

ら

ラッダイト　123

り

リーマン・ショック　297
リカードの修正労働価値説　52
リカードの定常状態　95
利己的な情感　32
リサーチ・プログラム（論）　8
利子　70, 243
　——禁止（令）　23, 223
　——生活者の安楽死　277
利潤の長期低落傾向　94, 217
リスクの理論　172
利得活動の制限　23
流動
　——資本（財）　66, 67
　——性選好　273
　——性のスペクトル　297, 298
　——性の積極理論　295, 298
　——性の理論　300
隣人愛　30

る

ルネサンス　20

れ

歴史決定論　131, 234
歴史法則主義　235

ろ

労働
　——価値説（論）　23, 85, 132, 170
　——価値説の限界　120
　——経済思想　45
　——者階級　64
　——節約的な技術　290
　——の供給価格　222
　——の経済学　59, 76
　——の搾取　143
　——の需要価格　222
　——の賃金　60
　——フロンティア　135
浪費は社会の敵　70
論理的な確率論　257

わ

ワルラスの資本理論　301
ワルラスの法則　193
ワルラス＝パレートの一般均衡理論　285

人名

アウグスティヌス　21
アリストテレス　21
石橋湛山　263
ウィーザー　231, 244
ウィクセル　231, 247
ウィトゲンシュタイン　255
ウェーバー　24, 165, 232, 235
ヴェブレン　206
宇野弘蔵　152
エッジワース　184
オーリン　232
置塩信夫　134
カーズナー　231
クニース　234
グロティウス　26
ケインズ　12, 232, 254
ケネー　43
コール　289
ゴッセン　172
サミュエルソン　232, 284
ジェヴォンズ　163, 202
シュモラー　234
シュンペーター　11, 232, 299
スイージー　232
スミス（A. Smith）　5, 11, 30
スルツキー　294
セイ　110
ソクラテス　129
トーニー　25
トマス・アクィナス　21
ナイト　232
根岸隆　9
ハイエク　231, 247, 289
ハチスン　30
パレート　181
ハロッド　284
ピグー　209
ヒックス　12, 232, 284
ヒューム　30
平井俊顕　278
ヒルファーディング　151
フォン・ノイマン　232

ブキャナン　232
プラトン　129
フリードマン　232
プルードン　136
ヘーゲル　129
ベーム-バヴェルク　26, 231, 245
ヘクシャー　40, 232
ホッブズ　26
ポパー　6, 284
ポランニー　234
マーシャル　11, 202, 205, 232
マルクス　128
マルサス　82, 118, 160
ミーゼス　231, 248
ミュルダール　231, 294
ミル（J.S. Mill）　83, 120, 164, 203
ミル（J. Mill）　83
ミンスキー　298
ムーア　255
メンガー　163, 173, 230
森嶋通夫　134
モルゲンシュターン　232
ラーナー　248
ラカトシュ　9
ラックマン　231
ラッセル　255
ランゲ　248
リカード　82
リスト　233
リンダール　231, 294
レーニン　151
ロック　28
ロッシャー　234
ロビンズ　289
ロビンソン　284
ワルラス　163, 180

著作・論文名

『一般理論経済学』（メンガー）　230
『インドの通貨と金融』（ケインズ）　260
『確率論』（ケインズ）　257
『価値と資本』（ヒックス）　284, 293
『貨幣改革論』（ケインズ）　261
『貨幣理論』（ヒックス）　298
「貨幣理論の単純化のための提案」（ヒックス）　297
『貨幣論』（ケインズ）　264
『経済学および課税の原理（第3版）』（リカード）　82
『経済学原理』（リカード）　120
『経済学原理』（マーシャル）　208
『経済学講義』（パレート）　181
『経済学批判』（マルクス）　130
『国富論』（スミス）　5, 44
『雇用、利子および貨幣の一般理論』（ケインズ）　267
『資本と時間』（ヒックス）　301
『資本と成長』（ヒックス）　300
『資本論――経済学批判』（マルクス）　128, 132
『市民政府論』（ロック）　28
『自由論』（J.S. ミル）　164
『人口論』（マルサス）　82, 119, 160
『賃金の理論』（ヒックス）　289, 290
『統治二論』（ロック）　28
『道徳感情論』（スミス）　30
『平和の経済的帰結』（ケインズ）　254, 260
『リヴァイアサン』（ホッブズ）　26

小畑二郎（おばた じろう）
筑波大学名誉教授・立正大学名誉教授。博士（経済学）。
1970年慶應義塾大学経済学部卒業、1977年東京大学大学院経済学研究科博士課程修了。財団法人日本証券経済研究所研究員、筑波大学社会科学系講師を経て、1995年筑波大学教授、2010年立正大学経済学部教授。1993〜94年米国ジョージメイソン大学公共選択研究センター客員研究員、2003年カナダ、アカディア大学客員教授。専門は、経済学および経済思想の歴史、金融史、経済哲学。
主な著書に『ヒックスと時間――貨幣・資本理論と歴史理論との総合』（慶應義塾大学出版会、2011年）、『ケインズの思想――不確実性の倫理と貨幣・資本政策』（慶應義塾大学出版会、2007年）、『アメリカの金融市場と投資銀行業』（東洋経済新報社、1988年）、訳書にJ.ブキャナン著『倫理の経済学』（有斐閣、1997年）等がある。

経済学の歴史

2014年11月28日　初版第1刷発行
2018年6月15日　初版第2刷発行

著　者―――小畑二郎
発行者―――古屋正博
発行所―――慶應義塾大学出版会株式会社
　　　　　　〒108-8346　東京都港区三田2-19-30
　　　　　　TEL〔編集部〕03-3451-0931
　　　　　　　　〔営業部〕03-3451-3584〈ご注文〉
　　　　　　　　〔　〃　〕03-3451-6926
　　　　　　FAX〔営業部〕03-3451-3122
　　　　　　振替00190-8-155497
　　　　　　http://www.keio-up.co.jp/
装　丁―――後藤トシノブ
印刷・製本――株式会社加藤文明社
カバー印刷――株式会社太平印刷社

©2014 Jiro Obata
Printed in Japan　ISBN 978-4-7664-2175-0

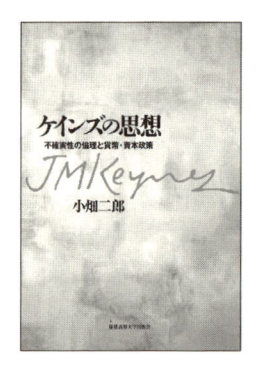

慶應義塾大学出版会

ケインズの思想
不確実性の倫理と貨幣・資本政策

小畑二郎著　マーシャルからケインズへの経済学の歴史的意味を辿り、彼らの主題が何であり、何を乗り越え、何を継承してきたかを検証。不確実性を克服し、雇用の安定を図るケインズ思想の起源を明らかにし、現代によみがえらせる。　◎3,800円

ヒックスと時間
貨幣・資本理論と歴史理論の総合

小畑二郎著　ケインズからヒックスへの継承、オーストリア学派からの吸収と彼らとの論争などを丹念にたどり、「不確実性」と「時間」をキーワードにヒックス後期の「歴史理論」へと結実する知的道程を明らかにする。　◎4,800円

表示価格は刊行時の本体価格（税別）です。